U1016460

Children

应用型学前教育专业系列教材

丛书主编 蔡迎旗

本书是国家卓越幼儿园教师培养计划改革项目“中澳合作办学——国际性卓越幼儿园教师培养模式探索”的研究成果

幼儿数学教育与活动指导

主 编 周端云 段志勇

副主编 石庆丽 杨 进

WUHAN UNIVERSITY PRESS
武汉大学出版社

编写委员会名单

（按姓名音序排列）

丛书主编

蔡迎旗

编委会成员

蔡　艳　江汉艺术职业学院
陈　虹　开明出版社与心理分社
段晓娅　郧阳师范高等专科学校
邓霁岚　江汉艺术职业学院
胡福贞　西南大学
黄胜梅　淮南师范学院
姜　华　荆州教育学院
姜　勇　华东师范大学
金晓梅　湖北省幼儿师范高等专科学校
李炳顺　襄阳职业技术学院
李玉鸽　襄阳职业技术学院
刘明华　广西幼儿师范高等专科学校
刘晓红　河南师范大学
龙明慧　长沙师范学院
秦振飙　湖北师范学院
王小英　东北师范大学
王　雯　华中师范大学
王　莹　华中师范大学
汪媛媛　信阳师范学院
肖全民　广西幼儿师范高等专科学校
邢莉莉　沧州师范学院
杨　宁　华南师范大学
郑晓边　华中师范大学
周立峰　仙桃职业技术学院
周端云　湖南民族职业学院
张玉娥　江汉艺术职业学院
卓　萍　武汉城市职业学院
朱　楠　华中师范大学教育学院

总　序

幼儿教师是幼儿学习与发展的支持者、促进者与引导者。幼儿教师的素质直接决定着我国幼教机构的办学水平，也是保障我国适龄儿童接受基本而有质量的学前教育的关键性因素。而高质量的幼教师资来源于高水平的学前教师教育。为顺应我国学前教育事业发展的迫切需求，2011 年至 2012 年，我国先后颁布了《教师教育课程标准（试行）》和《幼儿园教师专业标准（试行）》，幼儿园教师资格制度和聘任制度也随之进行了系列急剧变革与转型。

我国教师职前教育倡导育人为本，要求准教师们树立正确的儿童观、学生观、教师观与教育观；奉行实践取向，引导未来教师主动建构教育知识，掌握必备的专业知识与技能，发展实践能力，学会发现和解决实际问题，形成个人的教学风格和实践智慧；要求他们终身学习，树立正确的专业理想，养成独立思考和自主学习的习惯，加深专业理解，形成终身学习和应对挑战的能力。

我国学前教师教育课程改革既具有一般教师教育所具有的共性，也具有鲜明的学前教育特色，这彰显了学前儿童的年龄特征和我国独树一帜的学前教师教育的传统与积淀。当前，我国学前教师教育课程已呈现如下五种趋势。

第一，生动多样的师德与理念教育。除必要的公共政治课程以外，国家要求各级各类幼师院校突出师德修养教育，采取多种生动活泼的教育教学方式，提升准幼儿教师的师德修养。如开设幼儿园教师专业特点与道德规范、中国名师风采录、幼儿教师生涯讲座、学前教育政策法规、现代幼儿园教师职业风范与专长成长等课程。

第二，保教相融的课程体系。依据幼儿园教师专业标准，遵循教师培养和发展规律，以加强专业理想、专业基础、实践能力、反思与研究能力为核心，构建保育与教育相融合、幼儿园与家庭和社区教育相结合、幼儿生活与游戏和学习于一体的课程体系，用以培养准幼儿教师的保教一体化的能力。

第三，全面平衡的课程结构。我国正通过幼儿园教师资格制度、聘任制度、评优评先制度等的改革，倒逼各级各类幼师院校与专业，促使其纠正以往过分偏重艺术技能而相对忽视人文科学类课程、教育素养类课程的倾向，注意课程结构中的师德理念、人文素养、科学素养、信息素养、教育素养、艺体素养、科研素养等的协调与平衡。

第四，实践取向的课程内容。为培养准幼儿教师的教育教学能力，许多幼师院校与专业开设了大量务实的实践取向课程。如幼儿园五大领域的活动设计和案例分析类课程、幼儿园环境布置与玩教具制作、动漫画设计技术、音乐、美术、戏剧等方面的课程。

第五，模块式的课程设计。我国各类幼师院校与专业正竭力打破学前教育学、学前心理学、幼儿园各科教学法“老三门”的课程结构体系，开设模块化的、开放的、专题性的学前教育课程。基于学前教育专业各类人才培养目标，合理配置各课程模块，如音乐教育模块、美术教育模块、健康教育模块、特殊教育模块等。通过设先行课，将学生导入不同模块课程，引导学生多样化、有个性地发展。

以上学前教师教育课程改革已对我国原有的传统意义上的大中专学校的教材和教辅资料提出了严峻挑战，要求学前教育同仁务必更新教学资源观、教师教育观和学前教师观，依据我国幼儿园教师专业标准和教师教育课程标准，遴选课程并合理设计教材。

本套基于《教师教育课程标准（试行）》的应用型学前教育专业系列教材，正是应我国学前教师教育改革的时势而生，充分体现了以上提及的学前教师教育课程改革的五种发展趋势。适用于大中专学校的课程与教学，也可作为学前教育爱好者、相关工作人员的专业拓展学习。本丛书涵盖了学前教育大中专学校绝大多数专业课程；内容具有一定的理论性，更具有实践应用的特征；编写规范与设计务实活泼，知识点和案例穿插其中；丛书的编委遍及全国；作者主要来自华中和华南地区的本、专科院校，他们均具有丰富的教学经验和较好的研究基础。

在丛书的编写过程中，我们参阅、借鉴和引用了国内外许多同行的观点与成果。各位同仁的研究奠定了本丛书的学术基础，在此一并感谢。另外，受水平和时间所限，书中难免有疏漏和不当之处，敬请读者批评指正。

最后，我谨代表丛书的所有编委和作者，衷心感谢本丛书的策划者谢群英编辑和武汉大学出版社有关领导。他们对学前教育满腔热情，对丛书的未来充满信心，极度地敬业与审慎。出版丛书虽是一项浩大而艰苦的工作，但有谢群英编辑和武汉大学出版社相伴而行，相信梦想终会成真。

蔡迎旗

2015年5月

武汉桂子山·华中师范大学教育学院

前　　言

随着一系列纲领性文件的颁布，学前教育迎来了新一轮发展机遇，幼儿教师的专业发展也面临着新的挑战。《幼儿园教师专业标准》要求幼儿园教师应具备“活动设计与实施能力，观察与评价能力”，《3—6岁儿童学习与发展指南》在“科学”领域中单列“数学认知”目标和教育建议，由此可见，观察与评价幼儿数学水平、指导幼儿数学发展是幼师生必备的能力。

教材编写秉承《教师教育课程标准》、《幼儿园教师专业标准》、《3—6岁儿童学习与发展指南》“育人为本，实践取向”、“幼儿为本”的理念。整个教材贯穿“双生”发展理念，关注幼儿数学能力的发展和幼师生活动指导能力、观察评价能力的培养。第二章不仅阐述了幼儿发展评价，还增加了教师教学方案及活动指导评价；从第三章到第八章，每一章都有“教学活动指导及幼儿发展评价”部分。第九章尝试探索幼儿数学教育与其他领域教育的融合。集体教学活动是我国幼儿园教学主旋律，以前是，现在是，将来仍会是，因此，在每章第三节的教学活动指导部分，单列每个内容领域的集体教学活动指导策略并附有相应的教学案例。

本教材的编写团队大多为学前教育专业硕士研究生，高职高专学前教育专业骨干教师，长期从事幼儿园教育活动设计类课程的教学工作，幼师生的实习指导工作。主编周端云是湖南民族职业学院学前教育专业的专业带头人，有七年的“幼儿园教育活动指导”类课程的教学经验，具备双师素质，在幼儿园进行了为期一年的跟岗实践，主要从事小班数学活动的教学及指导工作。另一位主编段志勇毕业于湖南师范大学数学系，善于分析和思考，具有极强的逻辑思维能力，数学基本功扎实。

主编周端云负责全书的篇章结构设计及统稿。编写人员由9人组成，具体编写分工如下：

第一章，段志勇，周端云（湖南民族职业学院）；第二章：第一、第二节，石庆丽（湖南幼儿师范高等专科学校），周端云；第三节，周端云；第三章、第四章：周端云，郭殷（湖南民族职业学院）；第五章：第一、第二、第三节，石庆丽，周端云；第四节：周端云；第六章：第一、第二、第三节，李偲婧（湖南民族职业学院）；第四节，周端云；第七章：周端云，张静（江汉艺术职业学院）；第八章：

刘满莹（长沙市信息职业技术学校），周端云；第九章：第一节，周端云；第二节，刘春蓉；第三节和第四节，邓艳华（衡阳幼儿师范学校）。全书案例由石庆丽和周端云修改和审核。

本教材在编写和审定过程中，得到华中师范大学蔡迎旗教授的悉心指导，在此向蔡教授表示衷心的感谢！同时，也要感谢武汉大学出版社谢群英给予的这次机会。感谢武汉蓝天空军幼儿园的张永红老师及王航老师在本书编写过程中提供的案例指导！

由于编者水平有限，纰漏之处在所难免，恳请广大教师和读者不吝赐教！

周端云

2015 年 8 月

目　录

第一章　幼儿数学教育活动概述

本章导读

某日，天津市南开区某幼儿园大班。班主任王老师拿着一沓试卷展示给记者看："2、3、4 、5 四个数字，用加减法能组成多少个等式?""1 个苹果相当于 2 个桃子，1 个桃子相当于 6 个香蕉，问：8 个苹果相当于几个桃子、几个香蕉?"……面对记者的惊愕，王老师无奈地笑了笑，"难吧？其实这是小学低年级奥赛的题目。"看到这则新闻，我们不得不再次思考，幼儿数学教育的本质是什么？幼儿数学教育的目标和内容是什么？应该用什么方法教？你的答案是什么？我们一起来探讨吧！

教学目标

情感态度目标：树立正确的幼儿数学教育观，克服对数学领域教学的焦虑和恐惧。

知识目标：理解幼儿数学教育的本质，掌握幼儿数学教育的目标及内容；了解幼儿数学教学的途径及方法。

技能目标：能用掌握的幼儿数学教育的相关知识和理论分析幼儿园中的一些现象，判断哪些是科学的，哪些是不科学的。

精讲分析

课余，问及学生，你会组织幼儿园数学教学活动吗？到幼儿园观摩时，问幼儿园老师"你喜欢组织数学活动吗"，"你会组织数学活动吗"，得到的答案要么是“我不想上数学活动课，不知道怎么上”，要么是“数学活动，不就是教幼儿数数和计算吗？很简单，只要上过小学的人都会教”。从这些答案可以看出，目前社会对幼儿数学教育还存在很大的误区。数学是一种抽象的逻辑体系，是对现实世界中一切形式和关系的动态研究和表达，但数学又是可见、可观的。我们的生活中随处可见数学语言和数学符号：每个人都有一个独一无二地代表自己身份的身份证号码，我们一天要吃三餐，房子的形状各种各样，去往每个城市，每个国家，总能发现很多似曾相识的东西，这一切就是数学的体现：数、运算、时间、空间、模式，等等。幼儿数学教育的目的在于激发幼儿数学学习的兴趣，促进幼儿认知的发展，培养幼儿数学思维方式，提高幼儿数学能力。幼儿数学教育可以通过集体教学活动进行，也可以通过游戏、主题活动展开。在方法上更是多种多样，最主要的方法有操作法、游戏法、讨论比较法。

第一节　数学及数学教育的本质

一、什么是数学

什么是数学？这既是一个数学问题，又是一个哲学问题。要搞清楚数学教育的本质，首先就必须搞清楚什么是数学。人类社会进入 20 世纪以来，特别是计算机的发明和应用以来，数学的性质及其应用途径不断发生变化，新的数学领域不断涌现，数学的应用范围不断扩展，人们对数学的认识随着时代的改变发生了很多的变化。很多专家学者对“什么是数学”这一根本性问题进行了深入的探讨，但由于各自角度的不同，他们的结论也并不一致。综合起来，主要有如下一些回答。

（一）数学是思维的工具

数学属于思维科学，同哲学紧密相连，探索数学无法脱离哲学思想。直到中世纪，哲学和数学还并没有在学科中被完全划分开来。哲学是探索自然的思维，数学是描述自然规律的科学，所有的定理讲述的都是自然规律以及与“事物”之间的联系，不管你研究它与否，这些东西在宇宙形成之时就已经存在了。若想探究宇宙，探索自然，就必须以数学为工具，而不能依靠感官、直觉和经验，因此，从思维科学的角度来理解和认识数学，数学具有运用抽象思维去把握实在的能力，数学赋予科学知识以逻辑的严密性和结论的可靠性，数学使认识从感性阶段发展到理性阶段，并使理性认识进一步深化。一言以蔽之，数学是人们分析问题和解决问题的思想工具。

（二）数学是科学的语言

享有“近代科学之父”尊称的伽利略（G. Galileo）认为，宇宙像一本用数学语言写成的大书，如不掌握数学的符号语言，就像在黑暗的迷宫里游荡，什么也认识不清。随着社会的数学化程度日益提高，数学已成为交流和储存信息的重要手段。这是因为数学有着特制的符号语言。数学语言由于其本质上包含着思维的经济性，使得我们用少量的语言和公式来描述物质的过程，来对知识体系进行分类、控制和综合。正是由于数学的科学语言功能，数学已成为精确计算和科学抽象不可或缺的手段。这种特制的符号语言正在逐步渗透到现代社会生活的各个方面的各种信息系统中，而现代数学的一些新的概念如算子、泛函、拓扑、张量、流形等则不断大量涌现在科学技术文献中，日渐发展成为现代科学语言。

（三）数学是理性的艺术

数学是人类文明的结晶，数学抽象的思辨，严密的推理，逻辑的论证，精确的计算，总揽全局而又步步为营的思维方式，一方面不断为人们提供新概念、新方法，充满着理性的精神；另一方面，它的成果应用在很大程度上又可以被看成“思维的自由想象和艺术创造”。古希腊著名美学家，同时也是数学家的毕达哥拉斯就提出“美在和谐”的观点，这其中的“和谐”被毕达哥拉斯学派称为“最美妙的东西”，其实就是一种数学关系。在艺术创造过程中，不管是有意识，还是无意识，数学关系都是客观存在的。数学的结构、图形、布局和形式无不体现数学中美的因素，比如基督教堂的壮观，伊斯兰建筑的神秘，造房贴砖的奇妙，罗马马赛克的创意，无不显现着数学的对称美、和谐美、简单美、奇异美。

上述有关数学的隐喻性回答有助于人们理解数学、学习数学，对数学教育也有着重要的作用。但它毕竟是一种比喻，不可能从根本上解决数学哲学中长期争论而未果的数学的本质问题。对于纯粹的数学研究者，他们也有着一些实质性的解答，比如形式倾向性者认为，数学是一门演绎科学；对象倾向性者认为，数学是研究数与形的科学；综合倾向性者认为，数学科学是研究数量关系和空间形式的一个宏大科学体系，它包括纯粹数学、应用数学以及这两者与其他学科的交叉部分，它是一门集严密性、逻辑性、精确性和创造力与想象力于一体的学问，也是自然科学、技术科学、社会科学、管理科学等的巨大智力资源。

以上论述使我们进一步认识到，哲学家和数学家是从数学内部（数学的内容、表现形式、研究过程）和数学外部（数学与社会的关系、数学学科与其他学科的关系、数学与人的发展的关系）等几个方面来研究数学的本质特征的，他们所得到的结论都从某一侧面反映了数学的本质特征，为我们全面认识数学的本质特征提供了一些视角。要回答“数学是什么”这一问题，给“数学是什么”下一个统一的大家都完全认可的结论是不可能的事情。关于数学本质的概括有着明显的时代特征，对数学本质特征的认识应用发展的、变化的眼光去看待，这才是真正接近数学、走进数学、研究数学和发现数学真理的科学态度。

二、从数学到数学教育

基本认识了什么是数学，一个如影随形的问题就是，什么是数学教育？作为一个数学教育工作者，要理解数学教育特别是现代数学教育的内涵，必须搞清楚以下三个方面的问题：

（一）数学教育的内涵

数学教育是一种社会文化现象。纵观中外数学教育史，事实上，广义的数学教育就是一种文化的传输过程，是一种理性的、思维方式层面的文化教育，教育的主要目的是实现文化的传承和对现实世界的理解。比如古希腊毕达哥拉斯学派关于“数是万物的本源”的教育主张，就是典型的对现实世界的一种文化认同；而狭义的数学教育则着重于纯粹的数学思想、数学方法和数学能力的培养，例如，远在我国西周时期，数学就是基本教育内容的“六艺”——礼、乐、射、御、书、数之一，显然，这种数学教育是着眼于人的素质和技艺以适应生产生活的需要。

（二）数学教育现代化的基本原则

1. 数学教育必须与社会进步相适应

人类社会处在不断变革和进步当中，数学教育一方面必须充分反映社会文化特别是生产力发展的要求，从而培养出社会所需要的人才；另一方面，数学教育应当充分利用现代社会所提供的物质条件和文化条件，努力创立符合当下社会技术条件的数学教育。

2. 数学教育必须与数学发展相适应

和传统的数学相比，今天的数学已是千姿百态，门类纷繁，许多新兴的数学边缘科学正方兴未艾，数学的发展日新月异。数学教育必须与数学的发展相适应，这不仅指数学教育的内容要不断更新，还包括数学教育的观念和方法要及时应对和正确反映现代数学的新思想、新方法。

3. 数学教育必须与教育科学的发展相适应

教育科学是以教育现象和教育规律为共同研究对象的各门教育学科的总称，是若干个教育类学科构成的学科总体，它包括教育原理、德育原理、教学原理、教育管理学原理等。现代教育哲学、教育心理学、教育社会学、教育管理学、教育统计学、教育未来学等正处在不断地完善和发展中，数学教育必须与现代教育科学的发展相适应，唯有这样，才能确保现代数学教育的科学性。

（三）现代数学教育思想变革的新潮流

1. 大众数学思想

大众数学（Mathematics for all）是近年来国内外数学教育界的热门课题，是时代发展对数学教育提出的新要求，是大众文化的重要组成部分。大众数学思想作为一种新的数学思想观念之所以得到大力提倡，首先在于它着眼于学习数学的“一切人”而非少数“英才”，体现的是“数学为大众”而不是“大众适应数学”，这是对传统的应试数学思想的否定，能极大地把数学教育从少数人的考试桎梏中解脱出来；其次在于它着眼于人的基本数学素养和能力，这些素养和能力包括：数学交流的能力、运用数学的意识、利用数学的思想以及解决问题的能力等。大众数学是真正意义上的素质教育。

2.“问题解决”思想

“问题解决”思想，是美国在20世纪80年代提出的，英国已经把这种思想作为一种重要的数学模式和数学教育指导思想，日本则将其纳入数学教育学的指导要领。提倡“问题解决”思想，将改变我们对传统习题及问题的认识，扩充数学问题的功能，注重问题的提出和解决过程，培养学习者分析、解决问题的能力和应用数学的能力。围绕“问题解决”所进行的课程设计和教学模式设计已在数学教学实践中显示出极强的生命力。诸多有识之士认为，“问题解决”，应该成为我国数学教育改革的一个突破口。

3. 创造性教学思想

在现代数学教学中，教学思想的一个重大转变是“从复现性学习到创造性学习”。从创造性教学的思想出发，现代数学教学课堂更强调数学活动过程的教学，而不仅仅是数学活动结果（知识结论）的教学。在现实生活中，人们面对的问题大多是非常规的、现实性的、解法开放的，只有通过创造性的数学教学，学习者在不同水平上的数学学习中，其思考的独立性、主动性、探索性的意识和精神才会得到极大的激发。

4. 计算机教育思想

新科技革命使计算机对数学教育产生越来越大的影响，计算机成为数学学习者的必备工具已经是不以人们的意志为转移的必然趋势。在当今的一些西方发达国家，课堂上人手一台计算机已经是司空见惯。我们在传统的观念和应试教育的影响下，利用计算机实施数学教学很多时候还停留在理想阶段。为了迎头赶上，我们一方面要强化计算机基础知识的普及，使学习者能将计算机作为一种常规工具使用，另一方面也要将计算机以及相关的计算机软件作为一种必要的辅助手段更加广泛地应用到数学教学中去。

第二节　幼儿数学教育的目的及意义

人类生活在充满了各种数量关系的现实空间中，生命科学和认知科学已经证实，幼儿阶段正是认知和积累有关数量概念和空间概念的重要时期，必要的数学教育对幼儿的成长有着至关重要的作用。

一、幼儿数学教育的目的

（一）激发幼儿数学兴趣

“数学焦虑”（mathematics anxiety）是不少人在学习数学过程中遇到的一个普遍性的问题。这是因为，数学是一门研究客观世界数量关系和空间形式的学科，其知识本身带有一定的抽象性、概括性和逻辑性。相对于幼儿来说，由于其身体、心理以及思维发展水平的限制，在实施数学教育的过程中，同样不可避免地会遇到类似的问题，如果处理不当，没有正确的定位和恰当的方法，就极易让幼儿产生排斥和拒绝。

广泛的好奇心是幼儿与生俱来的，对周遭世界的好奇，是幼儿数学学习最好的动力源泉。对幼儿而言，这个阶段最重要的事情不是学习，而是让他们逐步了解外部世界，逐步学会与人相处，激发他们的好奇、好问、猜想和思考，进而培养他们良好的习惯和兴趣，引导他们慢慢步入数学的神秘世界。

兴趣是幼儿求知的动力和基础，数学知识的无穷性、数学推理对思维的挑战性以及数学知识在生活中的广泛应用性，都对幼儿有巨大的吸引力。作为教师，我们应该从幼儿的身体、心理和智力发展水平出发，通过游戏和玩耍，通过感观可操作的材料，通过适当的言语，通过恰当的环境创设等，最大限度的激发和调动幼儿学习数学的兴趣，让他们在数学学习中专心致志、自发交流、主动参与。

（二）形成幼儿数学思维方式

幼儿从呱呱坠地到牙牙学语再到蹒跚学步，生活的环境和圈子逐步扩大，在他们生活的现实环境中，无时无刻不充斥着数学的身影，他们身边的每一样东西，都是以一定的大小、形状、数量和位置呈现在幼儿面前。例如，幼儿会感觉自己妈妈的脸是“圆圆的”，两只眼睛是“大大的”，自己的每一只“小”手有“五个”小指头，小指头有的“粗”，有的“细”；他们的玩具有的是“三角形”的，有的是“方形”的；他们的房子“前面”有电视，“后面”有沙发；他们家里的人有时“多”，有时“少”……这些“大小”、“多少”，“长短”、“粗细”的概念都属于数学概念的范畴，幼儿只有具备一定的数学观念，能够掌握10以内数的概念，能认识基本的几何体，能辨认大致的空间方位，能掌握简单的时间观念等，才能和人进行正常和正确的交流，才能逐步认识周围的世界。

（三）促进幼儿智力发展

数学是思维的体操，数学智力活动是人类智力活动最重要的活动之一。数学知识本身的逻辑性、抽象性、概括性、严谨性和应用性，决定了幼儿早期的数学学习除了要形成一定的数学观念之外，归根结底还得培养一定的逻辑思维能力并能依赖这些能力进行初步的智力活动。通过幼儿的数学教育，让幼儿掌握简单的数的计算、量的比较，会根据基本的逻辑法则做出简单的推理和结论，要让幼儿能够对事物或现象进行简单的分类、比较、匹配、对应、排序、概括和逻辑推理。只有这样，幼儿思维的准确性、灵活性、敏捷性和发散性才能进一步提高，幼儿的智力活动才能得到正常的发展。

二、幼儿数学教育的意义

（一）有助于满足幼儿天然的探求欲望

富有好奇心是幼儿的一大心理特征。幼儿阅历少，知识经验贫乏，思维简单，但喜欢探求外部世界却是他们的天性，也是他们了解和认识世界的内在动力。幼儿已经具备简单但却活跃的思维，他们对接触到的新鲜事物，往往会提出“是什么”和“为什么”的探求问题。

学前儿童数学教育为幼儿提供了多种形式的数学活动，这些数学活动形式包括观察、操作、游戏等，不仅保护和激发了幼儿的好奇心，并促使其发展，同时也避免了从现实物质世界中抽象出来的数学知识的枯燥、呆板和模式化。这样不仅可以使他们轻松愉快地学习，感受到心理的满足，对学习数学产生积极的态度，同时还能帮助幼儿在成长过程中形成正确对待生活、对待周围事物、对待人际交往的态度。因此，只有有目的、有计划、有步骤、有递进的数学启蒙教育，才能更好地满足幼儿天然的探求欲望，才会为幼儿亲自参与各种数学活动并从中得到积极的反馈提供良好的机会，才能够诱发幼儿主动学习、探索数学的天赋能力和创造能力，进而逐渐产生对数学学习的持久兴趣。

（二）有助于培养幼儿正确的认知能力

认知能力（cognitive ability）是指人脑加工、储存和提取信息的能力，即人们对事物的构成、性能与他物的关系，发展的动力，发展方向以及基本规律的把握能力。它是人们成功地完成活动最重要的心理条件。

在幼儿的成长过程中，生活的时空范围逐步扩大，需要认知的事物越来越多，单纯靠幼儿的注意、知觉和记忆已经不能完全满足幼儿认知发展的需要。儿童早期数学认知能力的发展包含了儿童对数、计算、空间、几何、测量和模式的认知能力。数主要包括对基数概念、序数、集合比较及初步的数学符号系统的理解和运用；计算主要是对 10 以内的加减运算的理解；空间几何主要是指对一些基本图形的特征、图形组合知识的了解，以及对基本的空间概念、方位和空间关系的认识；测量是把待测定的量与一个作为标准的量进行比较，它将抽象的数与几何两个关键的数学领域紧密联系在一起；测量的概念和运用对于幼儿来说较为复杂，所以幼儿主要是对物体量的基本特征和比较方法的了解；模式认知是指个体对物体间内在的规则关系的认识。因此，对幼儿进行初步的数学教育，既是幼儿生活的需要，又是其正确认识周围世界的需要。

（三）有助于形成幼儿良好的思维品质

幼儿思维能力的培养是多途径的，对幼儿进行初步的数学教育是发展幼儿思维能力的一个重要而又有效的途径。研究表明，最基本的数学结构和幼儿的运算思维结构之间有着非常直接和密切的联系。由于数学本身具有高度的抽象性、逻辑性、严谨性，要让幼儿掌握初步的数学概念和简单的运算，就必须将综合、抽象与概括、判断和推理等过程贯穿于整个教学过程，使感性认识逐步过渡到理性认识，在这个过程中，幼儿的思维品质就显得尤为重要。

首先，数学教育能有效激发幼儿思维的积极性和主动性。愿意接受学习，主动思考问题，这是幼儿获得数学知识、形成数学技能、发展逻辑思维的基本前提。幼儿数学教育为幼儿创建了良好的环境和条件。符合幼儿智力发展水平的数学教育内容，丰富、具体、形象、生动的物质材料，符合幼儿生活情趣的活动形式，这些都是形成幼儿积极对待智力活动的良好态度和主观愿望、促使幼儿主动探索、自己提出问题、自己解决问题的有效途径。

然后，数学教育能有效培养幼儿思维的敏捷性和灵活性。思维的敏捷性和灵活性，是衡量思维水平高低的标志之一。敏捷性通常指的是思维活动的速度，也就是通常所说的脑子反应的快慢；灵活性指的是思维的变通程度，也就是通常所说的能否从不同的方面思考问题。在学前儿童的数学教育活动中，许多的教育活动内容可以体现出对幼儿思维的敏捷性和灵活性的培养。例如，让幼儿进行玩具的分类，就可以很好地训练幼儿思维的灵活性。幼儿可以按颜色分类，可以按几何形状分类，可以按大小分类，等等；对幼儿进行有关方位概念的游戏，就可以很好地训练幼儿思维的敏捷性。总之，在幼儿的数学教育活动过程中，幼儿所能接受到的数学知识是有限的，但在幼儿获取数学知识的过程中，其思维的敏捷性和灵活性却会得到不断的训练和强化，这对日后的学习无疑具有至关重要的作用。

最后，数学教育能有效促成幼儿思维的初步逻辑性。逻辑思维能力是指正确、合理思考的能力，即对事物进行观察、比较、分析、综合、抽象、概括、判断、推理，采用科学的逻辑方法，准确而有条理地表达自己思维过程的能力。逻辑思维能力不仅是学好数学必须具备的能力，也是学好其他学科，处理日常生活问题所必需的能力。

数学是用数量关系和空间形式反映客观世界的一门学科，逻辑严密。对幼儿进行适当的数学教育，在获得初步的数学概念后，幼儿会形成一定的形象思维能力。在掌握初步的数值运算之后，幼儿会形成一定的逻辑思维能力。幼儿在数学学习的过程中，经过分析与综合、抽象与概括、判断与推理等一系列的训练，幼儿的逻辑思维能力会得到进一步的发展。例如，在玩具的整理与分类活动中，让幼儿反复多次感受同样数量的多种物体，在取得丰富感性经验的基础上，初步会抽象出它们在数量和形状方面的共同特征，会正确点数进而计算出总数。在这个过程中，不仅幼儿的形象思维得到了进一步的发展，而且通过幼儿的具体形象思维的发展，也促进了幼儿抽象思维能力和推理能力的初步发展。

（四）有助于后续的数学学习

数学是一门逻辑性非常强的科学，数学的学习必须是循序渐进的。在我国现行的教育模式中，数学教育不论是在幼儿阶段，还是在义务教育阶段、高中阶段和大学阶段，都是一门非常重要的基础课程。所以，在儿童入学前进行适当的启蒙教育无疑将有利于他们顺利地在小学学习数学，为日后的数学学习打下良好的基础，并提高数学学习的水平。我们通过幼儿周围生活环境设计有数学教学内容的游戏活动，让幼儿慢慢接触一些粗浅的数学基础知识，逐渐积累数学的感性经验，让幼儿感知和体验数学的美，就能为幼儿日后形成正确的数学观念、积极学习的态度和习惯打下良好的基础。

第三节　幼儿数学教育的目标及内容

通过对数学教育对象的需求分析来确定数学教育的目标和内容，是贯穿数学教育全局的一种指导思想。数学教育是一种有目的、有计划的教育活动。这种目的性和计划性实际上就是我们对教育实施结果的一种预期，也就是说，我们总是希望通过数学教育活动的实施达到一定的目标。

幼儿数学教育旨在通过儿童自身的活动，借助于一定的材料，让幼儿感知、发现、操作和主动探究客观世界的数量关系和空间形式；旨在帮助幼儿主动构建初步的数学概念，发展初步的思维能力；旨在激发幼儿学习数学的兴趣，培养良好的学习习惯。

幼儿数学教育的内容是实现幼儿数学教育目标的有效载体，是确保儿童全面发展的重要保障，也是教育活动设计和实施的主要依据。

一、幼儿数学教育的目标

（一）制定幼儿数学教育目标的依据

幼儿数学教育目标的确定，既要考虑当下社会以及学前儿童教育总体目标对幼儿数学教育的要求，也要科学研究儿童身心发展的特点、水平和规律；既要掌握一定的教育学、心理学理论，也要了解和掌握数学学科本身的特性。总结起来，要科学合理地制定幼儿数学教育的目标，必须对以下几个方面进行综合考虑。

首先，幼儿数学教育目标的确定必须适应社会发展的水平。

任何教育活动总是在一定的社会历史背景下进行的，脱离现实社会的政治、经济、文化发展背景的教育绝对没有生存土壤的。社会的现状和发展趋势、社会的需要，特别是对于人才培养的要求，在很大程度上已经成为人们制定教育目标的客观依据。不同的时代，不同的社会，甚至相同社会的不同历史时期，相同类型的教育却有着不同的教育目标。例如，我国在 20 世纪 80 年代以前的教育，在学前儿童数学教育目标中，就比较重视基本知识和基本技能的掌握，强调运算的重要性，注重儿童智力的开发。进入 20 世纪 80 年代后，特别是 90 年代以来，随着社会、文化、经济特别是科技日新月异的发展，素质教育的理念渐入人心，反映在幼儿数学教育当中，我们就不难发现，这个时候人们除了重视儿童的智力发展和思维培养之外，还非常注重儿童的创新思维和良好个性的发展。

其次，幼儿数学教育目标的确定必须符合儿童的身心发展规律。

幼儿的身心发展有其固有的特点和规律性。研究儿童发展的特点和需要，了解和掌握有关儿童身心发展的普遍性规律，有助于我们预知不同阶段儿童生长变化特点，从而获得有关教育目标制定的科学信息。

在幼儿的智力发展研究中，皮亚杰将儿童智力的发展划分为四个发展阶段，即感知-运动阶段（0~2 岁）、前运算阶段（2~7 岁）、具体运算阶段（7~11 岁）、形式运算阶段（12~15 岁）。这四个阶段出现的先后顺序固定不变，每一个阶段都有独特的认知结构。在前运算阶段，幼儿的认知具有相对的具体性，需借助于表象进行思维；思维不可逆，缺乏守恒结构；自我中心性，缺乏一般性。在制定幼儿数学教育目标的时候，我们必须遵循幼儿身心发展的规律，采取适时、适度的教育。

当代儿童教育的研究表明，儿童认知能力的发展与其情感、兴趣、态度等非智力因素也是密切相关的。儿童具有天生的好奇心，对事物具有浓厚的探求兴趣，在制定幼儿数学教育目标的时候我们就必须要考虑这些普遍规律性，重视儿童整体发展，提出既包括认知，也包括情感、态度、个性及社会性发展等方面的综合的、整体的教育目标。

第三，幼儿数学教育目标的确定必须以一定的教育科学理论作为指导，并符合数学学科的特性。

教育科学是以教育现象和教育规律为共同研究对象的各门教育学科的总称，是若干个教育类学科构成的学科总体。当代教育科学发展门类日益齐全，教育理论的触角已经敏锐的感知到了幼儿教育领域的广阔天地。例如，福禄贝尔（Frobel）在他的《人的教育》和《幼儿园教育学》中就提出诸如“教育应当追随儿童发展的自然”、“自我活动是儿童教育的重要原则”、“游戏在幼儿教育中具有重要价值”等思想；意大利教育家蒙特梭利（Montessori）则提出“环境是重要的教育要素”，“教具是孩子学习的工具”，“成人是孩子活动的协助者”等。作为教育目标的制定者，这些教育思想和理论无疑是必须了解和掌握的。

数学已经成为现代科技的基础和工具。数学不单是一种知识，也是一种文化。对于幼儿数学教育而言，数学学科本身的知识体系、逻辑体系等都是数学教育目标制定的重要依据。我们在构建幼儿数学教育目标的过程中，不能脱离数学本身的发展，也不能违背数学本身的规律。例如，数字是一种用来表示数的书写符号，有“数量”概念，也有“顺序”概念，单纯地教孩子数数而忽略数学中“顺序”概念，往往会导致幼儿能数到100，却分不清5和7哪个大。

（二）幼儿数学教育的总目标

2001年7月由教育部颁布并试行的《幼儿园教育指导纲要》中明确规定（后文简称《纲要》），幼儿园科学领域的总目标涵盖：

①对周围的事物、现象感兴趣，有好奇心和求知欲；

②能运用各种感观，动手动脑，探究问题；

③能用适当的方式表达、交流探索的过程和结果；

④能从生活和游戏中感受事物的数量关系并体验到数学的重要和有趣；

⑤爱护植物，关心周围环境，亲近大自然，珍惜自然资源，有初步的环保意识。

《3—6岁儿童学习与发展指南》对幼儿数学教育总目标概括为三条：

①初步感知生活中数学的有用和有趣；

②感知和理解数、量及数量关系；

③感知形状和空间的关系。

《3—6岁儿童学习与发展指南》和《幼儿园教育指导纲要》一脉相承，都强调幼儿数学学习品质的培养，注重幼儿发现数学与生活的联系，在生活中解决数学问题的能力。

二、幼儿数学教育的内容

（一）确定幼儿数学教育内容的依据

《幼儿园教育指导纲要（试行）》对教育活动内容的选择提出了以下几个原则：一是既适合幼儿的现有水平，又有一定的挑战性；二是既符合幼儿的现实需要，又有利于其长远发展；三是既贴近幼儿的生活来选择幼儿感兴趣的事物和问题，又有助于拓展幼儿的经验和视野。

确定幼儿数学教育的内容必须依据幼儿数学教育的目标，既要符合儿童的认知发展规律，又要符合数学的学科特性，同时还要兼顾儿童的经验生活。

首先，幼儿数学教育的内容必须符合儿童的认知发展规律。

现代心理科学研究证实，儿童的认知发展具有一定时间顺序性，在不同的发展阶段会呈现不同的发展特点。不同阶段的发展水平决定了幼儿数学教育的不同内容，无视幼儿身心发展规律的超前或滞后的内容显然不符合儿童认知发展的普遍规律性和年龄差异性。因此，幼儿数学教育内容必须根据幼儿认知发展规律来确定。

其次，幼儿数学教育的内容必须符合数学的学科特性。

前面多次提到，数学是一门系统性、逻辑性、科学性很强的基础学科，有着一定的宽度和深度。幼儿数学教育的内容必须符合数学的这些特性，就像自行车的链条必须是一环紧扣一环，相互关联，系统有序。跳跃性、单一性的内容安排，显然不符合数学科学的系统性。同时，幼儿数学教育内容的选择还要包括现代数学的基本内容。

最后，幼儿数学教育的内容必须兼顾儿童的经验生活。

构建主义的数学教育观认为，儿童数的概念的获得离不开其现实生活的背景和经验。因此，在选择幼儿数学教育内容的时候，我们就必须结合数学教育的目标，从幼儿身心发展的特点和数学科学的特点出发，更多兼顾幼儿的生活经验，寻找渗透于幼儿生活情境中的有关数量概念和时空概念，选择幼儿感兴趣、实用、密切联系其生活的内容。这样的内容才会引起幼儿更多的兴趣，符合幼儿的需要。

（二）幼儿数学教育内容的特点

幼儿数学教育的内容有别于其他阶段的数学教育，其更注重启蒙性、生活性和系统性。

首先，幼儿数学教育的内容具有启蒙性。

幼儿数学教育内容的选择有助于幼儿在日常生活中正确认识周围的客观事物。因为我们对幼儿进行数学教育的目的是很明确的，主要是让幼儿掌握一个了解和认识世界的工具，而对数学知识的学习则不是这一年龄阶段的主要目的。因此，在选择数学教育的内容时，必须注意内容启蒙性的特点。

幼儿数学教育的启蒙性就是幼儿应对这样的数学知识有所感知、有所体验。幼儿期获得的感性知识都是一些简单初级的数学知识，而不是对数学的某一内容形成的科学概念。所以，幼儿园数学教育的内容不仅有感知 10 以内的数和 10 以内的加减法，还有常见的量、简单的几何形体和初步的时间空间概念等。这些内容涉及数学学科的多个方面，但从教育的内容和要求上讲，都是数学的启蒙教育。例如，幼儿在认识几何图形时，是在大量感知物体的形状的基础上，区分并辨认各种常见的几何图形，并说出它们的名称。

其次，幼儿数学教育的内容具有生活性。

幼儿数学教育内容的选择应该与幼儿的实际日常生活紧密相连。所选的内容应该是幼儿所熟悉的，同时也应该是幼儿所能理解的，要让他们能够感到数学可以解决他们在日常生活中遇到的问题。

在幼儿生活的环境中，各种物体都包含着大量的数学信息。例如，平时玩的积木有的是正方体的，有的是圆柱体的；娃娃家的活动区最多能容纳 5 个人；每年的 6 月 1 日是儿童节；手绢是正方形的，等等。幼儿正是在与物的接触和人的交往中，获得了有关数学的感性经验。

在幼儿园的数学教育中，教师要有意识地充分利用周围的环境，使数学教育渗透到幼儿的日常生活中。例如，进餐时，请幼儿摆放餐具，学会一对一地摆放物体，理解一一对应的关系；带孩子游览、散步时，引导幼儿观察并数一数有几棵杨树、几棵柳树；让幼儿辨认哪些物体上有数字，这些数字都表示什么意思；请幼儿说出平时自己乘坐几路公共汽车以及汽车站上的数字、楼层、房屋的门牌号码、书的页码、电话号码是多少等。

幼儿数学教育的内容如果能与幼儿的生活实际联系起来，不仅会让幼儿感到学习的内容是他们熟悉的，激发起他们的学习兴趣，而且还会使幼儿感到数学就在他们身边，数学是很有用的，使他们更加注意、发现周围环境中许多与数学有关的事物和现象，加深他们对周围环境的了解和认识。

最后，幼儿数学教育的内容具有系统性。

在强调幼儿数学教育具有启蒙性特点的同时，也应注意数学知识的系统性和逻辑性以及幼儿认知的特点。幼儿数学教育无论是目标的确定，内容的选择和安排还是方法的使用，都应遵循数学知识的逻辑和幼儿数概念的认知和发展规律。幼儿对数概念的认知和发展规律应该是幼儿数学教育内容选择的一个重要依据，也是幼儿数学教育科学性的一个体现。所以，在幼儿数学教育内容的选择和安排上，应体现先易后难、循序渐进、前后联系等特点。

三、幼儿数学教育具体内容及各年龄段目标

幼儿数学教育具体内容及各年龄段目标详见表 1-1。

表 1-1 **幼儿数学教育具体内容及各年段目标**

年龄班 内容	小班	中班	大班
集合与模式	1. 学习用一一对应的方法比较两组物体的数量，感知“多”、“少”和“一样多”； 2. 感知比较和描述物体的特征； 3. 按照某一物体的外部特征对 5 个以内的物品进行分类； 4. 理解并掌握与分类有关的词语，如“一样”、“不一样”、“放在一起”、“都是”等相关词语； 5. 对模式现象感兴趣，能观察生活环境中存在的模式序列； 6. 能够识别“AB—ABA”、“AA—BB”等模式； 7. 尝试通过一一对应的方式复制模式序列	1. 按物体的外部特征和量的差异进行分类； 2. 按物体的简单用途进行分类； 3. 按一级概念进行分类； 4. 理解并掌握有关分类的词汇，如“合起来”，“分开”，“合成”等； 5. 发现身边常见的重复和递增模式； 6. 用玩具、积木、串珠等学具完成模式扩展任务； 7. 动手尝试创造模式序列	1. 按二维以上特征进行分类； 2. 从不同角度把握事物共同特征，进行多维度分类； 3. 自由分类并提出符合逻辑的分类标准； 4. 按照物体用途、功用、数量等更抽象的标准进行分类； 5. 能够扩展更为复杂的递增模式序列，如“AB—ABB”结构或“ABC—ABD”结构； 6. 能够独立创造出更多的模式结构，并用简单语言进行描述和概括； 7. 将模式知识应用到日常生活中，识别和发现生活环境中的模式序列； 8. 学会完成一些递增模式任务的策略，尝试总结模式发展的规律

续表

内容＼年龄班	小班	中班	大班
量与计量	1. 会用观察、比较的方法，区别两个大小、长短差别明显的物体，正确运用“大小”、“长短”等词汇； 2. 能按物体外部特征差异进行3或4以内的物体正排序	1. 能区别物体的高矮、粗细、厚薄、宽窄、轻重； 2. 能从5~6个物体中，找出最细，最高和最矮等物体，能从中找出等量物体； 3. 能进行7以内物体正逆排序，会按一定规律对物体进行排序； 4. 对测量活动及测量工具感兴趣并积极尝试	1. 形成量的守恒的初步概念，知道当物体的外形、摆放位置发生变化时，它的量不变； 2. 能按物体量的差异和数量的不同进行10以内正、逆排序，初步体验序列之间的传递性、双重性及可逆性关系，并说明理由； 3. 学会目测和自然测量，比较物体长短、高矮、宽窄、厚薄等，能正确表达测量结果； 4. 感知测量标准与测量结果之间的关系
数与运算	1. 学习手口一致地点数5以内的物体，并说出总数；能按指定数量或者实物范例取物； 2. 掌握正确计数方法； 3. 感知和理解5以内的基数含义； 4. 能用数词描述事物或动作，如“我有4本图书”； 5. 能通过一一对应的方法比较两组物品的多少	1. 感知和体验10以内自然数列中相邻两数的等差关系； 2. 学习不受物体空间排列形式和物体大小等外部因素的干扰，正确判断10以内的数量； 3. 能通过数数的方法比较两组物体的多少； 4. 理解序数的含义，能用序数词正确表示10以内事物的排列顺序和位置	1. 学习10以内的顺着数和倒着数，以及按群计数； 2. 感知10以内数的组成，初步理解总数与部分数以及部分数之间的关系； 3. 初步理解加减的含义并用多种方法进行10以内的加减运算； 4. 能用简单的记录表，统计图表示简单数量关系； 5. 认读10以内数字

续表

年龄班 内容	小班	中班	大班
形状和空间	1. 能注意物体较明显的形状特征，并能用自己的语言描述； 2. 能以自身为中心区分判断上下、前后、里外等方位，并能用语言进行描述； 3. 能够匹配、指认、命名圆形、三角形、正方形	1. 能以客体为中心区分并说出上下、前后方位；能以自身为中心感知左右方位； 2. 能正确匹配、指认、命名长方形、梯形、椭圆形，认识图形的基本特征； 3. 理解图形之间的简单关系，自由地进行简单拼图	1. 能以客体为中心区分左右，感知以客体为中心的左右关系； 2. 感知空间方位的相对性和传递性； 3. 在日常生活中正确运用空间方位词； 4. 感知球体、正方体等几何体的基本特征； 5. 能用常见的几何形体有创意地拼搭和画出物体造型
时间	能够结合日常生活实践和自然现象感知、识别早晨、中午、晚上以及白天黑夜并区分它们的先后顺序	1. 认识并区分今天、昨天和明天并能正确表述事件发生的顺序； 2. 初步感知时间长度变化	1. 初步认识星期、月、四季、年； 2. 认识时钟和日历，感知它们的用途； 3. 初步尝试管理和安排自己的时间，制订计划并完成计划

第四节　幼儿数学教育途径及方法

幼儿数学教育活动是指教育者有意识地对儿童进行数学启蒙教育的过程，它承载着幼儿数学教育的内容，传递着幼儿数学教育的目标。鉴于数学是一门系统性、科学性、逻辑性较强的学科，受幼儿的身心发展特别是认知发展水平的限制，教育者在实施教育的过程中，必须系统地、有目的地精心设计和组织，通过材料选择、环境创设、游戏活动、主题教育、专门的数学活动等途径，采用操作、游戏、比较、讨论、寻找、发现等方法，采取恰当的教育活动组织形式和行之有效的行为，落实幼儿数学教育的内容，实现幼儿数学教育的目标。

一、幼儿数学教育的途径

（一）通过数学环境的创设感知数学教育

数学是一门抽象的学科。在幼儿数学教育活动的实施中，教育者很有必要将“抽象的数学”转变为“形象的数学”，这样才能更好地刺激幼儿学习的兴趣，感知数学的存在。教育部颁布的《幼儿园教育指导纲要（试行）》中明确指出，幼儿园的教育重在“为幼儿提供健康、丰富的生活环境，满足他们多方面发展的需要，使他们在快乐的童年生活中获得有益于身心发展的经验”。《纲要》同时还指出：“环境是重要的教育资源，应通过环境的创设和利用，有效地促进幼儿的发展。”由此可见，幼儿园环境的创设对幼儿的教育有着至关重要的作用。

在幼儿园的环境创设中，数学材料的选择与投放无疑是数学环境创设的重要一环。在幼儿园活动区角选择性地投放一些数学材料，是幼儿感知、发现和探索数学一种行之有效的办法。例如，在幼儿数学活动区角投放不同颜色、粗细和点子数量的塑料瓶、塑料管以及花片，让幼儿自由挑选进行“插花”，就能很好地促进幼儿分类、对应、匹配、数、量等相关数学概念的发展。再如，为幼儿提供一定数量但不同花色的扑克牌，幼儿就能自觉地认知扑克牌点数的不同，从而感知“数”的概念。同时，幼儿在教师的指导下还可以将扑克牌进行排列，从而获得“顺序”的概念，通过对黑、红、梅、方不同花色的认识，从而获得“分类”的概念。

（二）通过游戏活动的参与体验数学教育

幼儿的生活离不开游戏。游戏是最适合幼儿身心发展特点的活动之一。前苏联著名教育家克鲁普斯卡娅说过：“游戏对于儿童是学习，是劳动，也是重要的教育形式。”

结合游戏进行数学教育，采用游戏的形式组织教学活动，可以营造愉快轻松的学习情境，在很大程度上可以使幼儿摆脱枯燥抽象的数学概念，让幼儿在积极主动的探索过程中体验、感受和学习初步的数学知识。例如，在“娃娃过家家”游戏中，“妈妈”将餐具（勺、碗、筷子等）发给“孩子们”，每个“孩子”分发一套餐具。在这个简单的游戏中，幼儿很自然地就学会了“分类”思想和“一一对应”的概念。再如，在“开商店做买卖”的游戏中，幼儿就能很快地感知“数”和“量”的概念以及简单的数的计算。在运用积木进行“做房子”游戏中，幼儿就能很好地感知空间、几何形体的概念并体验测量的初步知识。

（三）通过主题活动的设计渗透数学教育

所谓主题活动，指的是围绕一个来自幼儿生活经验背景的中心内容来展开教育教学活动。主题来源于生活，反映客观的现实世界，自然也就可以包括现实世界里的数、量、形、时间和空间等概念。巧妙地把生活中的数学概念和观念融入精心设计的主题活动，将“抽象的数学”转化为“生活的数学”，自然能很好地巩固、加深、补充和促进儿童数学概念的发展，使幼儿的数学学习更生动、更直接、更有效。

基于《纲要》理念下的幼儿园课程改革实践表明，主题式的课程结构模式已经成为一种重要趋势。幼儿园的数学教育，除了专门的数学课程教学之外，一个重要的途径就是，通过渗透、整合、植入数学内容的主题活动，让幼儿在综合学习中积累数学知识，获得数学能力。例如，在“燕子捉害虫”的主题活动中，我们一方面通过活动让幼儿知道“燕子是人类的好朋友，我们要爱护燕子”的道理，另一方面又可以通过纸做的一定数量、不同类别的“害虫”，让幼儿感知 10 以内数量的“多”、“少”、“一样多”等概念，并能根据不同的“害虫”进行分类。

（四）通过专门的数学活动实施数学教育

专门的数学活动指的是面向全体幼儿实施的、有目的、有计划的数学教育活动。这种专门的数学教育活动是当前最主要的教育形式和途径之一。其特点表现为：组织的预设性，即事先必须经过缜密的筹划而非随机实施；内容的单一性，即专门指向数学而很少涉及其他领域；形式的整体性，即一般以集体活动的方式而非个别教育或者小组的形式。这种专门的数学教育活动优势在于能很好地兼顾幼儿数学教育的集中性、顺序性和系统性，容量比较大，效果也比较明显。

一个值得注意的问题是，在这种教育活动的实施中，虽然教师是活动的指导者，但一定要确保幼儿的主体地位。只有通过教师的主导作用，充分发挥幼儿的主观能动性，通过启发和引导、反馈与交流，营造特定的集体学习气氛，才能起到事半功倍的效果。

二、幼儿数学教育的方法

教育方法对完成教育任务实现教育目的具有重大意义。当确定了教育目的，并且有了相应的教育内容之后，就必须要有富有成效的教育方法。否则，完成教育任务、实现教育目的就会落空。由此可见，教育方法在一定意义上是教育成败的关键所在。

幼儿数学教育方法是指教师和幼儿为实现数学教育目标、任务和内容而采取的行为方式的总和。在这些行为方式中，既包括教师教的方法，也包括幼儿学的方法，教师教的行为和幼儿学的行为密切联系，有机统一，不可分割。教育活动实践证明，只有良好的教学方法，才能有良好的课堂气氛，有了良好的课堂气氛，才能使学生在认识活动中产生愉快感，才能发展学生的智力。

就幼儿园数学教育而言，具有可操作性且已被证明普遍有效的教育方法主要包括如下方法：

（一）操作法

操作法是指提供给幼儿合适的材料、教具、环境，让幼儿在实践过程中进行探索从而获得数学感性经验和逻辑知识的一种方法。幼儿数学教育活动的操作法不仅包括教师的示范性操作，还包括幼儿的验证性操作、探索性操作等，目的在于将数学中的分类、排序、比较、计数等概念，通过幼儿的摸、拼、排、画、贴等具体操作手段，让幼儿主动进行感知、整理、领会，使数学知识从感性经验上升到初步的理性认识。例如，教师提供给幼儿花色、大小不同的扑克牌，让幼儿进行分类操作，幼儿通过探索、讨论、指导之后，就能基本获得扑克牌中有关分类、排序、辨数、辨形等数学知识和能力。

受身心发展水平的限制，幼儿在操作过程中往往表现出一定的随意性和盲目性。因此，教师在运用操作法进行数学教学时，一是要明确操作目的，有计划有步骤地引导幼儿进行操作，关注幼儿的操作体验和过程，有意识地对幼儿的操作进行修正和调整；二是要在事先交代好操作的规程，进行适当的讲解，特别是对于一些新材料、新工具，教师还应进行一定的示范性操作；三是要及时反馈和评价操作结果，将幼儿粗浅、零碎的操作体验进行适当的归纳，帮助幼儿及时形成正确、系统的数学概念。

（二）游戏法

游戏法是指根据儿童好动的天性和具体形象思维的特点，以游戏为载体，将抽象的数学知识贯穿在游戏的实施中，让幼儿在游戏活动中体验和学习数学的一种方法。这种方法能充分调动幼儿积极性，有效激发幼儿学习兴趣，是一种充分关注幼儿天性且行之有效的方法。

由于幼儿天性好玩，游戏法在具体的组织与实施中并无太大的障碍。对于教育者而言，最大的挑战在于课前的游戏设计。在游戏的设计中，教师首先要关注游戏的趣味性，这样才能增加对幼儿的吸引力；其次要考虑游戏的挑战性，这样才能激发幼儿的求知欲；最后是要坚持游戏的渐进性，这样才能让幼儿在游戏完成后体验一定的成就感。

幼儿数学教育中的游戏是一种运用于教学中的有规则、有目的的游戏，是在教学过程中用以完成一定教学任务的游戏。因此，对于教育者而言，游戏的种类受到了一定的限制，换句话说，教育者设计的游戏必须是融合了“数学元素”的。具体说来，教育者可以选择这样一些游戏大类进行设计，如类似“小猫抓老鼠”的情节性游戏，“投沙包”的运动性游戏，“分家家”的操作性游戏，“看一看，数一数”的智力性游戏，“看谁算得快”的竞赛性游戏等。

（三）讨论法

讨论法是指教育者通过语言这一思维工具，引导幼儿有目的地通过相互的交流、探讨学习数学的一种方法。在幼儿园的数学教育中，讨论是一种常用的学习方法。讨论的时机选择在操作的不同阶段，就会对幼儿的具体操作及思维活动起不同的作用。有的讨论在操作前进行，目的是了解操作内容、操作材料及操作规则。这种讨论主要伴随着对范例和演示活动的分析进行。如“看看珠子是怎么排列的?”通过这一讨论，就使幼儿懂得了要先找出珠子的排列规律，才能按排列规律接着穿。这样既有利于幼儿掌握操作要求，又有助于提高幼儿的分析能力。有的讨论在操作后进行，目的是帮助幼儿将他们在操作中获得的感性经验予以整理、归纳，从而获得正确的数学概念。例如，在有关形体的操作后，讨论形体的特征；在有关数组成的操作后，讨论数组成的关系等。这些讨论的着眼点都在于帮助幼儿进行抽象概括，使他们将自己对事物的外部特征的认识转向内在的、有规律的思考。有的讨论则是根据操作的进展随机进行的。如在图形块分类的操作中，大多数幼儿是按颜色、形状的标准给图形块分类的，当发现有人按厚薄标准分类时，便可乘机让幼儿讨论：“你们看，这个小朋友和你们分的有什么不同?”这样，就能扩展幼儿的思路。虽然这种讨论不是列入计划的，但它针对性强，是有目的、有计划教育的一种完善和必要的补充。

不同的教学内容和要求，宜采用不同的讨论形式，这是能否发挥讨论的教学功能的重要一环。常见的讨论形式有如下几种：

①辨别性讨论。常常用于对两种或两种以上的内容进行比较。如用四种颜色的笔描画出长方形、正方形后，要求幼儿讨论：“这两种图形什么是相同的?什么是不相同的?”教师鼓励幼儿充分讨论、仔细辨别，从而进一步感知两种图形的特征。进行这种讨论时，着眼点不在追求答案，而在于使幼儿学会比较和积极思考。

②修正性讨论。通过讨论，让幼儿认识到操作中的谬误所在，并运用已有的知识进行分析，提出修正办法。如两张用图形块进行分类操作后的记录单，让幼儿观察后讨论：“这两张记录单分别记录了分类的结果，哪张是错的，哪张是对的，为什么?”幼儿通过分析，逐步认识到分类标准与分类标记必须一致。由于幼儿找到了其中一张的错误所在，因而，他们更清晰地掌握了正确的分类和记录的方法。进行这种讨论时，应着重引导幼儿去发现问题，这是提出修正办法的先导。

③交流性讨论。主要用于有多种答案的问题的讨论，讨论时应注意让每个幼儿陈述不同的操作体验，扩展幼儿的思路。如把 8 个圆片等分后讨论：“你把圆片分成了几份？每份是几个？”让幼儿说出不同的等分方法。这样，幼儿便从讨论中获得了三种不同的等分方法，丰富了知识经验。

④归纳性讨论。它能帮助幼儿归纳操作中的体验，使之条理化、概念化。如让幼儿将圆片等分后讨论：“哪种分法使每份的圆片多些？哪种分法少些？哪种分法最少？”通过讨论，引导幼儿概括出在等分中，若分的份数越少，每份的数量就越多；分的份数越多，每份的数量就越少的关系。在这里，不应简单地用教师的概括去代替幼儿的概括，否则不利于幼儿分析和综合能力的提高，应围绕问题分层设问，引导幼儿深入到份数与数量的关系上，最后让幼儿自己去得出结论。

（四）比较法

比较法是指教育者指导幼儿通过对两个或者两个以上物体的比较，找出它们在数、量、形等方面的相同或者不同的一种方法。比较法也是幼儿数学教育中普遍采用的一种方法。

按照幼儿身心发展的规律，幼儿的不同年龄阶段会对应不同的教学内容和要求。因此，我们在采用比较法的时候，也应该采取不同的策略和不同的比较方式。比较常见的比较方式有如下几种类型：

①按比较性质分，可以分为简单比较和复杂比较。简单比较仅对两个（或两组）物体进行数或量方面的比较，比如两支铅笔的长短，两朵花花瓣的多少等。复杂比较则是对三个（或三组）及以上物体进行数或量方面的比较，比如三个不同人的身高比较，三个相邻数的大小比较等。

②按比较的排列形式分，可以分为对应比较和非对应比较。对应比较指的是把两个（或两组）物体一一对应进行比较，比如把一组物体重叠在另一组物体上进行数量的比较，把一组物体和一组数字对应进行连线的比较。非对应比较指的是对不同数量的物体进行比较，例如一排放三朵不同花瓣的花，比较花瓣的多少，两排不同数量的球比较多少等。

幼儿数学教育除了上述主要方法外，还有一些方法也可以贯穿在教学中，如通过让儿童观察，从周围生活环境和事物中寻找数、量、形及其他关系的寻找法；解释的讲解法；通过让儿童感知现实环境或美丽图画进行学习，通过教师的言语和直观教具对幼儿进行抽象的数、量、形等概念进行说明和欣赏的方法等。教有法而无定法，幼儿数学教育方法具有很大的灵活性和创造性，在教学实践中，教师必须根据数学本身的特点和幼儿身心发展的规律，交替采用灵活多变的方法，有针对性、创造性地对幼儿进行数学启蒙教育。

拓展阅读

1. 课程教材研究所著. 数学文化 [M]. 北京：人民教育出版社，2003.

2. [日] 远山君. 数学与生活 [M]. 北京：人民邮电出版社，2014.

3. [美] 罗莎琳德·查尔斯沃斯. 3~8岁儿童数学经验 [M]. 第五版，潘月娟，译. 北京：人民教育出版社，2007.

4. 李季湄，冯晓霞.《3—6岁儿童发展指南》解读 [M]. 北京：人民教育出版社，2013.

5. 幼儿数学启蒙教育. 幼儿早教，http://www.360kan.com/ct/Pk4obp7jLoOuCz.html.

6. 蓝猫幼儿学数学，http://v.ku6.com/playlist/index_2103752.html.

复习与思考

一、名词解释：

1. 数学
2. 数学教育
3. 讨论法
4. 游戏法

二、简答题：

1. 简述幼儿数学教育的目的。
2. 结合生活实际，谈谈你对大众数学教育思想的理解与认识。
3. 幼儿数学教育的途径主要有哪些？
4. 幼儿数学教育内容的特点。

三、论述题：

1. 你认为早期数学教育对儿童发展有哪些作用？
2. 幼儿数学教育包括哪些内容？选择的依据是什么？
3. 谈谈你对现代数学教育思想变革新潮流的认识。
4. 什么是操作法？在具体教学运用中应注意哪些要点？

四、实践探索学习活动：

1. 观摩幼儿园优秀数学活动视频，并结合所学进行评价。
2. 对一个幼儿园班级数学教学活动进行一周观察，并写观察记录。

第二章 幼儿集体数学教学活动设计与实施

本章导读

“噗噗噗！放屁王接连放了几个臭屁，攻击老爷爷的歹徒们一下子全晕了过去。第二天，咕噜咕噜学校的校长惊讶地得知，放屁王竟然是学校新闻社的小记者。学校一共有20多名小记者，哪个才是放屁王呢？”你能让你的孩子们帮帮校长吗？用什么数学办法呢？你可以设计一个什么样的数学活动，让幼儿帮助校长寻找放屁王？怎样设计数学活动呢？跟着我来吧！

教学目标

情感态度目标：树立科学的数学活动设计观和评价观，意识到活动设计、实施与评价对幼儿数学发展的意义。

知识目标：了解集体数学活动设计的基本知识；理解幼儿集体数学活动设计的依据和原则；掌握幼儿集体数学活动设计的基本程序、基本要素和评价标准。

技能目标：会设计并实施有效的幼儿集体数学活动，能够科学合理评价。

精讲分析

幼儿数学教育活动形式多样，既可以开展结构化的集体教学活动，也可以开展主题活动和区域活动。每一种活动都有其优势和不足，不能单纯地评判孰优孰劣。就我国文化传统来看，集体教学活动在幼儿园教学中占主导地位，现在是，将来仍会是。作为一名幼师生，学会设计集体教学活动是必备的一项技能。那么，集体数学教学活动应如何设计，如何实施，如何评价，评价的内容和标准是什么，这些是本章要解决的主要问题。通过本章的学习，幼师生将学会如何设计科学合理的集体数学教学活动，掌握集体数学教学活动设计的依据和原则、基本程序以及具体教学活动方案的基本要素，也将学会组织集体教学活动的基本步骤，学会用多种多样的方法评价幼儿数学能力的发展，评价教师数学教学活动的组织与实施，评价一个数学教学活动方案的科学合理性。

第一节　幼儿集体数学教学活动设计概述

一、幼儿集体数学教学活动设计的含义

新《幼儿园教育指导纲要》认为，“幼儿园的教育活动，是有目的、有计划引导幼儿生动、活泼、主动活动的，多种形式的教育过程。”幼儿园数学教育活动作为幼儿园教育活动的内容之一，应与幼儿园教育活动一脉相承。根据《3—6岁儿童学习与发展指南》精神，幼儿园数学教育的目的是“初步感知生活中数学的有用和有趣，感知数、量及数量关系，感知形状与空间的关系”。《指南》将一日生活、活动区游戏和集体教学活动共同作为幼儿园支持幼儿学习与发展的三大通道，集体教学活动的系统性与引领性对幼儿的学习与发展有着重大价值。什么是集体数学教学活动设计，这是首先需要明确的问题。

美国著名心理学家加涅认为，教学设计由三个基本问题构成：①我要去哪里？即教学目标的确定；②我如何去那里？包括对学习者起始状态和教学内容的分析和组织，教学方法与教学媒介的选择；③我怎样判断我已经到了那里？即对教学评价的设计。结合加涅及其他现代教学理论对教学设计的理解，我们认为，教学活动设计是指依据教学对象和教学目标，教育者在教学活动开始之前确定合适的教学起点和终点，将教学诸要素有序地、优化地安排，形成教学方案的过程。幼儿园集体数学教学活动设计是教师依据全体幼儿已有的学习经验和数学教育总目标，根据本园实际情况，选择数学教学内容，开发数学教学资源，对幼儿具体数学教学活动所要达到的目标以及活动过程的预设和生成。

二、集体数学教学活动设计的基本程序

集体教学活动是面向全体幼儿的有组织、有计划的教学活动，其目的是集中、高效地促进大多数幼儿的发展。教师在设计集体数学教学活动时，应遵循以下基本程序。

（一）评估幼儿的数学学习与发展状态

评估幼儿的数学学习与发展状态是教学活动设计的第一个环节，其根本目的是了解幼儿的数学学习的最近发展区，以确定幼儿已经知道什么，能够达到的水平，需要什么样的支持。对幼儿数学学习与发展状态的评估是确保数学教学活动有效性的前提。评估的方法和评价方法一样，有很多种，包括观察法、访谈法、作品分析法等，详细内容会在第三节具体阐述。

（二）确定教学活动目标

教学活动目标是教学活动的起点和归宿。教学活动目标是对幼儿某次活动提出的合理化要求，教学活动目标的确定应依据幼儿已有的学习与发展水平，符合幼儿的年龄发展特点以及教育总目标要求。《指南》中的幼儿数学学习与发展指标可作为参照，并在此基础上进行分解。因此，确定具体的教学活动目标，需要目标制定者具有层层分解目标的能力。

（三）选择教学内容

教学内容是完成教学目标的载体。确定教学活动目标之后，设计者需要思考选择什么样的内容来完成目标。选择教学内容应考虑儿童已有的知识经验，考虑活动内容与儿童知识经验的联系；考虑内容能否引起儿童的兴趣；考虑内容能否有利于目标的达成；除此之外，还需要考虑的一个问题是所选择的内容是否适合开展集体活动。

（四）提供操作材料

皮亚杰认为，个体对数理逻辑知识的掌握不是来自客体，也不来自主体之内，而是来自主体对客体的动作，动作在个体认知发展过程中起着至关重要的作用。动作的发生需要操作材料。数学是对关系的理解，而操作材料是促使关系产生的工具。

在活动设计中，教师需要根据教学活动目标、教学内容和幼儿园的实际情况，选择合适的操作材料。教师需要对操作材料的类型、数量、呈现顺序、方式和理由

进行思考。作为教师，还要熟悉所选操作材料的固定玩法和可能玩法，预设幼儿操作过程中可能会出现的困难及指导策略。如在中班认识时间长度的活动“1 分钟有多长”这个活动中，教师预先想到了中班的孩子还没有认识到精确的时间，如果花时间去讲解，幼儿不一定能够听得懂，所以就准备了可视的、直观的、具有定时作用的蛋形计时器。它的用法是把时间拨到 1 分钟长度，然后计时器会发出“哒、哒……”的声音，走完一分钟就会发出声音提醒。这样的声音，其实对孩子来说就是一种提示，孩子可以通过数哒哒声来了解 1 分钟等于 60 秒，知道自己 1 分钟干了哪些事情。

（五）设计教学活动过程

教学活动过程的设计是教师对教学活动基本步骤及教学活动指导策略的设计。教学活动过程是动态的，是由一个一个的教学环节按照一定的顺序组成的。教学步骤设计勾画出整个动态活动的基本框架。这个框架向我们展示了教师和幼儿的基本活动，展示了教师在整个活动环节中的作用及扮演的角色，描述了幼儿在活动中参与何种活动，如何参与活动。教学步骤中环节的安排应符合幼儿数学学习的一般规律，要有利于目标的达成。

教学策略是教师指导幼儿获得相应经验、达成特定目标的具体方法。教学策略具体包括提问、教师教学语言的运用以及对幼儿的活动状态的调控和评价。

教学活动过程的设计应体现出幼儿园教育活动的特点及学科特点，充分尊重幼儿学习主体性，侧重幼儿数学学习品质和能力的培养。

（六）评价教学活动

对教学活动的评价是反思和改进教学活动的关键。在设计教学活动时，教师应改变重教不重学的倾向，不仅要关注教师的教育教学行为，还应关注幼儿是否真正有所学，学到了什么以及如何学的问题。以幼儿在活动中获得的学习和经验作为活动评价的重点，通过观察幼儿有怎样的表现来判断教育目标是否实现，教育内容是否符合幼儿的经验与兴趣，提供的活动材料是否有助于活动的开展和教育目标的达成。

三、集体数学教学活动设计的基本要素

（一）活动名称

活动名称是对活动目标、内容和对象的概括性阐述。活动名称必须包含年龄班级、活动类型、主题名称等信息，如小班数学教学活动：图形宝宝。在表述上，活

动名称可以直接明了地表明活动的目标和内容、材料，如小班数学教学活动“大象分类”。也可以采取拟人化的方式，如中班数学教学活动“帮小动物找家”等。

（二）活动设计意图

不管什么类型的活动，活动设计意图都由三部分构成：原因、过程、目标。原因的表述多样，可以从幼儿已有的经验出发，也可以从幼儿感兴趣的东西出发，可以从内容本身的特点以及与幼儿年龄发展特点的结合点出发；还可以从当地的特色、时间、地域特点出发来表述。过程简要阐述教师在活动中的具体做法，目标阐述此活动的主旨。如“1 分钟有多长”中教师是这样表述的：“时间对我们每个人来说，是公平的，也是不公平的。在 1 分钟内，不同的人可以完成不同的任务，可以做的事情的数量也是不一样的。1 分钟，对不同的人来说，感受会不一样，有些人感觉 1 分钟过得很快，有些人感觉过得很慢，有些人觉得 1 分钟毫无意义，但有些人争分夺秒。如何让幼儿感受到 1 分钟的长度，从幼儿阶段开始学会珍惜时间，养成良好的生活习惯，是本活动设计的初衷。幼儿还不能准确把握时间，活动中，教师利用可视的计时器作为工具，弥补这一不足。”

（三）活动目标

《指南》强调幼儿数学品质和数学能力的培养，具体的教学活动目标应与《指南》总目标保持一致。在表述上，教学活动目标既可以从教师角度进行表述，也可以从幼儿的角度进行表述，但在一个教学活动中，表述的角度应该保持一致，如“美丽的序列”的两个活动目标：“①尝试根据物品的不同特征，进行 AAB、BBA、AABB 排序；②感受序列的规律美，体验装饰表演道具的快乐”，这些就是从幼儿角度进行表述的。无论从什么角度表述，具体教学活动目标都应具体可行，针对性强，具有可操作性，不能过多、过于笼统。

（四）活动准备

活动准备包括经验准备和物质材料准备以及教师的教学语言准备。经验准备要阐述幼儿与此活动内容相关的知识经验，物质材料准备要阐明教师为确保此教学活动的有效性，应准备的一切硬件设施，包括教具和学具的类型、具体数量以及教学场地的要求。近年来，学前教育领域的很多学者开始认识到数学交流对幼儿数学概念理解、问题解决能力发展的重要影响。但相关研究也表明，实际教学中，教师的言语中很少有关于高级数学概念的言语。这一方面原因可能是教师的数学素养不高，另一方面可能是教师的教育教学能力不强，因此，教师的数学教学语言的准备在活动设计中显得尤为重要。

（五）活动过程

活动过程是活动设计的主体部分，在结构上可以分为开始部分、基本部分和结束部分，不同部分的任务、形式和时间各不相同。

开始部分主要是为了集中幼儿的注意力，激发幼儿学习兴趣。时间不宜太长，要有趣而自然，能激发幼儿进一步学习的欲望，突出主题。

基本部分主要是完成各项活动目标和任务，是活动的主体，教师应根据活动目标、确定活动重点和难点，并以此安排活动步骤、顺序、策略等。活动环节的过渡要自然，过程的安排要循序渐进，突出重点，突破难点，引导幼儿在有序有趣的环境中获得发展。

结束的方法有很多，但不管哪种方法，都要做到自然，意犹未尽，让幼儿对下次活动充满了期待。

活动过程中提问设计非常重要，教师可以通过提问向幼儿提出要求，发出指令；也可以利用提问引导幼儿思考，探索、讨论。提问要为目标服务，要有针对性。

（六）活动评析

活动评析主要对教师教学和幼儿发展进行评析，当然，不需要面面俱到，可以就某一方面进行评价，如教师的选题，活动中的师幼互动，教师的教学手段和材料的选择，等等。下面是小班数学活动“比一比”的活动评析实例：

教师在设计主题活动时，尝试用一本图画书作为切入点开展主题活动，比较符合小班幼儿喜欢听故事的年龄特点。先在图书区投放要讲的书，引起幼儿对新书的兴趣，然后通过讲故事的方式满足幼儿对故事书的好奇心，层层递进。活动准备较充分，运用幻灯片的形式讲故事，更加生动直观，有利于吸引幼儿的注意，在幼儿提出问题和发生争论时，教师能够注意倾听幼儿的发言，通过玩游戏进一步加以引导，让幼儿亲身体验不同的比较方法，较好地完成本次活动目标。

四、幼儿园数学教学活动设计的原则

优秀的数学教学活动设计能调动幼儿的学习兴趣，促进幼儿数概念的主动建构及其思维的发展。在教学实践中，教师应根据幼儿数学学习的心理特点、各年龄班的数学教育内容，遵循数学教学的基本原则设计活动。

（一）发展性原则

发展性原则包含两层含义：一是数学活动的设计应以幼儿已有的身心发展水平

为基础；二是数学活动设计要以促进幼儿发展为目标，促进幼儿数学思维、认知水平和数学能力等方面的全面发展。

数学是思维的体操。幼儿学习数学，关键是促进其思维结构的发展，这是教师在设计数学活动时要把握的一条重要原则。按照皮亚杰的理论，幼儿的思维是一个整体的结构，幼儿思维的发展表现为思维结构的发展。思维结构具有一般性和普遍性，它是幼儿学习具体知识的前提。例如，在大小排序活动中，有的教师在教学设计中只注重把排序的"正确"方法教给幼儿，即引导幼儿每次找出最大的一个图形片，排在最前面，然后再从剩下的图形片中找出最大的……幼儿按照教师教给的方法，似乎都能正确地完成排序任务，但实际上，他们并没有获得序列的逻辑观念，其思维结构也并没有得到发展。因为幼儿真正需要的并不是教给他们排序活动的技能，而是充分的操作尝试和比较分析，并从中得到领悟的机会。因此，教师在设计数学教学活动时，需要经常反思并审视自己所设计的每一个环节、提出的每一个问题、提供的每一套学具，它们能否促进幼儿思维结构的发展，而不应只是着眼于具体的数学知识和技能本身。

（二）操作性原则

幼儿学习数学是依靠自己的经验，而不是依靠教师的经验。因此，根据幼儿学习数学的规律和特点以及与幼儿认知发展相适应的学习内容来设计可供幼儿自主操作、自主探究的数学活动，并通过提供系统活动来组织幼儿创造性地学习数学，这是教师设计数学教学活动不容置疑的重要任务。

以操作活动为主要的教学方法，要求教师在教学设计中，不是让幼儿仅仅观看教师的演示或直观的图画，或者听教师的讲解，而是要求教师把数学内容的学习设计成幼儿自己主动探索的过程，让幼儿自己探索、发现数学关系，获取数学经验。这样在动作基础上建构起来的数学知识，是真正符合幼儿年龄特点及与幼儿认知结构相适应的知识，也是最可靠的知识，而通过记忆或训练达到的熟练化，则不具有发展思维的价值。

因此，教师"教"的作用，也不再是给幼儿一个知识上的结果，而在于为他们提供一个充满数学情景、数学问题的学习环境，即幼儿、材料和人相互作用的环境。以小班幼儿认识 5 以内的数量为例。很多幼儿能从 1 数到 10 甚至更多，但是这并不代表他们已经真正理解了数的顺序、数序中的数量关系、数的实际意义。因此，这就要求教师在小班阶段的数学教学活动中设计一系列有层次性的操作活动。通过大量的操作活动，幼儿不仅练习口头数数、了解数的顺序，还能通过摆弄小玩具协调口头数数和点数的动作，不断理解数的实际意义、理解数量关系，这样幼儿在与材料反复地相互作用中，在具体动作水平上协调和理解事物之间的关系，从而不断将其外在的动作浓缩、内化成内在的动作，最终转变成为头脑中的思考，从而获得关键的数学经验并得以获得主动的发展。

（三）系统性、层次性原则

系统性原则是指教师在设计数学教育活动时，应遵循数学知识自身的逻辑性、系统性，考虑数学概念的等级顺序，体现出教学内容的循序渐进。克鲁普斯卡雅说过："数学知识好比链条，掉了一小环，下面的内容就不懂了……"

教师在进行教学设计、编排数学小组活动时，不妨根据教学的目标和幼儿的实际水平，有意识地按以下几种方式进行组合，或者采用单一的某种组合方式，或者综合地采用几种组合方式，从而增强活动组合的意识性、目的性，达到科学合理的目的。

①平行组合。即将内容相同而材料不同的活动组合在一起，如分类活动可设计成给动物卡片分类、给水果卡片分类、给玩具卡片分类等小组予以实施。这样幼儿到各组去活动，实际上等于将同一性质的活动，如分类活动重复玩了好几次。

②层次组合。即各组活动所依据的心理运算结构相同，但材料的抽象层次不同或操作规则的复杂程度不同。以分类为例，有的做实物材料的归类，有的做图片材料的归类，有的只有归类要求，有的不仅要归类还要再计数，这样有难易层次差异的活动，就可以满足不同学习速度、不同认知策略幼儿的学习需要。

③相关组合。即把具有相同关键数学经验而活动形式或材料不同的几个活动组合在一起，如学习排序，有的用长短吸管做排箫，有的用大小圆片排成毛毛虫，还有的折多层宝塔，让幼儿在这几个活动中积累同类型的经验，通过这些经验的积累、概括和抽象逐步形成初级的数学概念。

④交替组合。即新旧交替，螺旋式地重复以往出现过的活动，但各活动的规则复杂程度和材料的数量可作适当变化。例如，用实物卡做几个数的"按数量分类"，开始玩时只要求分类即可，当幼儿玩熟后，就要求幼儿在分好类后还要用点卡或数卡来表示，其中操作卡也可以随之有所增加。

（四）活动形式的"三结合"原则

"三结合"原则要求我们根据教学任务和内容的要求来选择适当的教学形式，把集体、小组和个别教学结合起来，发挥各自独特的功能。

教师可先对幼儿近阶段及本次学习的内容进行分析，明确本次活动中幼儿要完成任务的数量和性质、可获得的数学经验、完成任务的手段和方法，从而选择合适的教学形式，充分发挥各种教学形式的作用。如先集中后分散的教学设计，可给予幼儿更多的个人操作机会，让幼儿在与材料的交互作用中以自己固有的学习速度、认知策略、有效学习方式来积累数学学习经验；在小组探索活动的基础上进行集体教学，激发幼儿对某一具体的数学问题进行讨论和交流，有利于帮助幼儿整理已有的学习经验，将经验系统化。

（五）生活化原则

生活中无处不存在数学，生活中存在着大量的数学学习内容。因此，教师在教学设计时，要注意将幼儿对数学知识经验的积累与他们的现实生活密切联系。利用日常生活中问题情景来设计活动，可以使幼儿在既轻松又自然的情况下理解数学概念，从而引发对数学的兴趣。

此外，从数学知识本身的特点看，很多抽象的数学概念，如果不借助于具体的事物，幼儿就很难理解。现实生活为幼儿提供了通向抽象数学知识的桥梁，以“顺计数和倒计数”为例，让幼儿结合生活中的“上下电梯”、“马路上的信号灯”等生活情景学习，就会使学习变得有趣、生动和亲切。又如在加减教学中，设计商店游戏情境，让幼儿取钱购物，学习计算所买商品的价格，幼儿在不知不觉中运用并积累丰富的数学经验。因此，我们在设计学习内容时，应紧密联系他们的实际生活，创设问题情境、关注生活环境，让幼儿在学习中积极运用已有的数学经验解决问题，感受到数学作为一种工具在实际生活中的作用。

（六）差异性原则

每个幼儿都具有与生俱来的独特性，这既表现在每个人有其独特的发展步骤、节奏和特点，还表现在每个人的脾气性情和态度倾向上各不相同。

在数学教学活动中，幼儿的个别差异表现得尤为明显，它不仅表现为思维发展水平上的差异、发展速度上的差异，还有学习风格上的差异。即使同样是学习有困难的幼儿，他们的困难也不尽相同，有的幼儿缺乏概括抽象的能力，有的则缺乏学习经验。因此，教师在设计教学活动时应该考虑不同幼儿的个别差异，让每个幼儿在自己的水平上得到发展，而不是千篇一律，统一要求。

第二节　幼儿集体数学教学活动实施

戴维·维卡特（David Weikart）说过：“早期教育课程方案成功的关键在于方案实施的质量，而不在于课程模式特定的哲学思想。”① 由此可见，动态的数学活动的实施过程是决定数学活动质量的关键，是实现幼儿数学教育目标，促进幼儿数学思维和能力发展的关键。

---

① 斯泰西·戈芬，凯瑟琳·威尔逊. 课程模式与早期教育. 李敏谊，译. 北京：教育科学出版社，2008 年，p. 229.

根据《纲要》对幼儿园教育活动的定义，我们知道，幼儿集体数学教学活动是教师组织的有目的、有计划的活动。集体数学教学活动是在教师和幼儿的动态互动中逐渐展开的，在实施教学活动过程中，应该主要考虑教师采取怎样的步骤和教学策略来引导幼儿学习相应的教学内容。

一、幼儿集体数学教学步骤

教学步骤设计是将整个动态的活动过程分解为一个个环节，以一定的顺序和节奏将各环节组织在一起形成整个活动的基本架构。各环节的主次展开就是一步一步达成目标的过程。环节的顺序安排应符合幼儿数学学习的一般规律和特点，教学内容的推进和速度可以根据重难点和幼儿的实际表现来确定。

幼儿数学活动的实施分为三个基本步骤：初步感知环节，操作环节，梳理经验环节。初步感知环节主要包括导入、教学具的呈现和演示、情境的创设等；操作环节包括幼儿的操作，教师的讲解示范，幼儿的讲解示范，观察、启发幼儿思考；经验梳理环节包括呈现操作结果、幼儿的表达交流、教师的归纳总结。例如，类是对事物共同特征的抽象，对事物特征的感知、比较与描述是分类的重要基础。而分类任务包含分组和归类两个心理动作，即首先将一组物品分开，然后对各小组的物品的共同特征进行概括。因此，不同年龄段的分类教学在分类物品的复杂程度，分类标准的抽象程度，分组和归类是独立完成还是成人协助等方面有差异，但通常都会涉及感知比较事物的特征、将物品分成小组、对同一组物品的共同特征进行概括这三个环节。

二、集体教学活动实施策略

教学策略是教师指导幼儿获得相应的经验，达成特定目标的具体方法。在选择和设计教学策略时，重点是思考教师所采取的具体教学行为，而非再次将活动目标进行分解，同时应充分预想幼儿可能的反应以及教师对幼儿反应的回应。另外，应注意激发幼儿主动学习的欲望，发挥幼儿的主动性、积极性和创造性，鼓励幼儿主动探究、积极思考、踊跃表达自己的想法和观点。

整体来说，教学过程一般需要教师解决两个行为问题：管理行为和教学行为。课堂的管理行为是以保证教学顺利为前提，创造条件确保单位时间内教学活动的行为方式，主要体现在教学步骤的设计中。教学行为有两种：一种是直接指向教学目标和内容，可事先准备的，如引导、提问等。另一种是直接指向教学目标和内容，无法事先准备的，如不会表达、不会操作等，体现了教学策略的灵活应用。

在数学教学活动实施的过程中，导入活动是开端，语言设计贯穿整个实施过程，教学具的投放和呈现影响幼儿对数学概念的感知和理解，以下主要从这三个方面来阐明数学教学活动实施过程的要点。

（一）数学活动的导入

良好的开端是成功的一半，数学活动导入得好，就能很快激起幼儿的学习兴趣，使他们注意力集中，能调动幼儿发现问题、解决问题的强烈愿望。在数学教学活动实施的过程中，可以有多种不同的导入方式。

1. 设疑导入

数学知识的系统性很强，因此，要注意数学活动必须建立在幼儿的认知发展水平和已有的知识经验之上，注意把幼儿在日常生活中的生活经验有效的调动起来，使新学旧知有效衔接，让幼儿顺利打开思维之门。

例如：在学习圆柱体和球体时，可以让幼儿思考，生活中哪些东西可以滚动呢？这些可以滚动的东西里究竟藏着什么秘密呢？采用问题设疑的方法导入，幼儿会产生疑问，进而进行积极的思考，顺利过渡到新知识的学习中。

2. 情境导入

在学习数的加减时，我们可以创设一个商店的情境，吸引幼儿进入有趣的加减游戏；也可以把数学内容编成有趣的故事，通过语言的渲染，使幼儿愉快地进入情境。

例如：《学习 5 的加减——小兔的萝卜》：教师以小故事导入：小白兔从野外采来 5 个萝卜，被猪小弟看见了，猪小弟想和小兔开个玩笑，就偷偷地藏起几个萝卜。小兔回家一看，只剩下 2 个萝卜了，那么小猪藏起了几个萝卜？有什么办法可以知道呢？

3. 直接导入

例如：在进行 5 的分合时，可以在活动前给幼儿提出一个挑战性的任务：用什么办法可以把 5 的所有分法都记录下来呢？看看谁能发现这个好办法！这样，幼儿带着任务进行探究活动，会更加积极认真地思考。

4. 游戏导入

游戏是幼儿喜爱的活动形式，根据幼儿活泼好动、好奇心强的特点，教师可以通过组织幼儿做多种新颖有趣的游戏导入学习内容。如碰球游戏、拼图游戏、猜想游戏等都是能激发幼儿喜欢、乐于积极参与的游戏，有助于集中幼儿注意力，顺利导入新的学习内容。

总之，导入的方法有很多，但目标却是一致的。通过导入环节，激发幼儿的学习兴趣，启迪思维，调动学习的积极性，让幼儿进入愉快的数学学习活动。

（二）教学语言的运用

在数学活动中，教师的教学语言起着十分重要的作用。教师的教学语言必须科学规范，符合幼儿的年龄特点，并且直指教学目标和教学任务。教师的教学语言要有良好的示范作用，幼儿要从教师这里获得规范的数学语言。教师的教学语言要能够发出清晰的指令，让幼儿知道要干什么，怎么干。同时，教师的教学语言还能启发幼儿思考，帮助幼儿获得对数概念的正确理解。教师的教学语言主要体现在讲解和提问两方面。

1. 讲解

教师的讲解是帮助幼儿理解数学知识，掌握活动规则所必需的。教师在设计讲解语时，一般需注意以下四个要求。

（1）清楚明确

教师的讲解语应该很明确，让幼儿一听就知道要做什么，怎么去做。例如：中班活动“拼图”游戏，我们的讲解语是这样设计的：今天我们玩拼图游戏，这是底板，底板上有数字 1~5，它们有的是红色的，有的是蓝色的；这是拼图卡，上面有用几何图形拼成的各种图案，有的是红色的，有的是蓝色的。（这几句话是向幼儿介绍游戏名称和材料）数一数，这些图案是由几个什么颜色的图形拼成的？在底板上找到和它颜色、数量一样的数字，让它们面对面贴在一起。教师在关键的地方放慢语速，配合动作演示，清楚明确，幼儿很快就能掌握拼图方法，顺利完成任务。

又如，我们为“看数拍手”活动设计的讲解语：下面，我们玩“看数拍手”的游戏。老师拿出的数字是几，你就拍几下手。拍完后就说：几，我拍了几下。这段讲解语只有三句话，第一句介绍游戏名称，第二句交代游戏方法，第三句教幼儿正确表达自己的操作结果。

（2）要言不烦

在设计讲解语时，教师必须清楚地知道哪些应该先说，哪些应该后说；哪些应该详细地说，哪些应该简略地说。例如，“认识数字 5”这一活动的重点是认识数字 5 及其所代表的量。为此，教师应该首先引导幼儿确定数量，再引导幼儿仔细辨认字形并理解这一数字所代表的量。至于贴绒板上有哪些小动物，它们有什么不同则无需多说，因为这都不是这一活动的重点。

（3）有条有理

教师应从操作的实际顺序和幼儿的思维（或者行动）习惯这两者的结合上作综合考虑，使语言具有条理性。例如，在“按数串木珠”的活动中，教师应有条不紊地交代：理出同色木珠——认清木棒上标示的数字——把与木棒上数字一样多的木珠串在木棒上。如果教师只是笼统地交代：数字是几，就串几颗木珠，而且所串木珠的颜色要一样。那么，幼儿很可能只考虑数量的要求，而忽略所串木珠在颜色上的要求。

（4）科学严谨

幼儿掌握数概念的过程是实物——表象——数词，教师在借助实物、图片让幼儿感知抽象数概念时，讲解、提问的措辞要尽量注意一致、准确。如5朵花中的量词“朵”不能与“支”或“束”混用；倒数和倒着数不同；量的多少和数的大小不同；再如，“什么颜色的纸长？”“三角形有角，圆形没有角”，等等，这样的表达是错误的，正确的表达应该是“什么颜色的纸条长？”，“三角形有三个尖尖角，圆形是圆溜溜的图形”。

2. 提问

提问的目的是为了帮助幼儿思考，让他们运用已有的知识、经验去探索和解决新问题。为此，有以下三个方面应特别注意：

①围绕目标，紧扣主题。教师要善于抓住每个活动的目标，清晰有序地设计提问。例如：中班活动“学习10以内环形计数”，老师先出示一串花，引导幼儿从左到右点数，一共有10朵，然后把一串花围成圈变成了花环。这时的提问应该直接指向数数的方法——现在怎样数才能数正确？

②由浅入深，分出层次。例如，在“用一个数字表示相等量”的活动中，我们提供4张动物卡片，其中3张卡片上的动物数量相等。如果教师直接提问：用哪个数字来表示卡片上一样多的动物？和这一数字不一样多的动物怎么办？幼儿就会难以回答，束手无策，从而使自信心和积极性大受挫伤。我们可以将上述问题分解成由浅到深的一系列小问题逐个提出。例如：卡片上有什么？它们每样各有多少？哪些动物一样多？它们各是多少只？用哪个数字来表示一样多的动物？哪种动物同这几种动物的数量不一样？它可以用什么数字来表示？这样的提问就会大大降低问题的难度，使幼儿进入顺畅的思维轨道。

③正逆设问，拓展思维广度。例如，在“使两组物体数量相等”的活动中，我们在贴绒板上出示5只小猫，4只小狗。首先提问：用什么方法让小猫和小狗一样多？当幼儿回答出用添加的方法时，我们再进一步启发幼儿还可以用什么方法，从而引导幼儿从不同的角度去思考问题，培养他们思维的灵活性，拓宽他们的思维广度。

为了上好一堂课，教师应当精心设计好每个环节的教学语言，力求我们的导入语言生动有新奇性，衔接语言科学有启发性，教学过程性语言严谨有逻辑性，结束语言简洁有激励性，评价语言自然有亲和力，肢体语言适度有亲切感。

（三）教学具的投放和呈现

教学具的投放要与教学活动目标保持一致，有利于目标的达成。集体教学活动中教师准备的教学具应具有以下特点：

①教学具要包含一定的数学概念，具有一定的数学属性。如在“认识圆形”活动中，教师提供的材料有镜子、圆形板、玩具车轮、细绳、易弯曲的铁丝等。

②教学具具有自我检测功能。目前，我国幼儿园班额较大，幼儿较多，在集体教学活动中，教师有可能无法兼顾到每个幼儿的操作，那么怎样让这些情况下的幼儿也能在操作中得到及时的反馈呢？怎样在集体数学活动中培养幼儿自我学习和自我反馈的能力呢？具备自我检测功能的教学具起着非常重要的作用。教学具的自我检测功能一种是自带的，另一种需要在摆放时体现出来。在此先阐述自带的功能，以拼接操作材料为例，可以在卡片的背面设置笑脸或花朵，如果拼接正确，就可以形成一个完整的笑脸娃娃。又如，数数卡，可在背面印上点数，供幼儿自我检测。

③教学具应卫生安全。安全是幼儿园教育第一要务，在数学活动中，教师为幼儿提供的操作材料一定要保证不含铅、砷、铬、锑、汞等有毒物质，自制的操作材料等也要保证这一点。此外，提供的教学具不能有尖锐的金属或者玻璃边缘。要防止小部件脱落，幼儿吞食等。

④教学具能反复使用。教师提供给幼儿的操作材料能一物多用，供幼儿操作，便于拆装，变通。如套娃玩具，既可以用来做排序材料，还可以用来做一一对应活动材料。

⑤教学具要生活化。生活化指的是幼儿生活经验中所拥有的或者是生活中会运用的。罗杰斯认为越是幼儿不熟悉、不需要的内容，幼儿学习的依赖性、被动性就越大，只有当幼儿意识到学习内容与他的生活密切相关时，才会产生自觉的学习行为。

教学具的教学功能还体现在教育者是如何呈现的。教学具的呈现要具有层次性。教师不应一次性把所有的教学具全部呈现在幼儿面前。教学具的呈现要由易到难，由简单到复杂，要能启发幼儿不断思考，不断挑战幼儿思维。教学具的层次性还体现在同一结构不同层次、同一概念多种变式以及操作规则的层次性上。如 5 以内的数的感知，首先我们让幼儿感知实物材料，然后让幼儿感知图片或者点子符号的材料。在“认识三角形”活动中，教师应提供各种各样的三角形，有正三角形、锐角三角形、钝角三角形、直角三角形、等腰三角形等。

三、幼儿数学活动实施过程中要注意的问题

（一）应以促进每个幼儿的全面发展为目标

促进幼儿全面、健康、和谐发展是我国学前教育所追求的根本目标，是各领域教育应遵循的基本原则和要求。具体到数学领域教育，在教学活动实施过程中，首先应注意活动目标与内容的全面性和完整性。一方面，不仅要重视教给幼儿数学知

识与技能，更要重视培养幼儿对数学的兴趣和自己学习数学的信心，感受数学的趣味和用途，重视培养幼儿的数学思维和数学能力。另一方面，不仅要重视幼儿在数与运算领域的学习，还应重视幼儿在测量、空间、时间等内容领域的学习，帮助幼儿获得全面的、综合的数学学习经验。其次，应重视每个幼儿的数学学习与发展。教师应观察每个幼儿的数学学习情况，了解幼儿之间的个体差异，认识每个幼儿的独特优势，针对不同幼儿开展个性化教育，促进每个幼儿的数学学习与发展。教育活动的设计不仅要顺应幼儿的现有发展水平，符合幼儿当前的经验和能力，还应发挥教育的促进和引导作用。也就是说，教师应该观察了解幼儿数学学习的最近发展区，能够判断幼儿现有的发展水平和可能有的高一级的发展水平，然后设计实施教育教学活动促进幼儿向可能的高一级的水平发展。

（二）应注重发挥幼儿的主观能动性

主观能动性的发挥是学习的一个重要方面。幼儿的主体性是指个体在与周围环境的互动过程中表现出的自主性、能动性和创造性。现代社会所需要的人是具有自主意识和批判意识、独立能力和创新能力的人，重视培养和发展幼儿的主体性是顺应现代社会需求和教育发展趋势的必然选择。幼儿虽然因缺乏知识经验和能力具有依赖、被动的一面，但他们在自己的经验基础上，在兴趣的指引下，以自己的方式积极主动地解释并回应着周围世界。研究表明，即使是婴儿也能敏感地觉察周围世界中简单的数量关系和空间形式。幼儿在进入小学进行正式的数学学习之前，已经在日常生活中获得了大量的非正式的数学学习经验，并已具备简单的数学技能。这些研究成果都说明，幼儿有能力去积极主动地探索和表征着他们对周围世界中的数学问题的理解。因此，幼儿园在数学教育的各个环节，都应该注意培养和发挥幼儿的主观能动性、独立性和创造性。这就要求幼儿园和教师一方面要给幼儿提供丰富多样的操作材料，鼓励幼儿在操作的基础上主动建构数学经验；另一方面要引导幼儿主动探索和思考，支持幼儿的主动学习。

（三）应确保教学内容和方法的科学严谨性

在教学内容上，首先应保证所教授给幼儿的数学概念是正确的，这要求教师的教学语言、游戏材料等应能准确无误地解释和呈现数学概念。数学语言是数学科学的严密性和逻辑性的反映，教师的教学语言应是严谨的，描述不清、错误解释等会给幼儿错误的语言示范，造成幼儿的错误理解。游戏材料是幼儿获得数学理解的关键支持，游戏材料应能正确地呈现数学概念，如教师在使用购买的或用卡纸等材料自制思维积木引导幼儿感知、认识正方形时，应确保这些积木的确是四个角一样大、四条边一样长。此外，教师还应注意内容的组织编排顺序符合幼儿数学学习的规律要求。如幼儿学习序数应以理解基数含义为基础，因此，在幼儿学习序数之前应先教幼儿学习基数。

（四）教师的行为要规范得体

幼儿与教师都是活动实施过程中的重要对象，教师的举动直接影响着教育效果，所以教师应该时刻关注自己的行为和心态。

①营造轻松愉快的气氛。和谐的学习氛围，良好的师幼互动，本身也是一种教育。心理学家表明，在轻松愉快的气氛下，更能使幼儿产生活跃的思维。

②教师以同伴的形式和身份去参加幼儿的活动。如“开商店”游戏，教师可扮演其中一角色去参加，当幼儿碰到困难时，教师以“大朋友”身份成为合作伙伴。

③适时适度地对一些问题进行指导。如有些操作活动，有的幼儿会有困难，可能产生不愉快的情绪，教师这时主动关心和指导，帮助他们树立自信心。

④关注个别差异。每个幼儿都有自己的性格特点，教师在施教过程中应该注重幼儿之间的差异性，做到因材施教。

总之，在活动实施过程中，教师要始终以宽容和谐的心态面对幼儿，教师要给幼儿更多的时间去操作，去摆弄，从而建构自己新的认知体系。教师要始终保持一种轻松愉快、积极平静的心态，只有这样，才能使孩子产生安全感与自由感，激发孩子的好奇心和创造灵感，使幼儿潜心探索、乐于表达、积极分享。

第三节　幼儿集体数学教学活动评价

一、幼儿数学教学活动评价内容

幼儿园教育活动是师幼双边互动的活动，既有教师的教，也有幼儿的学，数学教学活动也不例外，因此，对幼儿数学活动的评价，包括对教师教学的评价和幼儿学习发展的评价。对教师的评价既包括对教师静态文本如教学方案的评价，也包括对动态活动实施的评价。幼儿学习发展评价可从学习品质、概念掌握、数学能力发展三方面进行，包括对数学学习的态度、兴趣、方法、习惯以及对数、量、形、时空、逻辑关系等基本概念的理解和掌握，对数学知识的运用等。

（一）教师数学教学活动方案评价

教师数学教学活动方案评价是对静态文本的一种评价。对幼儿教师数学活动方案评价分两步进行：首先，从整体框架看活动方案基本要素是否齐全，基本思路是否清晰，教学理念是否正确。然后，再仔细阅读各个部分的内容是否符合要求，有无错别字，语句是否通顺，具体要求见表 2-1。

表 2-1　　**幼儿园数学教学活动方案评价表**

评价内容	评价要点	评价指标
整体框架	基本要素齐备	1. 包含活动名称等 5 个部分； 2. 每个部分要素齐全
	基本思路清晰	1. 主题突出，目标与活动名称相符；导入紧扣主题； 2. 目标意识强，活动准备有利于实现活动目标；活动过程的每个环节紧扣活动目标，突出主题； 3. 活动过程环环相扣，层层递进； 4. 过渡自然，承上启下
	基本理念正确	1. 语言表述上和环节设置上体现教师的引导性和幼儿的主体性； 2. 教学内容的选择、教学具的准备、幼儿需完成的数学任务来源于幼儿熟悉的生活，体现生活化； 3. 教学活动中提供的任务具有挑战性，幼儿愿意完成，体现趣味性； 4. 幼儿已有的数学经验和要达成的目标有一定的递进性，幼儿在某一方面获得了发展，体现发展性； 5. 教学过程中有幼儿思考和操作，体现操作性和启发性； 6. 注重培养幼儿数学思维和数学能力
各个部分	活动名称	1. 包含年龄、班级、主题； 2. 表述简单明了，富有趣味性
	设计意图	1. 包含为什么、是什么、怎么做； 2. 只阐述为什么
	活动目标	1. 从情感态度、知识、技能三方面表述； 2. 表述角度一致，从教师教学角度或者幼儿学习角度表述目标，如“引导幼儿……”或者“获得……”； 3. 具体可行，活动目标是在一个活动中能够实现的，不能大而空，如“知道在 1 分钟内，每个人做同一件事情的结果是不一样的”； 4. 有针对性，目标制定要符合年龄班的特点，小班幼儿不能做大班幼儿应该做的事情，如我们不能要求小班幼儿“学会 5 的几种分法”
	活动准备	1. 有物质准备、经验准备以及语言准备； 2. 要为目标服务； 3. 语言准备要规范，有利于教学使用； 4. 数量上要考虑到活动幼儿人数； 5. 性质上要便于幼儿操作，完成数学任务； 6. 操作材料是幼儿熟悉的，能在活动中多次使用

续表

评价内容	评价要点	评价指标
各个部分	活动过程	1. 基本实现三个目标； 2. 环节紧凑、层次清晰； 3. 导入切中主题，能引入要学习的内容； 4. 有趣，体现教学游戏化； 5. 突出内容特点； 6. 提问紧扣目标； 7. 提问具有启发性，引发幼儿思考； 8. 突出幼儿“做中学”
语言表达	1. 文从字顺，语句通顺； 2. 书写规范，无错别字	

（二）教师数学教学活动实施评价

教师数学教学活动实施评价的具体内容详见表 2-2。

表 2-2　**幼儿园数学教学活动实施评价表**

评价内容	评价要点	评价指标
教学理念	教学理念	1. 整个活动较好地体现教师主导，幼儿主体思想； 2. 教学内容、数学任务生活化； 3. 教学任务具有启发性，有利于幼儿在最近发展区发展； 4. 注重培养幼儿数学思维和数学能力以及学习方法； 5. 为每个学生提供参与的机会，关注个体差异
教学材料	材料的投放	1. 活动材料准备充分，数量上考虑到活动幼儿人数； 2. 便于幼儿操作，完成数学任务； 3. 操作材料有利于活动目标的完成； 4. 操作材料能引起幼儿兴趣
	材料的呈现	1. 材料呈现有层次性； 2. 能在适当时机呈现材料，并提出适当的要求，启发幼儿思考； 3. 呈现的材料类型恰当，跟数学任务匹配

续表

评价内容	评价要点	评价指标
教学过程	活动过程	1. 环节紧凑、层次清晰，逻辑性强； 2. 各个环节时间分配合理； 3. 突出活动内容特点； 4. 突出幼儿“做中学”； 5. 导入切中主题，能引入要学习的内容； 6. 活动有趣
	教师教学语言	1. 领域知识扎实，教师数学语言规范、科学； 2. 语言表达清晰、流畅，简单明了； 3. 评价语丰富，针对性强； 4. 肢体语言适当
	教师指导能力	1. 选用的教学方法和教学策略符合幼儿年龄特点，有利于实现教学目标； 2. 较好地处理了活动方案的预设和生成关系，关注幼儿兴趣点，及时调整教学语言； 3. 创设合理的教学情境，提出合理的任务和要求； 4. 积极回应幼儿，评价针对性强； 5. 较好地处理偶发事件； 6. 指导有针对性； 7. 能够有效地将媒体技术运用于教学活动中； 8. 引导幼儿多感官参与； 9. 提问紧扣目标； 10. 提问具有启发性，引发幼儿思考
	活动效果	1. 基本达成目标，大多数幼儿能完成操作任务； 2. 活动氛围好，幼儿积极参与教学活动； 3. 幼儿能运用数学知识解决问题
	教师基本素养	1. 着装得体； 2. 教态大方、亲切； 3. 情绪饱满

教学活动案例 2-1①

食品小聚会

设计意图：

新年后，在讨论“娃娃家”游戏时，幼儿说，“菜场”只有蔬菜，没有其他好东西。“娃娃家”没有吃的，不好玩，娃娃要吃蛋糕，没有地方买……怎么办？开超市、开食品店、开包子铺……在幼儿七嘴八舌地讨论后，最后“星星食品店”诞生了。幼儿纷纷带来了自制的各式各样的“食品”，有饺子、包子、小蛋糕等。好吃的食品究竟有几种？每一种有几个？怎么摆放？这些游戏中的问题无疑是一个个数学问题，而这些数学问题可以引导幼儿迁移“放烟花”等活动习得的经验予以解决，解决这些问题也让幼儿的相关经验再次得到复习与巩固。由此，数学活动“食品小聚会”生成了。

活动目标：

1. 会按食品的种类进行分类，并根据点子卡片取出相等数量的食品。
2. 在操作活动中进一步感受节日的快乐。

活动准备：

1. 玩具柜 3 个。
2. 标记图：自制的各种“食品”（包子、饺子、小蛋糕）的实物卡片若干，贴有 3 以内点子的小盘子若干。

活动过程：

一、说说看看：“我吃过的食品”。

教师：我们都吃过哪些好吃的食品呀？

引导幼儿根据自己生活经验说一说自己吃过的食品。

展示食品，说说食品的名称。

教师：这些食品叫什么名字？

鼓励幼儿大声说出食品名称。

二、给食品分类，布置食品店。

1. 讨论：食品怎么放？

教师：这么多食品可以开个食品店了，想想食品店的食品应该怎么放呢？

---

① 张慧和，张俊. 幼儿园数学教育活动指导. 北京：人民教育出版社，2013 年，pp. 311-315（稍作改动）.

引导幼儿根据食品种类，把相同食品放在一个玩具柜里。

2. 我会放食品。

鼓励幼儿一边拿一边说：“××和××放在一起。”

教师和幼儿共同检查食品摆放对不对，一边检查一边说，“这里都是××”。

3. 给食品配标记。

教师出示包子、饺子、蛋糕的标记图，引导幼儿观察，并说一说这些是什么标记，可以表示哪种食品。

请个别幼儿为食品配标记。

三、取食品，点物匹配。

1. 观察娃娃家食品。

教师：想不想品尝食品？放在哪里品尝呢？

2. 教师出示小盘子。

教师：盘里有什么？它表示什么意思？

引导幼儿了解盘里有几个点子，就取几个食品尝尝。

3. 幼儿示范拿取食品。

请个别幼儿取盘子，先数点子，再按点子数目取相同数目食品品尝。

4. 幼儿品尝食品。

鼓励幼儿数点子，进行点物匹配。还可以交换盘子再次游戏。

文本分析：此活动方案基本要素齐全，教师通过说一说、分一分、数一数三个环节展开，层次清晰，环环相扣，充分发挥幼儿视觉、触觉等感官的作用。活动内容选取幼儿熟悉的、喜爱的食品，引导幼儿进行分类、按数取物，富有生活气息，体现了数学教育生活化的理念。每一个环节教师都通过一个问题，开启幼儿的思维挑战之路，激发幼儿的任务意识，让幼儿在挑战中完成思维的训练，培养幼儿解决问题的能力。目标三维齐全，在方案中得到较好的体现。设计意图的阐述弥补了活动准备中幼儿经验准备缺乏的不足。此方案还有一个不足的地方是活动名称中没有注明年龄班级，因此，显得不够清楚明了，读者需要看完整个方案之后进行判断。

教师活动实录：我依据活动目标，借助幼儿已有生活经验，设计了三个具体活动环节，让幼儿在“食品小聚会”活动中，学习按食品种类进行分类，按点子数量取出相应的食品，并自然而然地运用各种感官感知 3 以内的数，积累相关数学经验。

环节一：说说看“我吃过的食品”。当我问，“过年的时候，你们吃过哪些好吃的食品？”幼儿争先恐后地说：“最爱吃的食品有蛋糕、有面条、有包子、有巧克力……”因为我的问题与幼儿生活紧密相关，所以幼儿回答问题时的主动性很高。当我将家长和幼儿一起制作的食品展示在幼儿面前时，那些用各种材料制作的食品逼真极了，幼儿一下子就报出了它们的名字，活动兴趣极高。

环节二：给食品分类，布置食品店。首先，我引导幼儿讨论食品怎么摆放。看到这么多好吃的食品，幼儿一个个拿在手中，爱不释手，我问："这么多好吃的食品该怎么放呢？"乐乐说："当然是饺子和饺子在一起。"豆豆说："对，一样的东西放在一起，商店里就这样的！"幼儿点头表示同意。"行，你们来试试吧！"于是，幼儿根据食品的种类，把相同的食品放在一个玩具柜里。这是幼儿将已有的分类经验和生活中积累的经验迁移到活动中来，可见，幼儿已经具备初步运用习得数学经验解决生活及游戏中的问题的能力。

当幼儿摆放食品时，我不停地用语言提醒他们一边放一边说"饺子和饺子放在一起"，或和幼儿一边说一边检查"这儿都是饺子"。这样做的目的是让幼儿在实际操作中用语言将自己的思维过程表达出来，并通过讲述来检查自己摆放正确与否，意在引导幼儿学会分类方法。最后，为使食品贴近生活，我进一步提问："怎样让别人知道货柜卖的是什么食品？"畅畅说："请标记宝宝来帮忙！"我出示包子、饺子、蛋糕等标记图（还可请幼儿自己制作标记图），引导幼儿观察并说说这是什么标记，可以表示哪种食品，邀请幼儿为食品匹配标记。此时，幼儿迁移已有的对标记的经验，为食品店里的各式食品配上标记。这下，食品店终于可以开张了。

环节三：拿取食品，点物匹配。结合幼儿过新年自己取物的生活经验，我问："大家想自己动手取食品吗？"幼儿异口同声地回答想。我紧接着问："取几个？放在什么地方？"幼儿抢着回答"放在碗里"，"放在盘子里"，我出示盘子："看，盘子里有什么？它表示什么意思？"引导幼儿发现盘里的秘密，明确了应该按点子数量取食品的要求，即盘子上有几个点子和食物标记，就取几个什么样的食物。"谁愿意试试？"鼓励个别幼儿尝试，意在借个别幼儿的示范，让大家明确取物操作的规则：首先，拿一个盘子，数点子并说出总数；再数出指定的食物，放置盘中并说："我拿了×个食物。"这里强调手口一致点数并说出总数，因为这是幼儿确定物体数量的基本方法。

按数取物首先要求幼儿能看清并记住盘子上点子数目，然后取与盘子上点子数目同样多的食物。幼儿练习按数取物的活动，是幼儿在对数概念有所理解的基础上进行的实际运用。按点子取食品活动对幼儿的要求是多方面的，也有一定难度。幼儿在取食品中往往有不同的表现，这时，应该关注幼儿的操作与讲述。有的幼儿对3以内的物体数量通过目测已能感知，能按照盘子数量取出同样数目的食物，有的幼儿需要通过点数才能确认数量；还有的幼儿不会点数，对3以内数量不能清楚地感知，因此，不能取出同样数目的食物；还有的幼儿对取物活动感兴趣，却不会按照点子数目的要求，而是按照自己的想法取出食物。对以上幼儿种种不同的表现，我根据幼儿不同发展水平有的放矢地给予指导和调整，帮助幼儿逐步完成任务。

如对第一种幼儿，可将数量逐步调整为4或5以内，引导幼儿感知5以内的数量，还可以让幼儿比比两组食物的多少；对第二种幼儿，可以让幼儿目测点子的时间长些，或目测后请幼儿说出总数，在点子数目得到确认后再取物；对第三种幼儿，则引导他们换点子为1、2的盘子，和其一起点数，说出总数，取物直至完成，让幼儿逐步对3以内数量有所感知直至掌握。

可见，取食品环节的重点，是帮助幼儿积累从物体中初步抽象出数的经验，获得表达数量属性的经验，进而发展幼儿对事物数量特征的敏感以及用实物表示物体数量的能力，促使每个幼儿都能在原有基础上获得新的进步和发展。

- 活动评析：

"食品小聚会"活动内容与材料源自幼儿的生活，教师创设相应的情境，引导幼儿感受过年的快乐，激发幼儿参与数学活动的兴趣，活动开始是以幼儿感兴趣的"说说看看——我吃过的食品"的方式导入，让幼儿在不知不觉地说、看活动中体验到数学的有趣。教师通过说一说、分一分、数一数三个环节的展开，充分发挥幼儿视觉、触觉等感官的作用，引导幼儿进入有趣的数学世界。活动中，教师鼓励幼儿大胆运用语言表述自己的操作过程，使语言表达成为幼儿活动过程中自我检测的手段之一，进一步凸显了语言具有外化思维的作用；教师悉心观察、指导幼儿，引领幼儿发展，体现了《纲要》倡导每一个幼儿发展的理念。

（三）幼儿数学学习与发展评价

幼儿数学学习与发展评价可从学习品质、概念掌握、数学能力发展三个方面进行描述。学习品质评价主要评价幼儿对数学学习的态度是否积极、是否喜欢数学，数学学习的习惯、学习方法等方面。数学能力评价主要对幼儿应用数学知识解决问题及解决问题的方法、过程的评价。这三个方面相互影响，相互渗透。在第三章至第八章论述具体内容认知与活动指导时，会详细阐述每个内容领域幼儿发展评价指标，在此不再详细说明。

二、幼儿数学活动评价方法

无论是对教师教学活动的评价还是对幼儿数学学习发展评价，都包括"资料收集"、"资料分析"两个至关重要的环节。资料的收集方法有很多，对教师而言，最真实、最有效的方法就是在幼儿园的教学活动、一日生活和游戏中收集教师和幼儿真实性表现并进行评价。下面重点介绍观察、作品分析、谈话法三种评价方法在幼儿数学学习与发展评价中的应用。

（一）观察法

观察法是教师收集幼儿数学学习与发展信息的主要方法之一。在教学过程中“观察”成了服务于教学和幼儿发展的最好方法。

在集体教学活动中对幼儿进行观察，教师在活动实施之前，可以预先考虑好要观察幼儿的哪些行为，然后制作出观察表格，以便在实施过程中快速、准确地记录。表 2-3 是幼儿分类能力观察记录表。也可以用描述观察的方法，用描述性的语言记录幼儿动作、对话、活动和行为。最好的观察时机是幼儿操作活动时。

表 2-3　**幼儿分类能力观察记录表**

幼儿姓名________________　年龄________________

观察日期________________　记录者________________

	分类水平	有	无	具体表现
分类标准	依据物体外部感官特征分类			
	依据两种属性将物体分类			
	依据类的概念将物体分类			
	依据数量将物体分类			
标准的提出者	教师提出分类标准			
	幼儿自己提出分类标准			
观察场景描述（幼儿总人数、教师人数、教学场地等）：				

活　动

描述性观察实录①

某小班幼儿进行“按数量匹配实物”活动，教师要求幼儿根据卡片上小兔子的数量送相应数量实物。

① 张俊. 给幼儿园教师的 101 条建议. 数学教育. 南京：南京师范大学出版社，2007 年，pp. 240-241，有改动.

幼儿甲：看了一眼卡片，知道卡片上的数字是3个，然后从一堆花片中取出3个，放到分类盒子中和这张卡片对应的格子里。

幼儿乙：点数卡片上的兔子数目，然后就开始取花片放在相应的格子里。不过他并不是一下子数出3个花片，而是一个一个地将花片放到格子里，当他放了3个以后，停止动作。

幼儿丙：先点数卡片上的兔子数目，然后开始取花片放在相应格子里。他将花片一个一个地放在格子里，每取出一个花片，就要将花片与卡片上的兔子碰一下，然后再放到格子里。3个花片在格子里排列方式和卡片上兔子排列方式一致。

【分析】幼儿甲在点数时，已经完全摆脱了点数动作，能真正按数取物。幼儿乙还需要动作配合进行点数，抽象水平不及幼儿甲。幼儿丙则完全按照一一对应的方式进行取放。

（二）作品分析法

作品分析法是在一段时间内在不同情境中持续地收集能反映幼儿数学学习情况的作品，并对这些作品进行分析以判断幼儿数学学习与发展的方法。这种方法是过程性评价的典型方法，强调评价的持续性、真实性。而“作业”分析又是幼儿教师简便可行的评价方法，现结合活动进行说明。

活　动

“6的组成”　一组作业①

1. 看图填分合式。要求幼儿对每幅图上的物体（每幅图两类物体总数均为6）进行分类计数，并记录在右边的分合式里。（每幅图的结果都不一样，恰好是6的5种组成）（图2-1）

2. 圆圈涂色并记录。每排有6个圆圈，一共有5排，要求幼儿给各排中的若干圆圈涂上颜色，每排涂色圆圈数量都要不一样，在右边记下每一排涂色和未涂色的圆圈数量。（一共有5种不同答案）（图2-2）

3. 翻片片记录。提供给幼儿6个正反颜色不同的片片，要求幼儿将其中的若干片片翻过去，分别记录两种颜色的片片数量。（一共5种答案）

① 张俊. 给幼儿园教师的101条建议. 数学教育. 南京：南京师范大学出版社，2007年，pp. 245-246，有改动，图为编者添加。

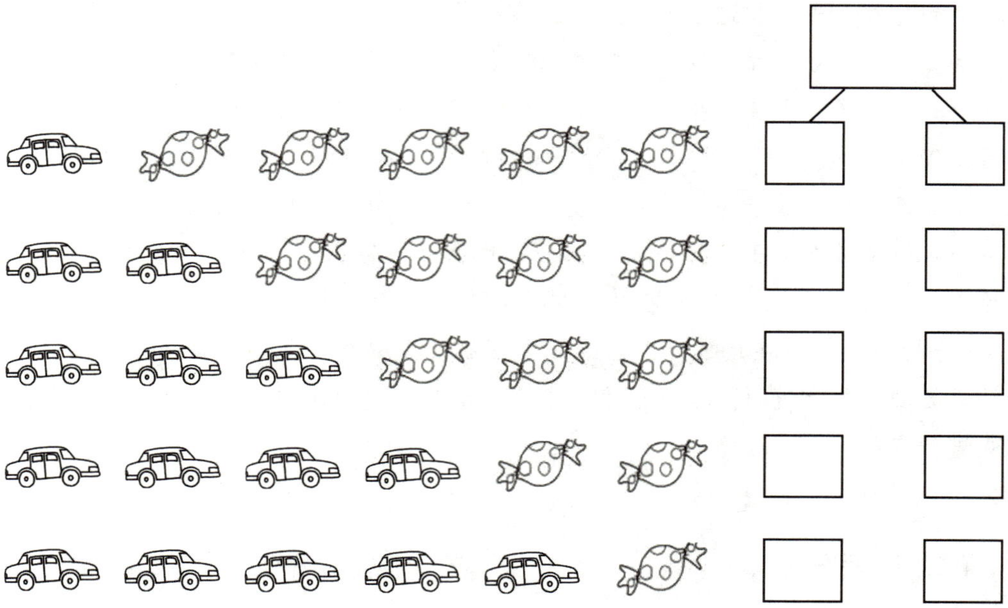

图 2-1

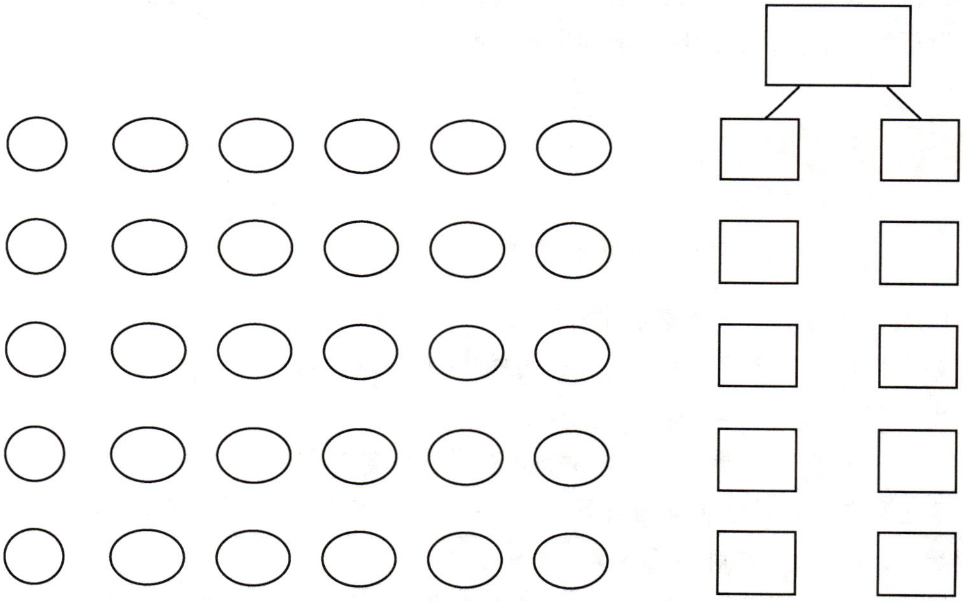

图 2-2

4. 点子房子图。要求幼儿将6个圆圈分别画在一排的左右两格里，一共要画5排，每排不一样。(图 2-3)

图 2-3

【作业结果及分析】教师在幼儿作业结束之后，对作业情况进行统计（表 2-4），发现作业形式、作业难易程度会影响幼儿的作业结果。

表 2-4　　**作业结果统计**

作业形式	有序	互换	无序	不全	错误
1	25	0	0	0	2
2	13	2	3	1	0
3	11	2	6	2	1
4	5	3	3	2	4

注：“有序”是指数的分合式按数的顺序排列，如 1 和 5，2 和 4……“互换”是指数的分合式按互换的顺序排列，如“1、5”，“5、1”。无序是指没有按照以上两种方式排列。

（三）谈话法

谈话法是指评价者通过直接和幼儿进行交谈来获取有关信息，收集资料的一种方法。皮亚杰首创了“临床法”。运用谈话法时，教师需注意不要急于纠正幼儿的错误。下面是一则与5岁幼儿关于形状守恒的谈话场景。

场　景

正方形旋转45°①

老师：这是什么形状？

幼儿：正方形。

老师：好，那这是什么形状？（将正方形当幼儿面旋转45°）

幼儿：菱形。

老师：菱形，可是你刚刚跟我说这是正方形，现在又告诉我这是菱形，那到底它是什么形状？（手持正方形，最后回到原状）

幼儿：正方形。

老师：好，这是什么形状？（将正方形当幼儿面旋转45°）

幼儿：不知道。

老师：不知道？（手指着旋转了45°的正方形）

幼儿：这样就是菱形。

老师：这样就是菱形哦！好，那么怎么样叫正方形？

幼儿：这样子就叫做正方形。（将正方形转回原态）

老师：哦！那这个样子呢？（将正方形旋转45°）

幼儿：菱形。

老师：这张卡片你刚刚告诉我是正方形，现在你又告诉我是菱形，到底这张卡片是正方形还是菱形呢？（将正方形转回原态）

幼儿：正方形。

老师：可是你刚刚又跟我讲是菱形？

幼儿：这样本来就是菱形啊！（将正方形旋转45°）

老师：哦，这样本来就是菱形啊！好，谢谢你！

---

① 张俊．给幼儿园教师的101条建议．数学教育．南京：南京师范大学出版社，2007年，pp. 243-244.

拓展阅读

1. 蔡春美，等. 幼儿行为观察与记录［M］. 上海：华东师范大学出版社，2013.

2.［英］莎曼. 观察儿童·实践操作指南［M］. 第三版. 单敏月，王晓平，译. 上海：华东师范大学出版社，2008.

3.［英］里德尔·利奇（Riddell-Leech，S.）. 观察：走近儿童的世界［M］. 潘月娟，王艳云，译. 北京：北京师范大学出版社，2008.

4. 朱家雄. 记录，让教师的教学有意义［M］. 福州：福建人民出版社，2008.

复习与思考

一、名词解释：

1. 幼儿园数学教学活动设计
2. 发展性原则
3. 操作性原则
4. 活动设计意图

二、简答题：

1. 幼儿园数学活动设计基本程序。
2. 幼儿园数学活动方案的基本要素。
3. 幼儿园数学活动设计的基本原则。
4. 导入的几种方法。

三、论述题：

1. 论述幼儿园数学活动实施评价标准。
2. 论述幼儿园数学活动设计的基本理念。

四、实践探索学习活动：

1. 数学教学活动方案单项要素写作训练。
2. 设计一个集体数学教学活动。
3. 运用观察法记录某幼儿数概念的发展并作分析。
4. 观看数学教学活动，并进行分析，写分析记录。

第三章　幼儿集合的发展与活动指导

本章导读

理发师悖论①

19 世纪下半年，集合论刚产生时，曾遭到许多人的猛烈攻击。但不久这一开创性成果就为广大数学家所接受了，并且获得了广泛的赞誉。

可是，好景不长。1903 年，一个震惊数学界的消息传出：集合论是有漏洞的！这就是英国数学家罗素提出的著名的罗素悖论。罗素将这个数学悖论变成等价的“理发师悖论”，即某山村的理发师声称，他将为所有不给自己刮脸的人刮脸，不给那些自己刮脸的人刮脸。给自己刮脸的人是一个集合，不给自己刮脸的人是一个集合，这在逻辑上并没有漏洞。但是，当理发师考虑应该给自己刮脸时，却处于自相矛盾的两难之中。因为，如果他不给自己刮脸，那么他将属于不给自己刮脸的人的集合，因此，他可以给自己刮脸。反之，如果他给自己刮脸，那么他不属于让理发师刮脸的那一类人，他将不能给自己刮脸。罗素悖论一提出就在当时的数学界与逻辑学界引起了极大的震动。德国的著名逻辑学家弗利兹在他的关于集合的基础理论完稿复印时，收到了罗素关于这一悖论的信。他立刻发现，自己忙了很久得出的一系列结果却被这条悖论搅得一团糟。他只能在自己著作的末尾写道：“一个科学家所碰到的最倒霉的事情，莫过于在他的工作即将完成时却发现所打的基础崩溃了。”你发现了集合的哪些秘密？

① ［韩］金恩庆．寻找放屁王．长沙：湖南少年儿童出版社，2011 年，p. 31.

教学目标

情感态度目标：体会到集合对于幼儿数学学习的重要性和基础性。

知识目标：了解有关集合的基本知识；掌握各年龄段幼儿集合的发展特点及各年龄段各类型活动的教学指导要点。

技能目标：能科学合理地组织各种类型的集合活动，并能用适当的方法进行评价。

精讲分析

集合是现代数学的最基本概念，是幼儿学习计数、加减运算的基础。幼儿应掌握哪些集合知识，如何习得这些知识；幼师生如何指导幼儿习得这些知识，如何评价幼儿的集合发展水平，这些是本章要解决的主要问题。在本章的学习过程中，幼师生重点掌握幼儿集合教学指导策略，学会观察和评价幼儿在此方面的发展水平。为达到此目的，幼师生们应根据编者提供的案例，尝试组织教学活动，并收集各种有关案例，进行分析、反思和总结。与此同时，幼师生们应尽可能地利用闲暇时间，收集并观摩、分析各种关于集合的教学视频。

第一节　集合的相关知识

集合是现代数学的一个基本概念。可以说，整个数学就建立在集合基础之上。感知和理解集合是幼儿早期数学学习的关键经验之一。

一、集合的概念

幼儿在日常生活中常会看到成人把同类的事物放在一起，如把梨、苹果、橘子、香蕉等放在一起，统称为水果；把老虎、狮子、大象、狐狸等归放到一起，统称为动物。在数学中，把具有某种共同属性的一类确定对象所组成的整体叫集合，而被确定的具有共同属性的对象叫做这个集合的元素。例如，玩具柜里的所有玩具、盘子里的 6 个梨、5 次拍手声、8 次兔跳动作等都可以看作是集合，甚至单独的 1 个苹果、1 颗糖也可作为一个集合。而其中组成集合的每一个事物则是集合的元素，如每次拍手的声音、每次兔跳动作都是集合的元素。

二、集合中元素的特性

（一）确定性

集合中的元素的性质一定要是明确的，不能有模棱两可、含混不清的情况。例如，设 A 是一个给定的集合，a 是某一个具体的对象，则 a 是 A 的元素，或者 a 不是 A 的元素，两种情况中必有一种且只有一种情况。比如“可爱的小朋友”就不能看作一个集合，因为什么样算可爱是很难以确定的，所以难以形成一个集合。

（二）互异性

集合中元素必须是互异的。也就是说，对于一个给定的集合，它的任何两个元素都是不同的。即集合中的元素是不重复的，两个或者两个以上的相同的元素都认为是一个元素，在用列举法表示时也只能写一个，例如，一个集合可以表示为 $\{1, 2\}$，但不能表示为 $\{1, 2, 2\}$。

（三）无序性

集合中的元素不考虑顺序，对于元素相同而排次序不同的集合认为是相同的集合，例如，集合 $\{1, 2, 3, 4\}$ 与集合 $\{2, 4, 3, 1\}$ 是相同的集合。

三、集合的分类

集合可以根据它含有的元素的个数分为三类：有限集合、无限集合和空集合。含有有限个元素的集合叫做有限集合，如某幼儿园的男孩子组成的集合；含有无限个元素的集合叫做无限集合，如自然数组成的集合；不含有任何元素的集合叫做空集合，如篮子里没有葡萄了。

四、集合表示方法

（一）列举法

把集合中的元素一一列举出来，并用大括号括起来的方法。使用列举法时，需要注意以下几点：元素间用分隔号“，”；元素不重复；元素无顺序；对于含有较多元素的集合，如果构成该集合的元素明显有规律，可用列举法，但是必须把元素的规律显示清楚后才能用省略号，如 $A=\{1, 3, 5, 7, 9, \cdots\}$。

（二）描述法

用确定的条件表示某些对象是否属于这个集合，并把这个条件写在大括号内来表示集合的方法，即 $\{x \in A \mid p(x)\}$。其中竖线“|”左边表示集合的代表元素，右边表示集合中元素满足的条件，例如：所有的直角三角形的集合可以表示为{直角三角形}。

（三）图示法

为了形象地表示集合，我们通常画一条封闭的曲线，用它的内部来表示一个集合。如图 3-1 所示，表示集合 $\{1, 3, 5, 8\}$。

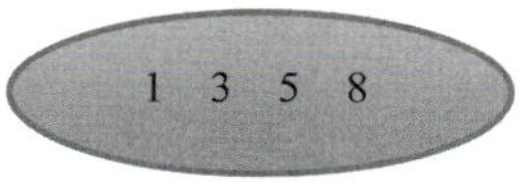

图 3-1　图示法

图示法又叫文氏图，指用一条封闭的曲线把集合中的元素圈起来，如皮皮的小车可以用图 3-2 来表示。

图 3-2　皮皮的小车

五、集合的关系与运算

集合之间有包含关系和相等关系。

集合的包含关系是指，一集合的所有元素是另一集合的子集，如玫瑰集合是花朵集合的子集，各种类型的玫瑰又是玫瑰集合的子集，也可以看作是整体和部分的关系，感知集合的包含关系有助于幼儿理解类包含概念和关系。

集合的相等关系是指一个集合的所有元素与另一个集合的所有元素相等，如“皮皮的好朋友”这一集合与集合“嘟嘟，林林，花花”相等，再如，“最小的质数”这一集合与集合“2”相等。

集合与集合之间也存在着运算，集合的最基本运算是交集、并集、补集、差集的运算。同时属于两个集合的元素所组成的集合就是两个集合的交集。所有属于两个集合的元素组成的集合是两个集合的并集。由全集中所有不属于该子集的元素组成的集合是补集。由属于一个集合而不属于另一集合的元素组成的集合是差集。如图 3-3 阴影部分为相应的集合面积。

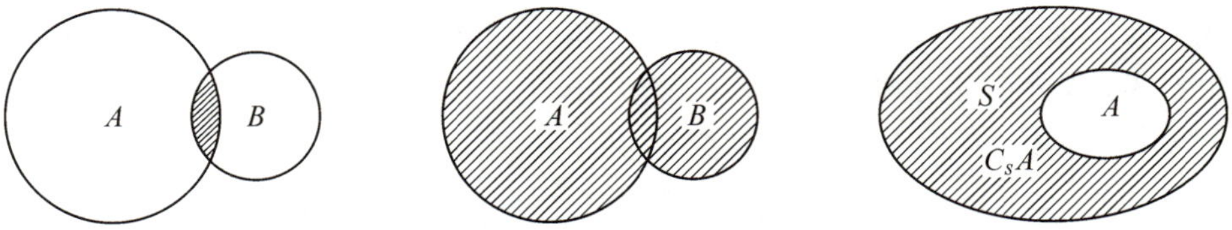

(a) 交集　(b) 并集　(c) 补集

图 3-3　交集、并集和补集

第二节　幼儿感知集合发展特点

一、感知集合的发展阶段

（一）笼统感知阶段

有关研究证明，2~3 岁的幼儿可产生对集合的笼统感知，即对元素模糊的泛化的知觉。这一时期幼儿还不能精确地说出一集合元素的数量，只能大致地辨别它们的多或少，他们看不到集合的范围和界限。如幼儿在堆积木时，别人从中拿走了几块拱形积木他没有觉察，直到仅有三块拱形积木继续减少时，他才有所发现；2 岁左右的幼儿能够依据外部可感知的特征对事物进行区分，但更多是按照成人言语提示或范例完成对事物的区分，自己无法提出区分标准。如要求他们拿出红色积木，幼儿能正确取出相应颜色的积木；或者呈现一块黄色积木，他们能找出黄色积木，但这一阶段幼儿还不能理解分类的含义与要求，只是随意地对物品进行摆放。

（二）感知有限集合界限阶段

3~4 岁的幼儿能感知到集合的界限，对集合中元素的知觉也从泛化向精确过渡。这一阶段的幼儿对集合中元素的认识不能超出集合的界限，他们一般把注意力集中在集合两端的元素上，同时运用对应比较的方法来确定两个集合间元素数量的相等关系，例如，比较小碗和小勺的多少，让幼儿在每个小碗里放一个小勺，最后看一看谁多谁少。幼儿可能一开始具有简单的分类能力，能辨认物体（元素）并将它们归类形成集合，比如 3 岁以后，幼儿能按物体外部特征分类，如大小、颜色、形状、长短等，但不能理解集合的类包含关系。例如，红旗集合里包括 3 面大红旗和一面小红旗，他们不能正确回答“红旗多，还是大红旗多?”而往往还会认为大红旗多。

（三）感知集合元素阶段

儿童到了 4~5 岁，一般进入集合的数量感知阶段，能准确感知集合及其元素。这一阶段的幼儿已能发现集合中包含着的子集，看到整体可以分成若干个部分，此时幼儿已经提高了按物体的某一特征分类的能力，他们可以按物体的简单用途和数量分类。他们不再用一一配对来解决两个集合之间确定等量的问题，而是通过分别计算来比较两个集合元素的多少。但由于幼儿的思维还不具有可逆性，一旦将整体分成若干部分，头脑就不再保持整体。他们对整体与部分之间、集与子集之间的类包含关系还是比较模糊。如一个蛋糕切成四块，问原来的蛋糕大还是切开后的四块蛋糕大，孩子不能确定。

（四）感知集合的包含关系阶段

一般来说，幼儿在 5~6 岁时可以达到初步的集合运算阶段，表现在幼儿已能发现同一个物体往往具有不止一种的属性。即幼儿不仅能按物体的外部属性或内部属性正确地给物体分类，还能对物体进行不同的分组即多角度（多重）分类。如幼儿可以依据物品的功能用途、数量、类包含关系等抽象的标准进行分类，而且能够自主提出多种标准进行多维度分类。不过这一阶段的幼儿，头脑中基本还没形成类包含的逻辑观念，在解决问题时，多数幼儿是将整体作为单独的一个部分而不是作为一个包含其他部分的整体看待的，只习惯于从数量的多少来判断，还不能达到从逻辑的关系上来判断，比如可以把颜色和形状不同的一组几何图片分别从形状和颜色两个角度来分类。

二、幼儿一一对应及数量比较发展特点

一一对应是指物群 A 中的每一个物品都与物群 B 中的一个物品匹配。两个物群

能建立一一对应关系就意味着两组物群中的物品数量或两个集合中的元素数量相等。① 数量比较是对物群元素个数的比较。数量比较是以对物群与元素的感知为前提，是儿童感知集合、理解数概念的发展过程中的重要一步。一一对应和数量比较活动适合在中小班开展。

（一）对应能力发展迅速

3 岁左右的幼儿对集合的边界和元素的感知还比较模糊，在配对任务中会出现忽略两边或中间物体的现象。研究显示，3 岁半能成功完成杯子杯盖配对任务的占 50%，4 岁时达到 84%，任务通过率显著提高。可见，3 岁半至 4 岁是幼儿对应能力快速发展阶段。②

（二）依据物群所占空间判断元素数量

3~4 岁幼儿判断两个物群数量相等或不等主要依据物群排列的长度和所占空间。物群视觉效果的变化会导致判断结果的变化。如果让幼儿判断图 3-4 中两排冰激凌多少，3~4 岁幼儿会说第一排的更多。

图 3-4 不同排列方式的冰激凌

（三）尝试使用计数和一一对应策略比较元素数量

3 岁以后的幼儿开始尝试计数和一一对应策略较精确地比较两个物群的数量。

① Cowan R. Children's relative number judgments: one-to-one correspondence, recognition of non-correspondence, and the influence of cue conflict [J]. *Journal of Experimental Child Psychology*, 1984, 38 (3): 515-532.

② 潘月娟. 幼儿数学教育与活动指导 [M]. 北京：高等教育出版社，2013 年，p. 80.

计数策略是指通过数出每个集合中的元素数量，通过比较这两个数的大小来对两个集合中的元素多少进行比较。一一对应策略是指将集合中的每个元素建立对应关系，根据剩余情况来比较多少。一一对应策略是学前阶段儿童经常使用的比较策略。

三、幼儿分类发展特点

分类是把具有某种特征的事物归并在一起。如收拾玩具时，把玩具汽车放在一起，把积木放在一起。分类综合了观察、分析、比较、概括等数理逻辑思维过程。分类活动不仅可以促进幼儿求异思维能力的发展，还可以发展幼儿求同思维。

（一）分类标准的发展

幼儿分类标准经历了由简单到复杂，由单一到多维，由表及里的这样一个过程。3~4 岁幼儿分类标准单一，只能依据某一个外部可感知的具体特征进行分类，如按照颜色、形状等。不能识别抽象的特征，如会飞、会走等特征。4~5 岁幼儿能按照事物外部特征及量的差异进行分类，并开始尝试按照事物约定俗成的用途进行分类。5~6 岁幼儿不仅能按照物体的外部特征进行分类，而且能够抽象出集合元素的内在属性特征，如用途、数量、类包含关系等进行分类。在对 169 名即将大班毕业的幼儿进行数学能力评估中，让幼儿对画有上衣、裙子、裤子、桌子、沙发、床的图片进行分类，75. 7%的幼儿能够正确地将图片分为衣服和家具两类。①

（二）分类层次的发展

幼儿分类层次发展经历了由单一层次向多维层次发展的过程。小班幼儿只能进行单一层次的分类，中班幼儿能够按物体的两个特征进行分类，大班幼儿能抽象概括出物体的多种特征，进行复合分类。

（三）类包含概念的发展

3~4 岁幼儿没有形成类包含概念，注意广度不够，只能对 5 个以内的物品进行分类。4~5 岁幼儿能够初步理解类包含概念，对集合与子集的包含关系有一定的感知和理解。如知道苹果、西瓜等属于水果，花生、核桃等属于干果。5~6 岁幼儿初步理解集与子集关系，开始建立类包含概念。皮亚杰给儿童呈现由 4 朵红花和 2 朵白花组成的花束，问儿童“红花多还是花多?”据此，确认 6 岁以下儿童不具备类包含概念，缺乏对集与子集关系的推理能力。

---

① 潘月娟. 幼儿数学教育与活动指导. 北京：高等教育出版社，2013 年，p. 98.

（四）分类语言发展

4~5 岁的幼儿才能用语言表达子集分类的标准，3~4 岁的幼儿还不能很好地用语言表达自己为什么要这样分类。

第三节　幼儿集合活动指导

一、各年龄段的集合教育目标和教学内容

（一）3~4 岁集合教育目标与内容

①能用一一对应的方法做等量集合；
②运用不同感觉通道感知、比较、描述物体特征；
③感知个数在 5 以内集合中的每个元素：
a. 会把不属于集合的元素找出来；
b. 会区别“1”和“许多”；
④能按物体的一种特征的差异对 5 个左右的物品分类。

（二）4~5 岁集合教育目标与内容

①进一步巩固按物体的外部特征和量的差异进行分类；
②感知个数在 7 以内集合中的每个元素：
a. 会按两个特征把同一类的对象圈出来；
b. 会找出集合中的子级类（如蔬菜类中的青菜类）；
③能按物体两个以上特征或特征做集合和排列；
④初步感知交集和差集的关系。

（三）5~6 岁集合教育目标与内容

①对集合做层级分类，体验集与子集的包含关系；
②能从不同角度把握事物的共同特征，将物体集合进行多种维度的分类；
③感知 10 个数以内集合中的每个元素：
a. 会把同一类的对象圈出来（二维特征）；
b. 会用否定的方法找出集合中的子级类；
④进一步感知交集和差集的关系；

⑤初步感知两集合间的包含关系。

二、幼儿集合认知教学活动指导

（一）关于一一对应与数量比较的教学活动指导

一一对应不依靠对数的理解，而是理解数的一个基础，它是不经计数而确定数量的简便方法。幼儿有了一一对应的观念以后再让他们学习计数，会更具有意义。但幼儿对一一对应概念的掌握却受很多因素的影响，如对应和比较的方法，所比较材料的特征等。

1. 一一对应和数量比较常用方法

（1）重叠比较

将一组物体摆成一行，再将另一组物体逐个一对一地重叠在该组物体上面，比较两组物体是一样多还是不一样多。例如，“给娃娃戴帽子”活动中，发给每个幼儿数量相等或者不等的娃娃和帽子的卡片，请幼儿将娃娃排成一行，再把帽子一个一个地放到娃娃头上，然后让儿童回答“娃娃和帽子一样多吗?”“哪个多?哪个少?为什么?”等问题，从而使幼儿了解“一样多”、“不一样多”、“多”、“少”等词汇的含义并学会使用这些词汇。

（2）并放比较

将一组物体摆成一行，再将另一组物体一个对一个地并排放在这组物体的旁边，比较两组物体的数量。例如，“小猫吃鱼”活动中，给幼儿3只小猫，4条鱼，如图3-5所示。

图3-5　小猫吃鱼

（3）连线比较

将一个集合中的元素与另一个集合中的元素进行一对一的连线，让幼儿认识它们之间的数量关系，适合个别操作和示范。

（4）游戏比较

以游戏的形式让幼儿掌握一一对应，比较两个集合数量的多少。如“抢椅子”游戏。

2. 一一对应与数量比较活动指导一般策略

（1）充分利用幼儿身边的环境资源

在生活中，幼儿的身边有很多可利用的资源，让幼儿感受一一对应。例如，在幼儿园里，每一个小朋友睡一张床；每一把钥匙开一把锁；吃饭时每人都有一碗饭，一只勺子，等等。在超市中，每个收银柜前都有一个收银员，每一杯可乐都有一个盖子和一个吸管；超市里的每一种物品都有标签等，对应几乎无处不在。教师应充分挖掘利用这些生活中的对应，引导幼儿多观察、多感受，丰富孩子的对应经验。

（2）在游戏中引导幼儿学习

游戏是幼儿最好的学习方式和途径，可以和幼儿一起在愉快的游戏中获得经验。如把教室所有的瓶和盖都分开，将各种瓶盖混合在一起，进行配对比赛，看谁先给所有的瓶子找到盖子。

（3）提供丰富多样的材料

材料的外部特征、抽象程度、关联程度、对应关系的抽象程度以及材料的数量多少都会影响到对应和比较教学目标的达成。教师在提供材料时，应选择外部特征、抽象程度、关联程度、对应关系的抽象程度以及材料的数量多少各异的材料供幼儿操作，帮助幼儿达成学习目标。材料的呈现顺序应遵循由外部特征差异明显到完全相同，由具体实物到抽象符号，由关联密切到彼此独立，数量由少到多的规律。如图 3-6 所示。

“一一对应”是孩子能够学会的，同时它对于儿童的学习和生活也是很重要的。用一一对应的方法比较两组物体的元素多少或一样多，儿童获得了这种一个对一个地放置形式的感性经验，训练了手眼协调活动的能力，对于以后学习计数，即把要数的那个集合的元素与自然数列的集合建立一一对应过程打下基础。

3. 一一对应与数量比较集体教学活动指导策略

“一一对应”这个概念看似较难掌握，但是在幼儿早期就已萌芽，它在儿童世界里是生动有趣的，是可以经常体验和感受到的。当给每个喜欢的布娃娃盖上一条手帕当被子；将狗尾巴草做成的环一个个套在手指上；将玩具小汽车分别放在一格瓷砖内，等等。其实，幼儿在玩这些有趣的童年游戏时不经意间已经感受和运用了“对应”的概念。如何利用幼儿已有经验组织此类集体教学活动，可参照以下顺序

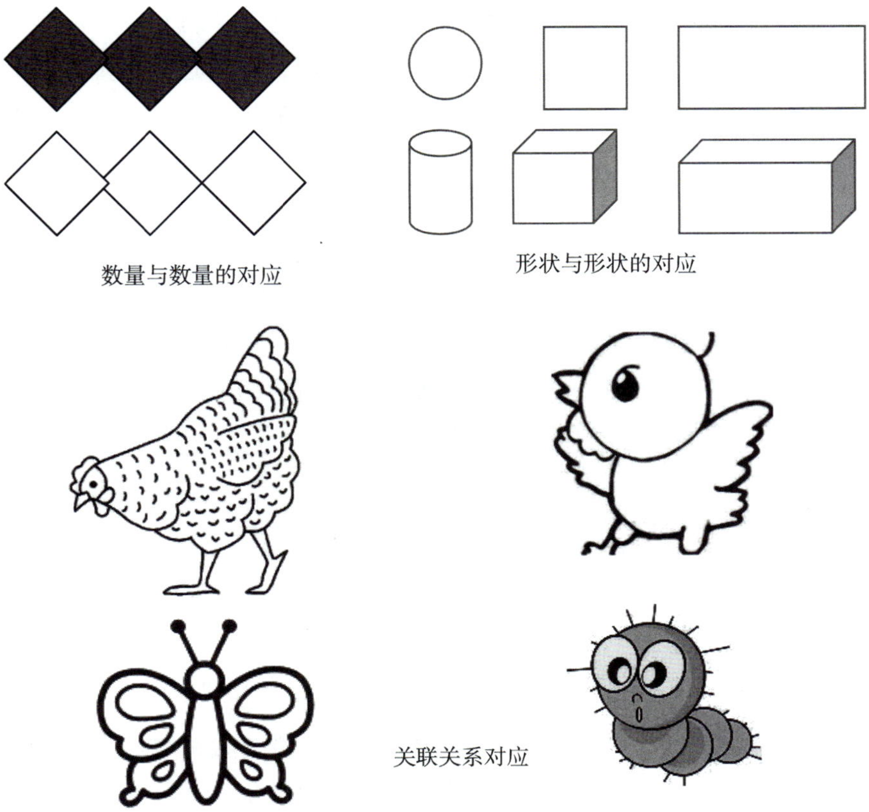

图 3-6　各种一一对应关系

进行：

第一，提供各种材料，让幼儿体验一一对应关系。

活动中提供具有一一对应关系的若干对实物或实物卡片，如有相连关系的衣服和裤子、鞋子和袜子等，有相关关系的杯子和勺子、被子和枕头、牙膏和牙刷等，有从属关系的"奶奶"和"老花镜"、"娃娃"和"奶瓶"、"医生"和"听诊器"、"护士"和"体温计"等，通过引导幼儿把其中有联系的物体配成对子，让幼儿从中体验一一对应关系。

第二，引导幼儿用一一对应的分类方法摆放物体或卡片。

提供有相关关系或等差关系的两种系列图片，如提供一组等差增大的熊二图片和蜂蜜罐头图片，让幼儿先对熊二图片进行排序，然后每只"熊二"对应"吃"相应大小的"蜂蜜"，即对应熊系列图片排出蜂蜜罐头系列图片。

第三，进一步引导幼儿用一一对应方法比较两组物体。

在集体或小组活动中，设计并提供两组物体各若干，要求幼儿一一对应排列后比较两组物体的多和少，并引导幼儿思考用什么方法可以使两组物体一样多。

第四，创设情境，引导幼儿运用一一对应的方法计数。

在小中班感知 10 以内数量的活动中，教师应重视引导幼儿手口一致地点数物体，因为幼儿能够将点数的动作与所点的物体相对应，这一连续的点数过程就是幼儿在运用一一对应的方法计数，幼儿只有对应准确才能确保不漏数、不重复数并正确说出总数。

第五，通过一一对应判断两组物体数目的多少。

提供两组排列位置对应，但数量相同或不同的物体或图卡，或大小（形状、颜色）不同但数量相同的两组材料或图卡。小班活动材料的数量一般控制在 5 以内，中班在 10 以内，以集体或小组操作活动的形式，让幼儿通过观察比较，逐步摆脱物体外部形态和排列形式变化的干扰，再运用一一对应的方式判断两组物体数目的多少还是一样多，知道多的多在哪里，少的少在哪里。

教学活动案例 3-1

一一对应（小班）

设计意图：

一一对应是比较物体的集合是否相等的最简便、最直接的方式，也是幼儿数概念产生的一个关键性步骤。小班幼儿对颜色及物体的明显特征（颜色、形状、大小等）、物体简单的排列（横排、竖排）以及生活中常见的相关事物有了一定的经验积累，为进行一一对应的学习做了较好的铺垫。《幼儿园教育指导纲要》（试行）中指出：幼儿要能从生活和游戏中感受事物的数量关系并体验到数学的重要和有趣。因此，活动材料选择了生活中常见的药瓶，并把瓶子制作成形象可爱的“胖娃娃”和“瘦娃娃”，激发幼儿的操作兴趣。在活动环节上以“给娃娃戴帽子”、“喂娃娃吃食物”、“比一比”等游戏贯穿，旨在让孩子在玩一玩，排一排的过程中体验数学活动的乐趣，尝试用一一对应的方法感知两组物体数量的多少和一样多。

活动目标：

1. 认知目标：巩固对粉红色、绿色、蓝色、橙色的认识；
2. 技能目标：尝试用一一对应的方法感知两组物体数量的多少和一样多；
3. 情感态度目标：在游戏中体验数学活动的乐趣。

活动准备：

1. 经验准备：会区别“1”和“许多”，认识粉红色、绿色、橙色、蓝色；
2. 物质准备：人手一份操作学具：粉红、蓝色、绿色、橙色“胖娃娃”4 个、“瘦娃娃”3 个；橡皮泥若干；小盘子 3 个；字卡：粉红色、黄色、蓝色、绿色；

场地布置：地上事先已贴有红、绿、蓝、橙圆点组成的两横排（图 3-7）；教室周围事先藏好10个竹篮子，竹篮里放有4个不同颜色的胖娃娃。

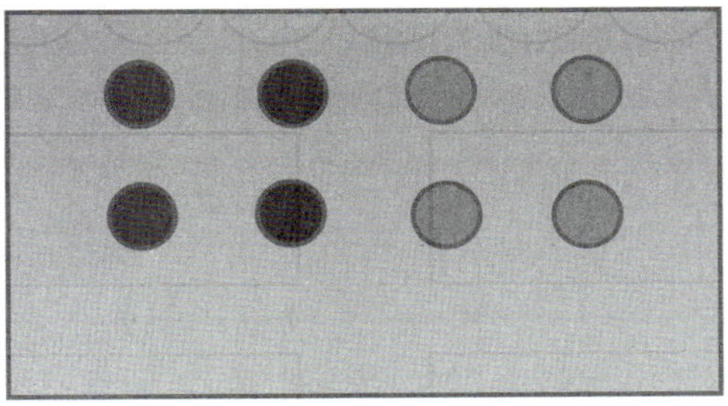

图 3-7　彩色圆点

活动过程：

一、游戏引入，激发幼儿学习兴趣。

1. 师：小朋友好，我是彭老师。今天，我带来了两个娃娃和大家一起玩游戏，一个身体是……（用手势作出胖的动作），我们叫他胖娃娃，还有一个身体……（用手势作出瘦的动作），我们叫他瘦娃娃。

2. 师：现在，我们把胖娃娃请出来，胖娃娃在哪儿呢？你们找一找、看一看？引导幼儿把教室周围的“胖娃娃”找出来。

二、游戏：看谁找得快。

1. 师：请小朋友认真看，每个娃娃的脸有什么不同？现在，老师说一种颜色，你们马上找出和它一样颜色的娃娃，看谁找得快？

2. 幼儿每找出一种颜色的娃娃，大家互相打招呼（如“绿娃娃你好！”），从而巩固对颜色的认识。

三、游戏：戴帽子。

1. 以“胖娃娃”的口吻：“现在，我们要去郊游啦，可夏天的天气这么热，我们该带什么去遮太阳呢？”引导幼儿说出给娃娃戴上帽子。

提出问题：怎么给娃娃戴帽子？引导幼儿说出一个娃娃戴一顶帽子。

2. 师：我们先帮娃娃把帽子买回来吧！提出要求：四种颜色的帽子已分类放好，每个幼儿提上篮子，把粉红色、绿色、蓝色、橙色的帽子各买一个回来。

幼儿操作：先给娃娃排队（横排或竖排），再给娃娃一个一个戴上帽子，感知帽子和娃娃一样多。

师：哦，一个娃娃、一顶帽子，一个娃娃、一顶帽子……帽子和娃娃一样多。

3. 老师拿出个别娃娃，引导幼儿发现：有的娃娃头上的帽子和脸的颜色一样，还有的娃娃的帽子颜色和脸不一样。

四、游戏：喂娃娃。

师：胖娃娃和瘦娃娃肚子都饿了，小朋友喂他们吃东西，好吗？

1. 教师示范：每个娃娃前面放一个盘子→放汤圆（一个盘子上放一颗汤圆）→拧开瓶盖把汤圆喂给娃娃吃。

2. 在操作过程中，引导幼儿发现：盘子少娃娃多。

3. 老师提出问题：怎么才能让娃娃和盘子一样多？

幼儿自己动脑筋想办法：（1）把娃娃拿掉一个，变得和盘子一样多；

（2）添上一个盘子，变得和娃娃一样多。

五、游戏：比一比。

师：娃娃吃饱了，他们要去另一个地方玩，请小朋友帮他们把队伍排好。

1. 每个幼儿拿上四个娃娃，按地上圆点的颜色摆放娃娃，感知颜色、大小对应。

2. 以“瘦娃娃”的口吻：“嘿，胖娃娃等等我，我们也去郊游。”

提出问题：老师想知道胖娃娃和瘦娃娃是哪个多？哪个少？还是一样多？小朋友有什么办法？（鼓励幼儿说出自己的想法）

老师介绍一个方法“小杂技”：一个胖娃娃头上站一个瘦娃娃，而且，胖娃娃和瘦娃娃的颜色要一样。引导幼儿按颜色、大小进行一一对应，感知胖娃娃和瘦娃娃不一样多。（幼儿也可以用平置对应的方法比较多少。）

3. 引导幼儿观察：你们发现了什么？胖娃娃和瘦娃娃是一样多还是不一样多？谁多？谁少？

六、结束，师：“娃娃要回家了，我们把他们送回家吧！”幼儿按颜色把娃娃分别放回相应颜色的“家”中。

- 活动评析：

本次活动依据小班幼儿的年龄特点及幼儿学习数学的规律，以游戏为载体、以操作为手段而设计。孩子们能积极参与数学游戏活动，在与老师和操作材料的有效互动中，自然地感知一一对应的现象。

活动符合《指南》精神：“幼儿要能从生活和游戏中感受事物的数量关系并体验到数学的重要和有趣。”首先，学具材料是生活中常见的大小不同的药瓶，取材容易，制作简单，用环保袋包装瓶子，画上五官即变成可爱的娃娃，娃娃能很好地吸引孩子的操作兴趣。在整个活动中学具的运用有效、合理，使用率高。另外，活动的设计游戏性强，在给“娃娃戴帽子”、“喂娃娃吃汤圆”、“比一比”的游戏中感知重叠和平置对应，发现物体之间的数量关系，完成重难点的掌握。活动中老师没有传授一一对应的方法，而是引导幼儿在宽松、愉快的游戏中自己去发现，如在“戴帽子”的游戏中，幼儿在重叠对应中，发现帽子和娃娃一样多。在“喂娃娃”游戏中，幼儿运用平置对应，发现娃娃多、盘子少。由于本次教学是小班下学期，所以在这个环节上，我增加了“如何让娃娃和盘子一样多？”的问题，鼓励幼儿大胆用“添一”“减一”的方法，以此进一步扩展幼儿的思路，提升幼儿的经验。这有利于幼儿认知结构的发展，有利于他们以后对数概念的理解。如果本次活动老师能注意引导幼儿用语言表述物体之间的数量关系就更好。

（二）关于分类的教学活动指导

在前面已经说过，分类的标准和维度很多，既可以按照外部特征来进行分类，也可以按照内部属性来分类，还可以按照数理逻辑分类。既可以从一个特征进行分类，也可以从多个特征分类。既可以进行单层分类，也可以进行复合分类。分类对幼儿发展的意义是什么？教师该如何指导幼儿进行分类呢？

1. 分类活动的意义

①学习分类是计数和认数的前提。在日常生活中，幼儿接触到许多事物，它们的大小、颜色、形状各不相同，要计数这些物体，首先要对这些物体进行分类，即把物体一个个地加以区别分类，再一个个地归放在一起，然后计数。给物体计数的过程，就是理解数的实际意义的过程，形成数概念的过程。同时，这种手眼的运动促进了幼儿对集合中元素个数的感知，也对幼儿手口一致的点数活动打下了基础，成为计数的前提。

②分类有助于幼儿掌握数组成与加减。给幼儿 3 红 2 黄 5 面小旗，会分类的幼儿能按颜色将它分成 3 和 2，他在分合的过程中逐渐会明白，5 包含了 3 和 2，3 和 2 合起来是 5，他也能根据这 5 面小旗算出“3+2=5”，“2+3=5”，“5-3=2”，“5-2=3”这样的加减算式。

③分类也是发展幼儿思维能力的过程。比较是分类的基础，只有通过比较，才能找出事物的共同点与差异，然后再分类，所以幼儿的分类过程就是积极的思维过程，也是发展能力的过程。

2. 分类活动指导一般策略

（1）丰富幼儿的分类经验

幼儿从自己的经验和兴趣出发来感知和解释周围世界，形成自己独特的认识和观点。在分类活动中，幼儿的已有经验会影响他们判别事物的视角，提出不同的分类标准。教师应通过多种形式和途径，有意识地利用和创设分类机会，给予幼儿丰富的分类经验，帮助幼儿理解和掌握一些常用的类别概念，进而提升幼儿分类能力。教师可以在日常生活中为幼儿提供分类活动的机会，如提供低矮的、开放的玩具柜，要求幼儿分类存放玩具；在小超市游戏中，要求幼儿在货架各层分类摆放商品；鼓励幼儿对垃圾进行分类放置；在户外游戏中，鼓励幼儿帮助教师分类收放运动器材等。在幼儿进餐结束时，教师可以要求幼儿在吃晚饭后将碗、筷子、勺子分别放置在小桶里，观察幼儿在这一环节能否按照规则区分。区角活动时，教师可以要求幼儿按颜色收拾区分在建构区的插塑盒，并按插塑盒的大小依次摆好；幼儿在图书角看书时，教师可以根据幼儿对书本认知程度的把握，请幼儿对书本进行分类，如哪些是图画书，哪些是故事书，哪些是科技书等。

（2）提供适宜的材料

材料的特征直接影响幼儿分类结果。教师要根据不同的年龄班级、具体的教学目标选择适宜的材料，供幼儿操作。分类的核心动作是概括出事物的共同特征。教师在提供材料的同时，还应引导幼儿充分感知材料，探究材料的特征。小班幼儿主要按照事物的某一个外部特征进行分类，此时，教师提供的材料变化维度不宜太多，要突出某一特征差异，否则，容易造成分类标准的混乱。而给大班幼儿提供的材料则应有利于幼儿自主探索分类标准，鼓励幼儿进行多层次多维度的分类。

（3）思考适合各年龄班的分类标准

分类包括区分和归并两个逻辑动作，涉及分类标准的提出与概括。而标记则在分类标准中起着重要作用。作为一种符号，“标记”是事物某一属性的抽象概括，可以作为分类的说明，即标记起着提示求同标准所特指物体属性的作用。当幼儿理解了标记的意义后，他们就会运用这一标记表示某个或某一类物品。根据幼儿思维抽象水平，幼儿园各年龄班级分类标准的顺序依次是按一个标记求同→按几个标记求同→分类插标记→按内部属性求同和分类→按数量关系和逻辑关系分类→层级分类→多角度分类。随着年龄的增长，幼儿经历按照成人范例进行分类，根据教师语言提示进行分类到自主提出分类标准三个阶段。

3. 集体分类教学活动指导策略

小、中、大班可以开展集体分类教学活动，集体分类教学活动指导策略可以遵循以下顺序进行：

第一，教师提供材料，引导幼儿观察，了解物体的特征，为分类活动做准备。分类是对物体共同属性的区分和归并。分类的前提是幼儿对集合中物体属性尤其是共同属性的把握。此环节教师应提供某一特征明显的材料，给予幼儿充分的时间观察和讨论并发出明确的指令：“这些是什么？请你们看看，摸摸，玩玩，它们都一样吗？哪些不一样？”

第二，教师示范分类。在了解了集合中物体的属性之后，教师可根据孩子的年龄特点引导幼儿进行分类。不管是小班还是大班，教师应先进行示范，幼儿根据范例进行分类，只不过示范的层次不一样，在小班，教师可用类似这样的指导语，“请你们像老师这样，把颜色一样的好朋友放在一起”。如果是中大班，教师可鼓励幼儿自主探索分类标准进行分类，则可以提出这样的指导语，“请你们在这些物品中，找出相同的，并把它们放在一起。你们说，老师做。”

第三，幼儿操作练习。教师提出明确任务，幼儿根据操作材料进行分类操作，教师巡回观察，对特殊需要幼儿进行个别指导。此环节教师需给幼儿充足的时间，让幼儿去探索，操作，切不可包办代替，草草了事。

第四，讨论交流与小结。鼓励幼儿用语言表达分类的过程和结果，将动作与语言建立联系。

教学活动案例 3-2

大小标记找朋友（小班）①

设计意图：

标记是事物属性的抽象概括，在分类活动中，标记始终起着重要作用。当幼儿理解标记的意义后，就会运用标记来表示某个或某一类物品，幼儿的抽象水平和概括能力获得发展。小班幼儿已经能感知大小特征非常明显的物体之间的差异。如何将抽象的标记符号与具体物品建立联系，帮助幼儿提高抽象概括能力，为以后的日常生活服务，因此，设计本次活动。在活动中，教师首先引导幼儿观察标记，并用肢体语言表达对标记的认识；然后将标记与物体进行匹配。

活动目标：

1. 认知目标：知道标记所代表的含义；
2. 技能目标：能为大小不同的物体匹配相应的标记；
3. 情感态度目标：将抽象的标记符号与具体物品建立联系。

活动准备：

1. 经验准备：在日常生活中有意识地引导幼儿寻找身边大小不同的物体，对“大、小”有初步认识；

2. 物质准备：大小标记卡每人 3~4 张；活动室内布置大小不同的物品若干，大小不同的玩具筐各一。玩具柜中有大小不同的玩具，大小不同的椅子若干（与幼儿人数相等）。

活动过程：

一、认识大小标记。

教师出示大小标记，引导幼儿用动作模仿大小标记的形态，理解标记所代表的含义。“老师送给小朋友每人一张卡片，卡片上画的是一个娃娃。请你们看看你的卡片上的娃娃是什么样子，并学一学它的样子。”

小结：这是两个标记，一个代表大的物体，一个代表小的物体。

【分析】用肢体动作模仿标记的形态，符合幼儿爱动，爱模仿的天性。小结点

① 改编自张更立主编. 幼儿数学教育活动设计与指导. 合肥：安徽大学出版社，2014 年，pp. 109-110.

明了标记的含义，起着画龙点睛的作用。

二、巩固认识标记的含义，学习为标记匹配相应的物体。

1. 为标记找椅子

指导语：教室里有许多椅子，它们是一样的吗？想一想拿大标记的小朋友应该坐什么椅子？拿小标记的小朋友应该坐什么样的椅子？

提问：你拿的是什么标记？椅子和标记大小一样吗？

小结：拿大标记的小朋友应该坐大椅子，拿小标记的小朋友应该坐小椅子。标记的大小和椅子的大小相对应。

2. 为物品匹配标记

指导语：在我们教室里有许多大小不同的物品都想和标记做朋友，请你选一张标记，给它找个好朋友。

幼儿自由选择标记并将标记贴在相应的物体上。游戏反复进行3~4次。

【分析】教师就地取材，将生活与数学教育紧密结合，符合《指南》和《纲要》精神。此环节将标记符号与具体物品建立联系。

3. 将大小物体归类并送标记

(1) 归类

教师出示大小不同的两个筐子，请幼儿思考："这两个筐子是一样的吗？哪些物体应该住进大的筐子里，哪些应该住进小的筐子里？"请幼儿将物品大小进行归类。

(2) 送标记

提问：请小朋友们想一想，怎样让我们知道哪里是大玩具的家？哪里是小玩具的家？幼儿为物品送标记。

- 活动评析：

在日常生活中，经常会看到或者用到各种各样的标记。教师采用游戏的方式，让幼儿把标记和实物联系起来，巧妙地利用教室里常见的大小椅子，将生活和教育紧密相连。在活动的最后环节，教师指导幼儿根据标记对物体进行归类，锻炼了幼儿的逻辑思维能力以及整理生活用品的能力。本活动中教师的语言组织和引导非常重用，尤其在一些相似的词语上，如"分类"、"归类"，教师需要准确地表达。

教学活动案例 3-3

小熊一家和吵吵闹闹的怪物们（大班）

设计意图：

复合分类是幼儿较少接触的数学内容，教师充分利用幼儿喜欢听故事的心理，挖掘《小熊一家和吵吵闹闹的怪物们》这一绘本中隐含的数学元素与价值，结合多媒体教学手段，创设层层递进的游戏情境，激发幼儿不断探索复合分类的方法，体验合作以及操作的快乐。

活动目标：

1. 认知目标：熟悉绘本内容，理解故事的基本情节；
2. 技能目标：探索复合分类的方法，尝试小组合作交流；
3. 情感态度目标：体验分类的过程以及操作的快乐。

活动准备：

1. 经验准备：日常生活中常见的不同类型的标记；能绘制简单的图画；
2. 物质准备：绘本 PPT，让班上一个小女孩脚穿运动鞋，身穿花衣服。

操作材料：怪物图片 4 套，操作板 4 张，大标记图 1 张，小标记图若干。

活动过程：

一、看标记图，猜同伴。

师：今天天气真好，小熊一家要去旅行了，它们还带了一个同伴一起去呢，这个同伴就在你们中间。猜猜她是谁呢？等会儿你们看标记往下猜就知道了。

教师依次出示运动鞋，运动鞋和女孩，运动鞋、女孩和花的标记图（图 3-8）。

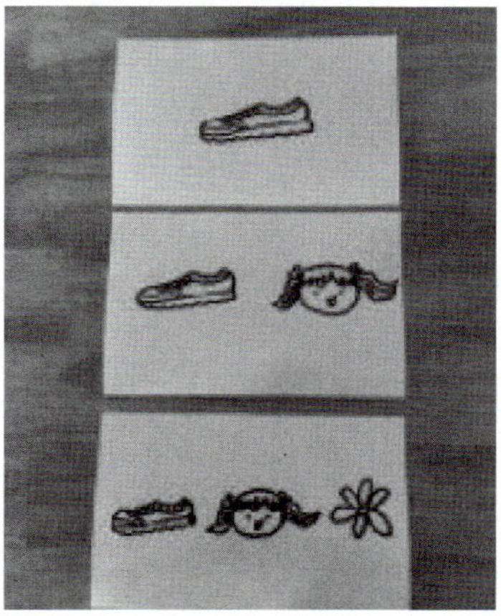

图 3-8　标记图

师：这个同伴今天穿运动鞋，请没有穿运动鞋的小朋友上位置；这是一个穿着运动鞋的小女孩，请男孩上位置；这是一个脚穿运动鞋、身穿花衣服的小女孩。

师：原来你就是小熊的同伴呀。小熊一家的旅行一定很有趣，那我们也一起出发吧。

二、讲述故事，理解故事情节

师：小熊一家来到一座漂亮的城堡里，城堡里有很多好吃的，小熊一家开心地吃了起来。

提问：怎么这么吵啊？小熊怎么办呢？

怪物（师模仿）：这样吧，我们来玩闯关的游戏，一共有三关，如果你能顺利闯关，我就饶了你们。

三、闯关游戏———尝试复合分类。

1. 第一关：找不同

怪物（师模仿）：请你至少要找到我们身上三种不同的地方并画下来。

师：小朋友，我们快来帮帮小熊吧。

幼儿说不同，教师画出标记（图 3-9）。

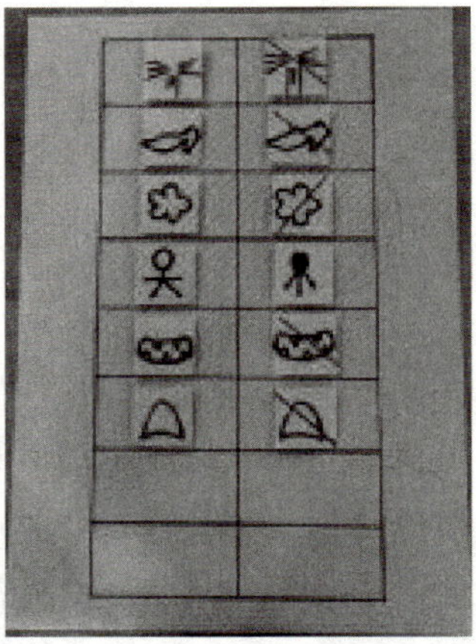

图 3-9 标记图

师：（出示小熊画好的标记图）我们一起来看一看小熊找到了怪物哪些不同的地方？

怪物（师模仿）：小熊找到了我们四个不同的地方，算你过关了。

2. 第二关：找主人

（1）根据标记图找大主人

怪物（师模仿）：现在进入第二关：找主人。我们这个城堡里有一个大主人和四个小主人，根据我提供的标记图一步一步找就能找到了。

出示一张标记图：上面有有角和没角，花花绿绿和不是花花绿绿，穿高跟鞋和不穿高跟鞋，嘴里有牙和没牙的四组标记，在符合怪物特征的标记上打着红勾。

怪物（师模仿）：这是我们城堡大主人的标记图，谁来说一说这是什么意思？对了，这儿打钩，说明我们城堡主人头上是有角的，身穿花衣服，脚穿高跟鞋，嘴里没有牙齿的（图 3-10）。

师：这样吧，城堡大主人让小熊去找，我们帮小熊找城堡小主人。

（2）小组合作，寻找城堡小主人。

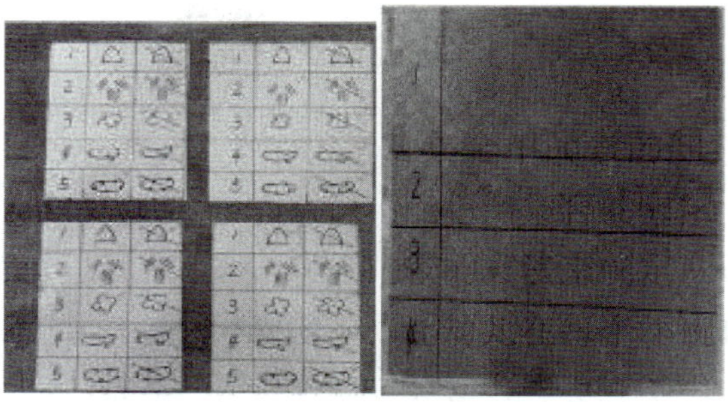

图 3-10　（大城堡主人标记图）（操作板）

师：四桌的小朋友正好每一桌帮着找一个城堡小主人。四个小朋友要合作，仔细看好标记图，在操作板上一步一步地找出城堡小主人，然后说一说它的样子。

师：城堡小主人找到了吗？找到了就贴到这儿来吧。说一说，你们是怎么找到城堡小主人的？

观看 PPT，依次介绍小熊找的过程。

师：小朋友们都找到了城堡小主人，那么小熊找到城堡大主人了吗？我们一起来看看小熊是怎么找的？是不是和你们找的一样？

小结：原来头上有角，身穿花花绿绿的衣服，脚穿高跟鞋，嘴里没有牙齿的怪物就是城堡的大主人。

3. 第三关：找舞伴

怪物（师模仿）：我就是城堡的大主人，小熊又闯过了一关，现在我们就是朋友了，我要邀请小熊一家和你们这些小朋友一起参加我的生日聚会。

幼儿进行第三次操作。

幼儿一人一张标记图，按照标记找一个舞伴（图 3-11）。

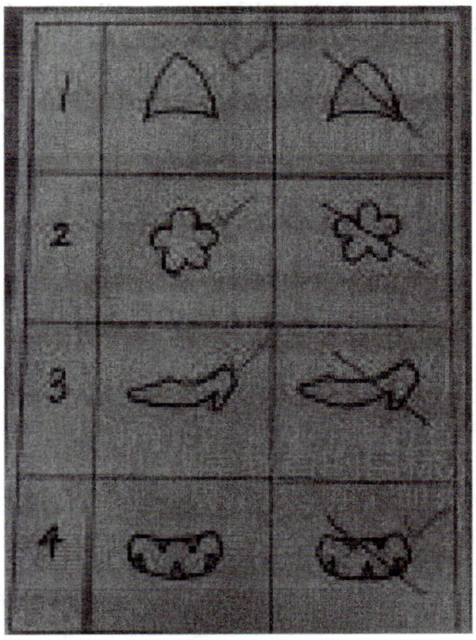

图 3-11　操作卡

四、庆祝生日，结束教学活动。

师：舞伴找到了吗？带上你的舞伴参加生日聚会喽。

- 活动评析：

活动一开始，以“猜同伴”“去旅行”等游戏导入，使幼儿初步具备“一步一步看三个不断递进的标记来猜同伴的特征”的经验，并对小熊一家将要带上谁一起去旅行充满了期待，有效激发了幼儿参与游戏与猜想的欲望，为后面学习复合分类等环节打下了基础。

第二环节中设计的标记图上有四个条件，即“有角和没角”，“花花绿绿和不是花花绿绿”，“穿高跟鞋和不穿高跟鞋”，“嘴里有牙和没牙的”四组标记。每组幼儿通过交流合作，一步一步按照标记特征要求找出一个符合四个条件的小城堡主人。在此基础上再观看绘本 PPT，了解小熊找到大城堡主人的过程及其运用的基本方法，给幼儿一个自我纠正的机会，让幼儿在操作、观察、比较中明白寻找的步骤，从而强化幼儿的体验，激发幼儿的学习积极性。

第三环节提供给幼儿的标记图多了一个条件：“有胡子和没胡子的”，难度进一步提高，大多数幼儿能迁移已有经验进行独自操作，注意力更加集中，思维更加迅速。幼儿对照标记图很快找到了舞伴，积极主动地与老师、同伴交流寻找的方法及结果，活动目标较好地达成了。

（三）“1”和“许多”教学活动指导

“1”是自然数的基本单位。任何一个大于 1 的自然数都是由若干个 1 组成的。“许多”是一个笼统的词汇，它表示集合中有两个以上的基本元素。对幼儿进行“1”和“许多”的区分教学主要是引导他们感知集合及其元素。当幼儿把一个一个的物体放在一起构成“许多”，再把“许多”分成一个一个物体时，幼儿就能感知集合元素个数和“许多”的含义。从而为幼儿以后正确学习逐一计数和认识 10 以内的数奠定基础。

1. 区分“1”和“许多”的教学目标

感知和体验“1”和“许多”之间的关系；知道许多物体是由一个一个物体组成；能在日常生活中运用“1”和“许多”等词汇表述物体量的多少，如“1 个老师”，“许多小朋友”。

2.“1”和“许多”教学的一般指导策略

（1）运用多种感官体验“1”和“许多”的关系

幼儿用触觉、听觉等观察和比较物体，来区别 1 个物体和许多物体。例如，1 辆大汽车和许多辆小汽车、1 个鱼缸和许多条金鱼、1 棵树上结了许多果子等。通过对各种 1 个物体和许多物体的观察和比较，使幼儿初步理解“1”和“许多”都是表示物体数量的词，学会区分“1”和“许多”。

（2）在生活中发现“1”和“许多”的关系

只要我们用心发现，善于引导，幼儿就会找到非常多的学习“1”和“许多”的机会，如小河里有1只鸭妈妈带着许多只鸭宝宝在游泳；1棵树上长出许多树枝、树叶等；家里有1张桌子和许多椅子；公共汽车上有1位司机和许多乘客。让幼儿在周围环境中寻找“1”和“许多”，通过寻找活动促进幼儿理解“1”和“许多”的关系。

（3）用游戏的方法感知“1”和“许多”的关系

教师采用游戏的形式，通过分与合的操作，让幼儿学习理解和巩固“1”和“许多”的关系。如“拔萝卜”游戏，让幼儿一个个拔萝卜，然后放在一个箩筐里，就有了“许多”萝卜。

3.“1”和“许多”集体教学活动指导策略

在小班开展认识“1”和“许多”的集体教学活动，可以按照以下顺序进行：

第一，教师运用各种方法引出“1”和“许多”，幼儿初步感知“1”和“许多”；

第二，寻找生活中的“1”和“许多”，进一步体验“1”和“许多”的关系；

第三，提供材料，引导幼儿操作，在操作中巩固、深化对“1”和“许多”关系的理解。

教学活动案例 3-4

“1”和“许多”（小班）

设计意图：

“1”和“许多”的关系实质上是集合和集合中元素的关系。“1”是个确定数量，“许多”是个不确定数量，2个以上就可以称之为“许多”。“许多”是由许多的“1”组成，同时，“许多”也可以分成许多的“1”，通过“合并”和“分解”两个逻辑动作，就可以实现“1”和“许多”的互换。怎样让幼儿理解“1”和“许多”的这种关系，是幼儿数学教育的难点，也是幼儿学习计数和运算的基础。教师通过带领幼儿观看视频，引出“1”和“许多”的概念，让幼儿初步体验“1”和“许多”的关系。生活是幼儿学习的基础，也是幼儿学习的目的，接着教师让幼儿寻找身体的“1”和“许多”，幼儿园中的“1”和“许多”，加深对“1”和“许多”关系的理解。然后通过启发性的问题“怎样让1个1个的苹果变成许多苹果？怎样让许多西瓜变成1个1个的西瓜？”引导幼儿表达和操作，巩固、检验幼儿对“1”和“许多”关系的认识。最后，播放“1”和“许多”儿歌，在愉悦的气氛中结束活动。

活动目标：

1. 认知目标：知道“许多”物体是由“1”个“1”个物体组成；

2. 技能目标：能运用“1”和“许多”、“合在一起”、“拿开”等词汇表述物体量的多少以及动作过程，如“1个老师”，“许多小朋友”、“合在一起就变成了许多”；

3. 情感态度目标：感知和体验“1”和“许多”之间的关系。

活动准备：

1. 经验准备：幼儿认识自己的身体，能说出各部位名称；熟悉幼儿园各种物品的名称；教师知道幼儿可能出现的困难。

2. 物质准备：“1和许多”Flash视频1个（开始），Flash童谣1个（结束），多媒体设备，与视频对应的各类图片若干（幼儿人数的3~4倍，适合幼儿独立操作），与“1”和“许多”相关的幼儿园环境照片，贴在墙上。

活动过程：

一、教师播放Flash视频，引导幼儿观看（1分钟左右）。

提问：1. 在视频中你看到了什么？听到了什么？有多少个苹果？多少只鸭子？

2. 1个西瓜用数字几表示？许多西瓜呢？

小结：对，刚才我们看到了1个西瓜和许多西瓜，1个苹果和许多苹果，1只鸭子和许多鸭子。1个西瓜用“1”表示，许多西瓜用“许多”表示。

【分析】我们不必要解释“许多”的含义，但可以通过视觉和听觉的结合，让幼儿体验到“许多”的含义。教师在幼儿观看视频过程中及结束后，通过提问，让幼儿初次说出“许多”这个词语。在总结时，教师又特意强调此词语，为后面理解“1”和“许多”的关系奠定基础。

二、寻找生活中的“1”和“许多”。

提问：1. 请小朋友找一找，说一说，你的身体上哪些东西是1个？哪些是许多个？

2. 我们小1班哪些东西是1个？哪些东西是许多个？

小结：小朋友观察得很仔细，也说得很好。我们的嘴巴是1个，鼻子是1个，脸是1个，头是1个……手指是“许多”个，头发是“许多”根。

【分析】比起很多教案中教师创设的情境，如去游乐场玩，买票坐公交车等，寻找身体上以及班级中的“1”和“许多”，幼儿更熟悉，也更直观，因此也更能让幼儿理解1和许多的关系。幼儿教育的内容应来源于生活，也要为生活服务，教学中的生活也应是真实的生活，幼儿可感、可知的生活，而不是创造出来的生活，幼儿数学教育也不例外。同时，这样的教学，教师可以就地取材，减少了教师的工作量，节省了物质材料。

此处的小结既是对幼儿答案的一种总结，也是对幼儿活动的一种评价，还是一种提升。

三、操作："1"和"许多"的转换。

1. 教师示范：

教师出示若干张画有1个苹果的图片，一边呈现一边说："这是1个苹果，这是1个苹果……我把它们合并在一起就变成'许多'苹果。"

提问：我是怎样把"1"个"1"个苹果变成"许多"个苹果的？你们想不想试试？

2. 幼儿操作：

(1) 个别幼儿示范操作。

指导语：请××小朋友像老师这样做，请你把"1"个"1"个苹果变成"许多"个苹果。

(2) 幼儿集体操作。

教师分发图片，幼儿单独操作，教师巡回观察指导，并提问："你是怎样把它变成'许多'的？"

将"许多"转换成"1"个的步骤同。

【分析】幼儿数学学习依赖于动作，动作在幼儿个体数理逻辑发展中起着至关重要的作用。教师利用操作的过程，加深幼儿对"1"和"许多"关系的理解。在操作过程中，教师根据小班幼儿的年龄特点，先进行动作示范和语言示范，然后让幼儿进行模仿示范，最后进行单独操作。在操作过程中，教师注意引导幼儿用语言表达相应的动作，促使幼儿学会用规范数学语言表达，检测幼儿对概念和关系的理解。

四、播放"1和许多"儿歌flash，结束活动。

一只一只青蛙跳下水，
河里许多青蛙做游戏。
一只一只大雁飞上天，
天上许多大雁排成行。
一只一只老鼠上灯台，
桌上许多老鼠偷香油。
一只一只猴子爬上树，
树上许多猴子荡秋千。

【分析】以视频开始活动，以视频结束活动，首尾呼应，意犹未尽。

● 活动评析：

"1"和"许多"这两个概念是幼儿学习数学计数和运算的基础，所以要从多个角度出发，使幼儿真正明白这两个概念和真实的含义。本活动中，教师采用视频教学和实物教学相结合的方式，把听觉和视觉同时动用，有效地促进了幼儿对抽象概念的理解。

第四节　幼儿集合发展评价

一、幼儿集合发展评价内容

幼儿集合发展评价内容包括“能做等量集合，能感知、比较、描述物体特征，感知集合中的每个元素，能进行物品分类”等。各年龄段幼儿集合发展评价内容及评价指标见表 3-1。

表 3-1　　幼儿集合发展评价表

年龄班级	评价内容	评价指标	
3-4 岁	1. 能做等量集合； 2. 能感知、比较、描述物体特征； 3. 感知集合中的每个元素； 4. 能进行物品分类	结果指标	1. 能用一一对应的方法做等量集合； 2. 感知个数在 5 以内集合中的每个元素； 3. 能把不属于集合的元素找出来； 4. 能区别“1”和“许多”； 5. 能按物体的一种特征的差异对 4 个左右的物品分类
		过程指标	1. 能运用多种感觉通道感知、比较、描述物体特征； 2. 在合适情景下使用“属于”、“类”等词汇
4~5 岁	1. 能进行物品分类； 2. 能感知集合中的每个元素； 3. 能按特征做集合和排列； 4. 初步感知交集和差集的关系	结果指标	1. 通过一一对应的方法比较两组物体的多少； 2. 能感知个数在 7 以内集合中的每个元素； 3. 能按两个或以上特征把同一类的对象圈出来； 4. 能找出集合中的子级类
		过程指标	1. 进一步巩固按物体的外部特征和量的差异进行分类； 2. 采取何种策略感知交集和差集的关系

续表

年龄班级	评价内容	评价指标	
5~6 岁	1. 能进行物品多种维度分类； 2. 能感知集合中的每个元素； 3. 能感知交集和差集的关系； 4. 初步感知两集合间的包含关系	结果指标	1. 能从不同角度把握事物的共同特征，将物体集合进行多种维度的分类； 2. 感知 10 个数以内集合中的每个元素： ①会把同一类的对象圈出来（二维特征） ②会用否定的方法找出集合中的子级类
		过程指标	1. 采取何种策略进行多种维度的分类； 2. 采取何种策略感知交集和差集的关系； 3. 采取何种策略感知两集合间的包含关系

二、幼儿集合认知评价方法及案例分析

评价的目的是诊断和改进，教育者可以采取观察的方法来评价幼儿集合发展能力。

（一）自然观察

教师可以在一日生活、游戏和教学中对幼儿进行自然观察。

【案例 1】 在玩“娃娃家”游戏，当客人来时，“妈妈”一一（女，4 岁）请客人喝咖啡。可是此时咖啡杯、咖啡匙数量不够。“妈妈”来问老师：“老师，不够了”，老师问她：“什么不够？”“为什么不够？”让一一明白如何去补足不够的东西。

【分析】 一一已经能用一一对应的办法比较两组物体的数量，但还不能较好地表达和描述自己的判断结果和推理过程。

【案例 2】 暑假临近时，滔滔说：“老师，牵牛花的叶子有毛。”豆豆说：“丝瓜的叶子虽然比牵牛花的叶子大，但也有毛。”老师说：“你们的发现太了不起了。但是，有没毛的树叶吗？”幼儿急忙到院子里寻找没毛的树叶，不一会儿，豆豆取来了山茶叶，说：“山茶叶没有毛，是光滑的，而且叶子是硬的。”老师又问：“牵牛花、丝瓜的叶子是硬的吗？”幼儿观察后说道：“不，是软的。”

【分析】 虽然从表面来看该案例与集合无关，但都与集合的特征有关。前者是说出事物的特征，后者是对事物的特征进行分类整理。

【案例 3】 给“树”挂“苹果”的小组竞赛的游戏。在游戏中，各小组的第一个幼儿可供选择的机会最多，可以把又红又大又圆的积木挂在苹果树上，第二个幼

儿从剩下的积木中选出作为苹果的积木挂到树上……到后面的幼儿可能就找不到又红又圆的积木，这时幼儿可能就会用“又黄又圆”的积木代替。

【分析】在缺少材料来进行游戏的情况下，幼儿在扩大集合的范围。这种集合范围的扩大是允许的，但必须是幼儿主动提出来的。

【案例4】在玩“钓鱼”游戏时，孩子们要用“钓鱼竿”把自己做的“鱼”钓起来。开始时，强强（男，4岁）遇到什么“鱼”就钓什么“鱼”，如果老师问：“你钓什么样的鱼?”强强就会说：“什么鱼都钓。”后来，游戏次数多了，老师问强强：“你钓什么样的鱼?”强强说：“我钓红色的鱼。”

【分析】幼儿在日常生活或游戏中，已能收集同类物体或找出符合集合条件的物体，但还不能用语言表达集合的特征。要用语言说出集合的特征，对幼儿来说，并不是一件容易的事情。

【案例5】浩诚（男，3岁）非常喜欢玩建构区的大型积木，他把积木一块接着一块排成长长的队伍，旁边的雨辰没有询问他就从队伍末尾拿走了一块，接着又拿走了一块。浩诚没有发现积木的减少，他还拿着积木往队伍前面走去。他转身准备再拿积木时，发现雨辰正拿自己的积木才意识到自己的积木少了，连忙从雨辰手中夺过积木。

【分析】上述案例中，浩诚不清楚队伍中积木的精确数量。当雨辰拿走队伍末尾两块积木时，他没发现积木数量的减少，这说明他对积木这一物群的数量感知是笼统的，对集合的边界和范围感知是模糊的。

（二）情境观察

教师设计专门的活动提出一一对应任务、数量比较及分类的任务，观察幼儿这些能力的发展。这些专门的活动可以是教学活动，也可以是游戏活动、生活活动，还可以是三者的结合。

1. 一一对应和数量比较任务

教师结合生活和游戏情境进行观察，主要观察幼儿使用何种策略完成任务，对何种性质的材料以及对多少数量的材料能够进行一一对应和比较。

例1：在角色游戏区，教师可以摆放数量相等或不等的碗和勺子、娃娃和帽子等，要求幼儿给每个碗配一个勺子，每个娃娃戴一顶帽子，或者让幼儿判断勺子和帽子是否够用。在美工区，教师提供一定数量的彩纸和蜡笔，请幼儿判断彩纸和蜡笔是否够用。

2. 分类任务

分析判断幼儿能够按照什么标准进行分类，是否自主提出标准进行分类，提出的标准是否符合逻辑；能否描述事物的共同特征，说明分类标准；能够对多少数量的物品进行完整、正确分类；幼儿如何使用材料。

例 2：在“小超市”游戏中（中班），教师为幼儿提供货架和一些物品，然后请幼儿把这些物品进行分类，给货架做标记。在这过程中，教师可以观察到幼儿使用何种分类标准，是如何进行分类的，如何为货架做标记的；物品的数量和性质是否会影响到幼儿分类任务的完成。

例 3：大班中教师将有多维度差异的同类物品的图片投放在活动区，要求幼儿进行整理，观察幼儿能否进行多维度分类。

拓展阅读

1. ［美］罗莎琳德. 查尔斯沃斯. 3~8 岁儿童数学经验［M］. 第五版. 潘月娟，译. 北京：人民教育出版社，2007.

2. 李季湄，冯晓霞.《3—6 岁儿童发展指南》解读［M］. 北京：人民教育出版社，2013.

3. “1 和许多”教学视频：http://erge.qipaoxian.com/tongyao/201206/20178.html.

4. ［韩］车金宝. 小熊一家和吵吵闹闹的怪物们［M］. 安莹，译. 长春：长春出版社，2009.

5. ［韩］罗恩熙. 一起一起分类病［M］. 夏艳，译. 长春：长春出版社，2009.

复习与思考

一、名词解释：

1. 集合
2. 一一对应
3. 分类
4. 数量比较

二、简答题：

1. 幼儿集合的感知发展特点。
2. 3~4 岁幼儿集合的教育目标。
3. 4~5 岁幼儿集合的教育目标。
4. 5~6 岁幼儿集合的教育目标。

三、论述题：

1. 试述如何指导幼儿进行一一对应。

2. 试述如何指导幼儿进行分类。

3. “1” 和 “许多” 的指导。

四、实践探索学习活动：

1. 选择小班、中班、大班幼儿各一名，在日常生活和游戏中观察他们的表现并记录下来，评价他们对集合的认识水平，为每名幼儿撰写发展评价报告。

2. 选择3名中班幼儿，评价其“一一对应”的发展状况，针对每名幼儿的实际需要设计一项数学教育活动。

3. 选择3名大班幼儿，评价其分类的发展状况，针对每名幼儿的实际需要设计一项数学教育活动。

第四章　幼儿量与计量的发展与活动指导

本章导读

亮亮四岁半，一次，在玩汽车游戏时，把汽车一辆接着一辆地排在"停车场"的线上，不一会儿他欢喜地喊道："妈妈，我的停车线好长啊，能排8辆汽车呢。"还有一天，爸爸和亮亮玩"脑筋急转弯"游戏，爸爸问："大气球和小橡皮球比谁轻谁重?"亮亮回答："大气球轻，小橡皮球重。""为什么？大气球大呀?"亮亮自信地说："我比过，大气球虽然大，可是它就是轻。"

在亮亮的故事里，涉及长度、体积、重量等量的关键概念。无论是成人，还是幼儿，在工作和生活中都会涉及大小、长短、轻重、高矮等有关量的问题，量也是幼儿数学学习的主要内容领域之一。

教学目标

情感态度目标：意识到量与计量活动在幼儿心理序列发展以及价值发展中的重要意义。

知识目标：了解有关幼儿量的认识与测量的基本知识，掌握各年龄段幼儿量的认识与测量的发展特点。

技能目标：能应用各年龄段的教学指导要点，组织科学合理的教学活动，并对幼儿的发展做出适宜的评价。

精讲分析

幼儿应当了解量的哪些知识与测量技能，各个年龄段的发展特点有哪

些？幼师生应如何进行关于量与计量的教学活动，如何评价量与计量的发展水平，这是本章要解决的几个问题。在本章学习过程中，幼师生应重点掌握幼儿量的教学指导策略，学会观察和评价幼儿在量与计量上的发展水平。为达到此目的，幼师生们应根据编者提供的案例，尝试组织教学活动，并收集各种有关案例，进行分析、反思和总结。与此同时，幼师生们应尽可能地利用闲暇时间，收集并观摩、分析各种关于量的教学视频。

第一节 量与计量的相关知识

一、量

（一）量的概念

量是指客观世界中的物体或现象所具有的定性区别或测定的属性。任何具体事物都有量方面的特征，它通常用数（称量数）和单位量（称为计量单位）来表示。量与物体大小、线段长短、距离远近等相关。

量可分为连续量和不连续量。连续量是表示物体属性的量，如长度、面积、体积、温度等。连续量有如下特点：它从一种程度到另一种程度是“连续地”变化的，即从一种程度开始，要经过无限多种程度的连续更替才能变化到另一种程度。例如，某物体的温度从 13.2℃ 变化到 14.2℃，就必须从 13.2℃ 开始，经过 13.3℃、13.4℃、13.5℃……最后才变到 14.2℃；而从 13.2℃ 变到 13.3℃ 时要经过 13.21℃、13.22℃……13.29℃ 等各种不同的程度。再进一步，我们还会看到，从 13.21℃ 到 13.22℃ 也不是跳跃地变化的，中间还会有无限多种程度的更替。又如长度、重量、体积、速度、时间等都是连续量。连续量的程度可以用小数来表示。

不连续量表示物体的集合元素有多少的量。不连续量有如下特点：它从一种程度到另一种程度是“跳跃地”变化的，即从一种程度开始，只要经过有限多种程度的逐次更替就能变化到另一种程度。如我们数一个班的学生人数是从 1 开始，逐次经过 2、3、4、5……最后变化到 45，说明这个班的学生是 45 人。又如图书馆的图书册数，学校里足球的个数，都是不连续量。不连续量只能用整数来表示其程度，不连续量又叫离散量。

（二）常见量

幼儿生活中的常见量有体积、长度、重量等。[①]

①体积：物体所占空间的大小，有大小之分。体积的国际单位制是立方米。一件固体物件的体积是一个数值用以形容该物件在三维空间所占有的空间。一维空间物件（如线）及二维空间物件（如正方形）在三维空间中都是零体积的。

②长度：两点之间的距离，有长短、高矮、宽窄、粗细、厚薄之分。长短是指物体两端之间距离的长度。高矮是指物体在一水平线上从下到上距离的长度。宽窄是指物体横面边长的长度。粗细是横截面直径或半径的长度。厚薄是指物体上下面之间的长度。

③重量：在地心引力作用下，物体所具有的向下、指向地心的力的大小。

二、量的排序

所谓量的排序，是将两个以上的物体按照某种量的差异进行排列。排序是建立在比较基础上的思维活动，是反映幼儿思维判断和推理能力发展的一项重要的活动。

三、测量

所谓测量，是指把一个待测定的量与一个作为标准的同类量进行比较的过程。测量的实质是比较。

幼儿主要使用直接比较测量和自然测量方法进行比较。直接比较测量是将两个物体直接进行比较，如将两根棍子直接放在一起进行比较，判断是否一样长。所谓自然测量，是指利用自然物（如臂长、小棒、绳子、瓶子等）来测量物体的长短、高矮、粗细、轻重等，或用目测大小、步测远近等。

四、量的守恒

量的守恒是指物体的量不因其外部特征、排列方式等的变化而变化。量的守恒包括数量守恒和大小守恒、长度守恒、面积守恒、重量守恒、容积守恒等。守恒概念的形成标志着幼儿思维具备了可逆性。

---

① 潘月娟. 幼儿数学教育与活动指导. 北京：高等教育出版社，2013 年，pp. 149-150.

第二节　幼儿量与计量发展特点

一、幼儿量的感知发展特点

（一）量的差异的区分由模糊到精确

研究表明，2 岁左右的幼儿能对不同大小的物体作出反应，但不能感知和判断有明显差异的两个物体重量的不同；3~4 岁的幼儿已在生活中累积了大量的关于不同类型量的感知经验，但是对物体的量的感知还是处于较为笼统、未分化的阶段，能区分物体之中最大、最小和最长最短；4~5 岁的幼儿判别大小、长短、轻重差异等量的精确性有较大提高，能够对差异不明显的物体依次进行比较和区分。

（二）描述量的差异词汇由简单到丰富

小班幼儿基本上能够说出大小、长短和轻重等词语，但不能准确地使用相应的词汇来表达量的差异的感知和判断，常常把大小作为所有量的通用词，把高的、宽的、粗的物体统称为大的，把矮的、窄的、细的都叫做小的。

到了中班，幼儿此类词汇丰富起来，能够用丰富而准确的词汇来表示物体的量的差异。研究表明，4 岁幼儿主动说出粗细、宽窄、轻重等词汇来表达物体的量的人数明显上升，显著多于 3 岁幼儿。如亮亮想举起自己坐的小木椅子，摇摇晃晃尝试了几次，他确信自己无能为力时，就期盼地看着爸爸，求助于成人，嘴里说：“重、重!”

（三）对量的感知从绝对到相对

小班幼儿不能理解量的相对性，往往把物体的大小、长短等特征看作是绝对的。我们经常可以听到幼儿这样说，“我家的电视机最大”，“我爸爸最高”，“我的皮球最大”。并且对量的差异的判断是通过直接感知和比较进行的。

小中班的孩子在判断物体的量的大小时容易受物体的位置、形状、摆放方式等的变化的影响，尚未形成量的守恒概念。

大班幼儿能理解大小和长度的相对性，具备了认识物体重量和体积之间关系的能力，并形成了不同类型的量的守恒的认知：如在长度守恒方面，幼儿的判断力较强；但在面积、体积和容积的守恒方面，需要操作并结合计数来做出正确的判断。

二、幼儿量的排序发展特点

皮亚杰也进行过儿童排序能力的发展研究。皮亚杰用十根长短不一的木棒让幼儿从小到大排序，并根据此实验结果将幼儿排序概念的发展分为三个阶段：3 岁以下的儿童完全没有排序能力，只能找出最大与最小的木棒，3 岁以后儿童排序概念才逐渐发展起来；4~5 岁为排序概念发展的第一阶段，不能分散注意力对整体比较排序，也无法理解每根木棒之间的相对关系；5~6 岁为第二阶段，该阶段的儿童能够依次排列整个顺序，但却是一种试误过程，经过不断的尝试、纠正错误才能成功。7 岁左右以后为第三阶段，儿童能运用系统的整体化排序方法依次快速地完成排序，并能将两组物体一一对应依序排列。①

（一）排序数量由少到多

小班幼儿由于注意范围有限，对物体量的差异的比较缺乏系统性，所以较难对较多物体进行排序，所能正确排序数量很少，一般是 3 个左右。中班幼儿能够正确排序的数量为 5~7 个。大班幼儿能对 10 以内的物体进行正确排序。排序对象数量的多少会影响幼儿排序的正确性，如洋洋四岁时在排列 5 根小棍时，只顾着小棍上端一根比一根长，嘴里还不住地说："一根比一根长"，事实上他没有按长短排序，也没有考虑小棍的下部基线。因此，教师应当注意控制和调整排序对象的数量。

（二）排序策略从无到有

小班幼儿缺乏系统的比较策略，通常通过尝试错误完成排序对应活动，如幼儿在玩套杯、套碗、套盒等活动中，刚开始随意套，当发现邻近的两个套杯大小不符合排序要求时，才会进行调整。中班幼儿开始产生和运用一些比较策略，如目测，或者将比较对象的一端固定在同一水平面上等，但仍然会出现顾此失彼的现象，如比较高矮时，只注意上端而忽略下端。6 岁幼儿开始掌握并能熟练运用排序方法，排序的系统性、正确性和速度都有所增加。如玲玲 6 岁时在排小棍时先将 10 根小棍拿在手中，将一端对齐，再每次从中拿取一根最短的，依次排列成一个序列。

（三）对序列关系理解从弱到强

随着对量的经验的积累，逻辑能力的提升，幼儿开始可以理解量的序列中的传递性、可逆性、相对性。所谓的传递性是指，当 $A>B$，$B>C$ 时，则 $A>C$。可逆性是指可以将物体从两个方向按一定量的差异排成递增或递减的序列。如可从大到小，

---

① 杨志艳. 3~6 岁儿童量的排序与事件排序的发展研究. 上海：华东师范大学，2009 年，p. 11.

也可从小到大。相对性是指在序列中，任何一个元素比前面的元素大（小），比后面一个元素小（大）。

小班幼儿不能通过逻辑推理来理解序列的传递性、可逆性、相对性。例如，当他们不能将按照从小到大顺序排列的物体进行逆向排列，如要求这样做，他们仍然需要重新尝试。中班幼儿开始理解序列的可逆性和传递性、相对性。大班幼儿则是量的传递性关系快速发展时期，这时期的幼儿不仅能够对序列做出正确判断，还能给出合理的解释。如让幼儿判断蚂蚁应当站在动物队伍的哪头，大班幼儿能正确回答并且给予合理的解释。但这一阶段幼儿对量的大小传递性的理解需要更多动作和视觉支持，在仅凭言语无形象支持的条件下，做出正确判断的人数比例明显比有形象支持条件下的少。①

（四）排序维度从单一到多维

3~4 岁的幼儿能够按照一个维度进行少量物体的排序，中大班幼儿双重排序能力逐渐提高。能够同时按照两个不同维度的量的差异排列两个序列。如要求给小熊一家提供高矮蜂蜜时，5 岁以后的幼儿能够同时考虑熊的大小和蜂蜜的高矮两种量的差异进行排序。

三、幼儿测量发展特点

一般来说，幼儿测量能力发展比数概念要晚些，因为测量需要把一个整体分解成一个一个小单位再进行逻辑相加，主要比计数离散的物体的个数困难得多。

总体上，幼儿测量能力经历了从游戏、直接比较到非标准测量，再到标准测量的发展过程。

3~4 岁时，幼儿测量方法只是视觉比较，并不企图应用任何测量工具，即使给他测量工具如木棒或者尺子，他会将测量工具作为游戏材料来使用，并模仿成人的部分测量动作，不过所模仿的动作是不准确不完整的。

4~5 岁时，儿童开始使用测量工具，但运用得不正确，还带有一种游戏成分。幼儿开始利用测量工具，如尺子，但不能正确使用这一工具。或者找另外一样东西作为测量的标准，如用双手来测量身体部位的大小。开始知道不同的量要用不同的工具来测量。

5~6 岁时，幼儿的测量意识增强，开始运用非标准单位进行测量，测量精确度提高。这时能够用任意长的物体作为普通的测量工具。知道一些测量要求，但不能正确使用，如知道使用尺子时，要零刻度对齐，尺子与物体保持平行等。

---

① 潘月娟. 幼儿数学教育与活动指导. 北京：高等教育出版社，2013 年，p. 177.

四、幼儿量的守恒发展特点

大量研究表明，儿童最早掌握量的守恒时间是6~8岁，掌握不同量的守恒的顺序为数量守恒、长度守恒（6~8岁）→面积守恒（8~10岁）→重量守恒（9~11岁）→体积守恒（11~14岁）。

5~6岁幼儿能不受物体摆放方式和形状的影响判断物体的长度，领悟长度守恒的能力大大提高。在操作基础上，结合计数手段，幼儿能够理解面积和容积守恒。也就是说，将一个整体切分成几块，或者改变这个物体的形状，幼儿在摆弄、拼切的过程中能判断出其面积不变。

第三节　幼儿量与计量活动指导

一、各年段量与计量的教学目标与内容

（一）3~4岁

①会用观察、比较的方法，区别大小和长短不同的物体，会正确运用“大小”“长短”等词汇。

②能从4个大小或长短不相等的物体中找出并说出哪个最大（最长）或最小（最短）。

③能按物体量（大小、长短）的差异进行4以内的物体排序。

（二）4~5岁

①能区别并说出物体的粗细、厚薄、高矮等。

②能从7个以内大小（长短、高矮、粗细、厚薄）不同的物体中找出等量的物体（其中两个是相同量）。

③能按物体量的差异，进行7以内的正逆排序，会按一定的规律排列物体。

（三）5~6岁

①会用目测和自然测量的方法，比较物体的长短、高矮、宽窄、厚薄和轻重，能正确表达测量的结果。

②能按物体量的差异进行10以内的正逆排序，能按一定的规律排列物体，初

步感知序列之间的传递性、相对性和可逆性关系。

③学习量的守恒，知道物体的外形、摆放位置等发生了变化，它的量不变。

二、量的认知活动教学指导

（一）量的认知活动一般指导策略

量的认知活动适合在小中班开展，开展量的认知活动，我们可以采取以下策略：

1. 提供丰富适宜的材料

幼儿对物体量的认识，最初不是通过测量的方法，而是通过各种感官感知物体量的特征。幼儿在视觉、触觉、运动觉等多种分析器官的作用下，感知到物体在大小、长度、重量等方面的特征，比较出物体间量的差异。因此，教师应提供各种材料，让幼儿在充分地看、摸、摆弄等活动中感知和比较物体量的特征。

材料的丰富性主要体现在材料的数量多，能够满足每个幼儿操作需要，每个层次幼儿操作需要；材料类型多，能够体现不同量的差异，如大小、高矮、长短、轻重、厚薄、粗细、宽窄等；材料变式多，同一维度的量要呈现不同的变式。

材料的适宜性主要体现在投放材料的特点符合不同的年龄班级，材料之间的差异程度和维度随年龄班级的不同而呈现差异性。在小班，投放的材料差异特点应比较单一、明显，以利于幼儿对某一量的差异的感知和比较。例如，比较物体粗细时，应该选择长短一样、粗细差别明显的物体；比较物体的厚薄时，应选择长和宽一样、但厚薄差别明显的物体。而到了中班，材料的差异程度可以缩小、维度可以增加，同一维度的量的差别变得不明显，以增加幼儿判别的难度。

材料的适宜性还体现在比较材料投放数量的循序渐进。在刚开始时，教师宜先让幼儿进行 2 个物体的比较，然后是 3 个，依次增加，但不能超过 7 个。比较数量的依次递增，可以让幼儿感受到量的差异具有相对性。在这一环节需要注意的是，不同的摆放方式会影响到幼儿的比较判断。如图 4-1 所示，A、B 的摆放更容易让幼儿感知到笔的长度差异。

2. 循序渐进，引导幼儿掌握比较的方法

对物体的量进行比较，方法有很多，对幼儿来说，最直观的方法有重叠和并放。而重叠和并放就是通过改变材料的摆放方式来实现的，材料摆放方式会影响比较结果的正确性以及比较的难易程度。比较时，教师可以先示范，引导幼儿关注不同的量的比较方法，如比大小、宽窄时，要用重叠；比厚薄、高矮时，可以并放，并且要放在同一水平面上进行比较。然后教师可以用提问的方式鼓励幼儿描述和比较自己感知和比较量的方法，让幼儿演示并讲述给其他幼儿看、听。如教师提问：

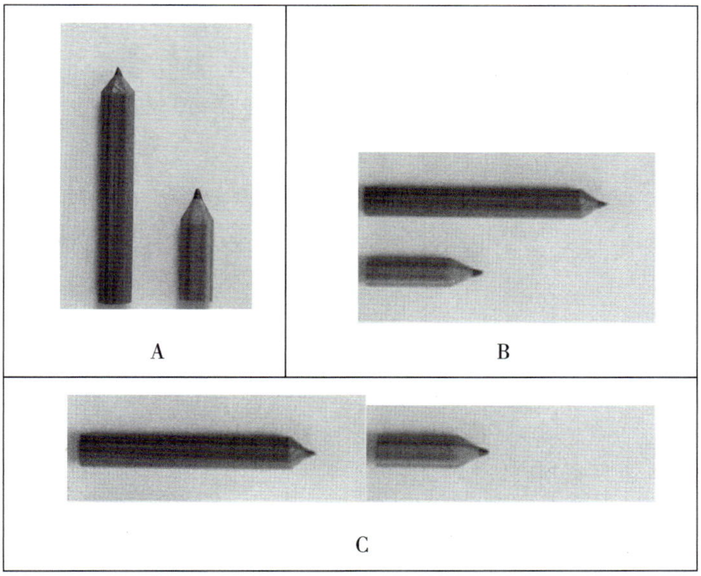

图 4-1　材料摆放方式比较图

“你们想想用什么办法可以知道它们的长短（或宽窄、厚薄等）是不一样的呢？”引导幼儿说出自己感知和比较量的方法。

感知方法不同，感知效果就会不一样。教师还应引导幼儿多角度感知物体量的属性，进行比较，发现量的属性的异同。如让幼儿摸一摸，看一看，掂一掂。

（二）集体教学活动指导策略

①教师提供材料，幼儿运用多种感官感知物体量的特征。对小班幼儿来说，教师所提供的材料突出物体某一方面特征差异，应控制其他因素的影响。

②教师引导幼儿探索物体之间量的差异。教师可以通过提问，引发幼儿探索思考，如“这些玩具有什么不一样？你可以用什么办法知道？”

③展示交流。幼儿展示交流自己比较的方法和结果，幼儿可以用语言，也可以直接展示操作过程。

④教师总结。教师可从方法和结果两方面进行总结。

教学活动案例 4-1

比一比（小班）

设计意图：

在开展主题活动“大与小”的过程中，幼儿对于量的比较有了初步的知识经验。图画书《阿比比一比》通过角色游戏将大小、多少、长短等量的比较蕴涵其中。在小班后期为使幼儿进一步复习、巩固相关知识经验，通过阅读活动充分挖掘图画书在科学领域的教育价值，根据幼儿年龄特点，教师设计了讲述与实物操作交替进行的活动形式，帮助幼儿理解书中内容，感受阅读快乐。

活动目标：

1. 认知目标：理解画面和故事内容，理解书中蕴涵的比较关系；

2. 技能目标：能自主翻看图书，通过操作实物进行探索，感受从不同角度比较结果的不同；

3. 情感态度目标：大胆表达自己对故事人物的理解和感受。

活动准备：

1. 经验准备：幼儿对比较大小、多少、长短有一定的经验。图画书《阿比比一比》投放在阅读区供幼儿自由翻阅；

2. 物质准备：实物梨和李子、帽子和围巾；图画书人手一本；故事课件、电脑、投影仪。

活动过程：

一、边讲故事边演示幻灯片，并出示实物引起幼儿阅读的兴趣。

1. 阅读故事《阿比比一比》，着重观察人物的表情和语言。引发幼儿思考，鼓励幼儿大胆表达想法并进行演示。

2. 出示实物帽子和围巾，引发幼儿讨论，大胆演示自己的想法。

教师：围巾和帽子怎么比？你们觉得是帽子大？还是围巾大？

幼儿：围巾大，帽子小，围巾能把帽子盖住。

教师：那帽子还能把围巾扣住呢？到底谁大呢？

幼儿：就是围巾大。

二、幼儿阅读图书，了解书中人物的比较方法和结果。

教师：请小朋友自己看看，之后他们又比了什么？

幼儿自主翻阅图书。教师指导幼儿有序翻阅，通过看图寻找答案。

三、引导幼儿说说在书中发现了哪些不同的比较方法，鼓励幼儿进行尝试。

幼儿：小猫的尾巴长，小兔子是拿线比的，小兔的尾巴短。

教师：小猫和小兔子用它们的身体比长短，小朋友可以用什么地方比长短？我们来比比谁的长谁的短。

幼儿：用手，用脚，用头（与同伴用身体部位进行比较）。

教师：那我们用这些地方比比看，围巾的长短。

四、请幼儿表达测量过程

教师：请一个小朋友来说说，刚才是怎么比围巾的长短的。

• 活动评析：

教师在设计主题活动时，尝试用一本图画书作为切入点开展主题活动，比较符合小班幼儿喜欢听故事的年龄特点。先在图书区投放要讲的书，引起幼儿对新书的兴趣，然后通过讲故事的方式满足幼儿对故事书的好奇心，故事的选择能够引发幼儿学习的兴趣。活动准备较充分，运用幻灯片的形式讲故事，更加生动直观，有利于抓住幼儿的注意力，在幼儿提出问题和发生争论时，教师能够注意倾听幼儿的发言，通过玩游戏进一步加以引导，让幼儿亲身体验不同的比较方法，较好地完成本次活动目标。

三、量的排序的教学活动指导

（一）量的排序活动一般指导策略

排序不仅需要量的比较的能力，同时还需要幼儿理解排序的含义和要求，如排序的起点、方向性等，同时需要协调物体之间的关系。

1. 在操作中感知物体的量的差异

排序是以对量的差异的感知和比较为基础，而材料是媒介。教师在教学中应提供丰富的材料，给予幼儿自主操作和探索的机会，并通过提问的方式引导幼儿比较量的差异。教师还可以设计班级区域，在区域中投放丰富的材料，帮助幼儿感知和比较物体的量。投放材料时，教师应考虑材料所能呈现的量的差异维度，以及材料的数量和差异程度要与幼儿发展年龄和水平相适应。一般而言，小中班比较材料数量在 3~7 个为宜，小班材料的差异度要较明显。

2. 引导幼儿掌握排序的策略

排序涉及排序的起点和方向、规则。排序的方向是指排序是按照某个维度的量的差异排成递增序列或者递减序列。排序的规则则是排序过程中应注意的事项和遵守的原则，如比较高矮时，要把物体放在同一水平面上。在小班，教师应结合语言、手势动作、演示帮助幼儿明确排序的方向和规则。教师还可以提供辅助材料帮助幼儿理解和明确排序规则，如画有基线的纸张或带有凹槽的嵌板（图 4-2）。到中、大班，教师则应鼓励幼儿自主探索和发现排序规则，并引导幼儿用语言表述出来。

3. 引导幼儿感知序列的传递性、可逆性和相对性

大班幼儿处于序列传递性发展的高峰期。教师可呈现两个相反的序列，请幼儿观察、比较两个序列的异同，在此基础上描述两个序列的特征，通过这种方法，感受序列的可逆性。教师可以在教学中，通过有意识的提问，引导幼儿发现序列的传递性和相对性。如教师呈现 3 个颜色不同的球，进行两两比较，然后问：“黄球和

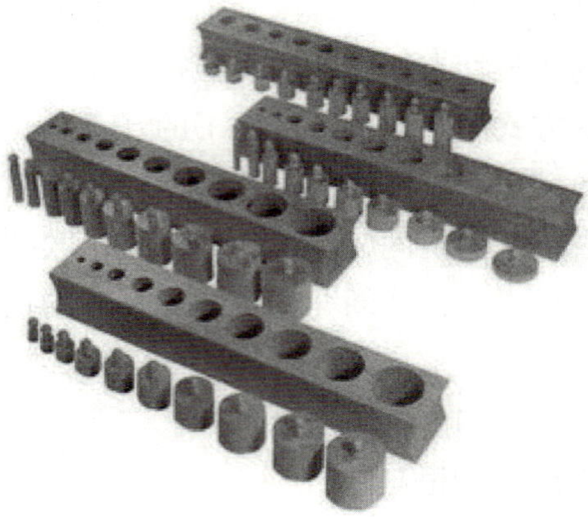

图 4-2　带有凹槽的嵌板

红球谁大？蓝球和红球谁大？黄球和蓝球谁大？谁最大？”诸如此类的问题即可。

（二）集体教学活动指导策略

在日常教学中，通过各种排序活动促进幼儿思维的发展并不在于让儿童机械地完成任务，而在于要理解其中的概念、规则和规律。集体排序教学活动指导策略可以遵循以下顺序进行：

第一，教师提供材料，引导幼儿观察和充分感知，为排序活动做准备。教师应提供材料，给予幼儿充分的感知时间和机会，并且通过提问等方式来引导幼儿比较和描述量的差异。例如，在给幼儿长短不同的笔之后，询问幼儿“这是什么”、“它们有什么一样”，“它们哪里不一样”。

第二，教师引导幼儿进行排序活动。不管是小班还是大班，教师应先进行示范，幼儿根据范例进行分类，只不过示范的层次不一样。在示范的过程中，应明确排序的规则，如在进行高矮排序时，排序对象应在同一水平面上；在进行长短排序时，排序对象应有一端处于同一基线上。

第三，幼儿大胆操作并进行记录。教师提出明确任务，幼儿根据操作材料进行排序操作，教师巡回观察，对特殊需要幼儿进行个别指导。对排序规则的理解和迁移运用，需要幼儿通过自己的实际操作、体验来获得，因此，此环节教师需给幼儿充足的时间，让幼儿去探索，操作。

第四，讨论交流与小结。讨论与总结是排序活动比较重要的环节，可借此引导幼儿讨论操作中出现的新问题，总结、提升和拓展经验。因此，教师可以结合幼儿活动过程中出现的问题，选择合适的评价内容和交流方式。

教学活动案例 4-2

种子排队（大班）

设计意图：

在“植物”这一主题中，幼儿在了解了植物的花朵后，初步地认识了植物的种子，但对种子的形状、大小的差别还不够了解。通过这样一个活动，可以让幼儿更直观地感知种子的大小和长短的关系：一样多的种子排列时，大种子排得长，小种子排得短；种子的队伍一样长时，大种子用得少，小种子用得多。

活动目标：

1. 认知目标：初步感知物体的大小与其排列长短的关系；

2. 技能目标：积极动手操作，尝试用数字、符号记录种子的数量及排列的结果；

3. 情感态度目标：激发幼儿对观察事物的兴趣。

活动准备：

1. 物质准备：幼儿人手一盘种子，其中芸豆、蚕豆、西瓜子各8颗；排列卡两张，其中第一张画有三条线，第二张画有三条一样长的线段。

2. 经验准备：认识大小不同种类的种子。

活动过程：

1. 观察种子，引发幼儿参与活动的兴趣。

2. 引导幼儿观察盘中有哪些种子。请幼儿将种子分类，感知并在集体中交流各自持有种子的数量，同时在记录卡上记录每种种子的数量。

（讨论：在一张纸上同时记录三种种子的数量，怎样才能记录清楚？）

鼓励幼儿用自己的方式观察记录结果，并在集体中交流。

3. 分别在两张排列卡上进行种子排队。

（1）请幼儿尝试用一种种子在第一张排列卡上排队。（讨论：如果拿掉种子后，怎样让大家知道种子排的队伍有多长？鼓励幼儿积极发表自己的见解和想法。）

（2）请幼儿猜一猜，三种种子分别在排列卡上排队，从短线处排起，一个挨着一个，哪个队伍最长？哪个队伍最短？为什么？

（3）动手尝试。请幼儿将三种不同的种子排列在卡上并做记录。请个别幼儿在集体中讲述三种排列结果。（讨论：为什么××种子排得最长，××种子排得最短？）

4. 讨论交流。

鼓励幼儿大胆地运用数字、符号、图画以及表格等记录排列的结果，积极交流自己的发现并说出原因，从而初步感受物体的大小与“队伍”长短之间的关系。

5. 再次进行种子排队。

请幼儿分别再用三种种子，在第二张排列卡上的三条线段上排队，即从起点排到终点，说说自己的发现。

- 活动评析：

在幼儿按量的差异排列物体的顺序时，教师应注意引导幼儿了解以下规则：

①要确定排列方向是横排还是竖排，有的量可以横排也可以竖排，如大小、粗细、宽窄，有的量如高矮只能竖排，而长短只能横向排序；

②要确定排列规则是按量的逐一递增来排列，还是按量的逐一递减排列，再是形状（颜色等）按一定的规律间隔的排序；

③要明确排列的起始线，如高矮排序需在同一起始线排列，长短横向排列时左边应对齐。

四、测量教学活动指导

（一）测量活动指导一般策略

①通过多种途径引导幼儿感知测量工具，激发幼儿的测量意识。

小班和中班的幼儿不具备测量意识，也无法进行真正的测量，测量工具对他们而言就是游戏的材料，就是玩具。教师可以通过游戏、活动区角以及墙面环境创设等手段让幼儿体验测量活动，激发他们的测量意识。例如，结合幼儿的建构活动“搭宝塔”，创设问题情境：“怎样才能知道两座塔哪一座高，哪一座矮呢?”引导幼儿开展讨论。幼儿可能会想到直接比较，但这样做很容易把塔弄倒，幼儿还可能想到用尺子量，但还不会使用尺子，或找不着尺子，这样幼儿就可能想到利用自然物做计量的工具了。在科学区，幼儿可以比一比植物有多高；在沙池提供量杯、量筒和尺子等。教师还可以在教室的墙面上张贴身高刻度表等，让幼儿在操作中感知测量工具，具备测量意识。

②引导幼儿理解测量的要领，掌握测量的方法。

为帮助幼儿学习测量，教师可通过一些不同层次要求的活动，引导幼儿主动学习，促进幼儿的发展。例如，测量物体的长度，开始时可让幼儿在被测量的物体上摆放量具，即将量具一个接着一个地摆放在被测量的物体上。摆好后，将所有的量具数一数，数出的量具总数就是被测量物体的长度。以后，可让幼儿学习在每一次测量的终点做一记号（如用笔画一条线），并让幼儿了解，第一次测量的终点是第2次测量的起点。量完后，数一数，一共有几个记号，这个数量，也就是被测量物体的长度。教师必须强调，第 1 次测量的终点，是第 2 次测量的起点，并注意中间不能留着空隙，并引导幼儿讨论怎样画记号，以及从记号处开始量第 2 次……测量时要从一端开始，并按直线进行测量，等等。

③引导幼儿初步理解测量单位与测量结果之间的关系。

教师还可以邀请幼儿一起进行测量活动，在测量的过程中，体验测量的动作与要求。测量完成之后，教师可以总结性地提问幼儿："你刚刚在量什么？是怎么量的，有多长？"通过这种提问，引起幼儿思考测量工具的用途及测量工具与测量结果的关系。

幼儿掌握测量方法后，可提供他们不同的工具测量同一物体。例如，让幼儿用冰棒棍和筷子测量同一张桌子的边长。幼儿测量以后，教师可提问："你们发现了什么？为什么同一张桌子，用冰棒棍和筷子量出的结果会不一样呢？"经过讨论，幼儿了解到，测量的工具大，量的次数就少；测量的工具小，量的次数就多。这一学习经验使幼儿逐步理解了测量单位与测量结果之间的关系，这对幼儿的发展具有重要的意义。

④支持幼儿对测量结果进行记录和评价。

记录卡可以帮助幼儿记录测量的结果并作为评价依据。通过观察和分析记录结果，幼儿能找到一些测量的规律，发现更多新的探索兴趣点。在生成活动过程中，教师及时提供包括记录卡在内的各种支持，帮助幼儿更好地记录其测量活动的过程。记录过程时，受自身绘画水平限制，幼儿不知道怎样表现测量物。这时，教师可以适时为幼儿提供一些测量物的图片，幼儿在记录时，只需要把测量物的图片插入适当位置即可，省去很多绘画测量物的时间。

幼儿在记录测量结果可能还会出现记录符号标注问题，如对于"测量的物体有三个多一点那么长"怎么记录？从记录卡中可知，幼儿的记录符号呈现多样化，有的直接记录为 3，有的记录为 4，有一个幼儿在 3 旁边直接把多出的一点画上去。此时，教师引导幼儿对上述记录符号进行讨论，让幼儿自己选择判断哪一种方法好，接近测量事实。

教师引导幼儿认识和归纳常用的记录符号，并进一步引导幼儿对记录卡上的测量结果进行评价和讨论，既巩固了幼儿对几个测量因素之间关系的认识，也让他们了解到记录的科学性及其对下一步探索活动的重要性。

（二）集体教学活动指导策略

教师在开展集体活动学习自然测量时，应有意识地引导幼儿掌握测量的方法，可以按如下步骤进行：

①创设问题情境，引出主题。如教师可以提问："我们怎样才能知道我们的桌子和黑板谁长谁短？"引发幼儿讨论，然后引出自然测量工具。

②教师提供测量工具，引导幼儿进行测量和记录。在此过程中，教师应提供多种测量工具，注意提醒幼儿测量工具的使用方法，如首尾相接。教师还要引导幼儿用记录卡和统计图等方法进行记录。对个别不会使用的幼儿进行单独指导。测量可分小组进行，也可以单独进行，可尊重幼儿自己的意愿，建议刚开始时合作测量，几人测量，几人记录。

③展示交流。交流过程中，教师引导幼儿说清楚使用什么测量工具，测得的结果是几个测量工具长，例如，教师可以引导幼儿这样说，“我用绳子测桌子长，我的桌子有 4 根绳子长”，“我伸开手臂测量桌子，桌子有 2 个这么长”，“我今天用铅笔测量了××东西，它们的长度不一样，××有×个铅笔长，××有×个铅笔长”，等等。

④小结。教师可以这样小结：“我们想要知道××物体有多长时，可以用很多测量工具测量，测量工具不同，我们测得的结果就不一样。”

教学活动案例 4-3

曹冲称象（大班）

设计意图：

《曹冲称象》是大班下册《幼儿创新智慧游戏》中的内容，教材来源于一个历史小故事。孩子们喜欢听故事，善于观察、乐于思考、勤于动手。本活动恰好巧妙地利用了幼儿自然成长的要求，让他们在自由的活动中发现问题、解决问题、运用问题，有利于挖掘幼儿潜力、开发幼儿智力，培养幼儿创新思维，促进其身心和谐发展；因此设计了这个活动。

活动目标：

1. 认知目标：理解故事内容，了解曹冲解决问题的巧妙办法；
2. 技能目标：倾听故事，锻炼幼儿的思考、动手能力；
3. 情感态度目标：培养幼儿创新思维的灵活性和敏捷性。

活动准备：

1. 物质准备：活动场地投放跷跷板；科学观察室内投放天平和砝码、滑轮、跷跷板，弹簧秤、电子秤、杆秤等测重工具，盆、碗、盘等容器，沙土和水，塑料袋，各种水果蔬菜和日常用品用来测量重量。

课件：饲养员叔叔请求帮助、曹冲称象的故事视频。

2. 经验准备：幼儿会玩跷跷板，认识常用的测量工具。

活动过程：

一、导入部分：

教师与幼儿到活动场地玩跷跷板，幼儿一边玩一边观察。

师坐上跷跷板，幼儿观察：一位小朋友的重量很难让跷跷板保持平衡，必须要有两名长得高大的幼儿或三名普通体重的幼儿才能抵得上老师的重量。幼儿初步理解重量的等量关系。

二、展开部分：实践操作，理解问题。

带着问题，师与幼儿回到科学观察室。

幼儿通过操作寻求答案：如何测出一颗豆子、一粒纽扣、一块橡皮等的重量？(幼儿经过实践会选择天平和砝码、小杆秤等)；

如何测出一小袋豆子、几个西红柿、一个铅笔盒等的重量？(幼儿通过实践会选择小杆秤、弹簧秤、电子秤、滑轮等)；

如何测出一袋面粉、一箱饼干、一大捆书等的重量？(幼儿通过实践会选择一些机动灵活的方法来测量。比如借助天平、弹簧秤、电子秤、滑轮等一点一点地称，再将重量加起来；利用跷跷板、滑轮找出等重物体从而知道其重量……)

三、经验提升，机智处理问题。

(视频) 请大家开动小脑筋，帮饲养员叔叔想想办法测量大象。

教师：东北虎体形庞大，用秤来称太困难。也许可以用称货物的地磅。我们来看看曹冲的办法。

四、故事启智，判断总结问题。

(大屏幕) 这里有一个故事叫曹冲称象，请大家认真听，待会儿老师要提问。

1. 故事中有几种称大象的方法？

2. 你认为哪种方法好？为什么这种方法好？好在哪里呢？

3. 你还有什么好方法吗？

幼儿分组讨论，说出自已的方法，各组派代表进行说明。

五、结束部分：

教师小结：小朋友想出了这么多与众不同的好办法，假如曹冲知道了一定会很高兴！在我们的生活中，经常会遇到一些难题，只要我们积极动脑筋，就会想出解决的办法。

● 活动评析：

本活动符合大班幼儿年龄特点，内容层层深入：从发现问题、分析问题、理解问题、处理问题、判断总结问题，紧紧围绕教学目标展开。游戏、故事贯穿始终。幼儿通过动脑筋想办法，不仅能够测量体积较小、质量较轻的物体；对于一些体积较大、测量重量有难度的物体，也能够想出好方法。虽然有的方法略显稚嫩，却是孩子积极动手动脑的实践结晶，是一笔宝贵的经验财富。本活动将故事《曹冲称象》放在最后，旨在不桎梏孩子的思想。曹冲看到青蛙跳到荷叶上得到了启迪，而活动中教师也很好地运用了游戏与操作进行前奏启智。幼儿不仅运用了一种方法，还能够利用多种方法进行测量，精神保持兴奋状态。每个孩子都能够积极参与、大胆表达，体现了活动中幼儿是主体，教师是主导的教育理念。本活动在材料的准备上欠充分，应该让幼儿有更多的机会进行操作，以证明自己的办法可行。

五、量的守恒的教学活动指导

（一）量的守恒活动指导一般策略

在对物体量（如长度、面积、容积、体积等）的比较中，幼儿若能不受物体的位置变化和存在方式的干扰，保持量的不变性，就说明具有了量的守恒观念。

量的守恒观念要比数目守恒观念的发展要晚一些，6 岁幼儿一般能掌握长度守恒的观念，也有少部分幼儿会以等量代换的方法判断面积、容积的量，初步形成面积或容积的守恒。

1. 提供各种变式材料，引导幼儿感知量的守恒。

要帮助幼儿获得量的守恒观念，可以提供各种变式材料，通过等量判断的方式，引导幼儿摆脱材料外部形态和其他因素的干扰，来保持量的不变性。由于许多量的变式都涉及整体量和部分量的问题，所以教师在活动设计中应有意识地渗透这一思想，让幼儿体验到整体与部分之间的关系。

连续量的等量判断活动可参照数的等量判断活动来设计。教师可以充分利用各种游戏感知、理解守恒概念。例如，提供绳子或竹竿，让幼儿将同一根绳子或竹竿变换摆放的位置或地点，每换一个位置就要求幼儿用脚进行测量，看看每次测出的结果是否相同，并想想为什么。再如可提供吸管材料，开展区别“一样长”和“不一样长”的活动。对于有困难的幼儿，可提供带有格线底纹的卡片来帮助他们做出判断；教师可以在沙水区投放容量相同，但形状不同的量瓶或矿泉水瓶等容器，并引导幼儿感知和比较物体的外观特征与量的关系，从而感知量的守恒。

2. 利用数帮助幼儿理解量的守恒

任何量都可以用计量单位和数来表示，通过测量方式获得其总量，因此，教师可以鼓励幼儿通过测量，用数与单位来表示量的大小，把量的大小转化为数，通过对数的大小的比较来判断量的差异，解决量的守恒问题。

（二）集体教学活动指导策略

教学时要充分利用游戏和有趣的活动引导幼儿，使幼儿对数学发生兴趣，在有趣的活动中接受数学教育。

第一，教师以幼儿猜想或其他方式引入量的守恒。

教师可以在活动的开头提出问题，引发幼儿的猜想，请幼儿说出自己心中的答案。例如，老师拿出七巧板组成的两个图案，请幼儿试着猜一猜如果还原后会有多大；或者老师拿出一个弯弯扭扭的塑料棒和另一根笔直的塑料棒，请幼儿分析并猜测哪个塑料棒更长。

第二，教师引导幼儿观察、操作并记录下操作结果。

教师给予幼儿充足的材料，并请幼儿尝试将量的大小转化为数记录下来，通过数的大小比较判断量的差异，这是解决量的守恒的重要策略；幼儿在计量后可以比较数与数之间的差别，从而得出守恒的规律。教师也可以鼓励幼儿对不同的量进行测量，用数与单位来表示量的大小，在比较数与单位的过程中感知守恒。例如，在积木大小的比较中，幼儿可以通过计算正方形的数量来比较正方形的面积大小。

第三，教师引导幼儿描述和讨论量的守恒现象。

幼儿在观察与操作之后，教师可以鼓励幼儿描述和讨论物体特征的变化与量的大小之间的差异，引导幼儿感知可逆性、补偿性和同一性的原则。例如，幼儿认为造型不一样的七巧板面积也不同，教师可以问幼儿“这两个形状差了一块什么？”“这两个形状有什么不一样？”

第四，用游戏巩固对量的守恒的认识。

教师可以请幼儿使用材料尝试不同的拼摆方式，在每次拼摆结束后，问幼儿：“这样的××和上次拼的是一样大的吗？为什么？”

教学活动案例 4-4

长度守恒（大班）

设计意图：

《纲要》中指出5~6岁幼儿能够在感知大量事物的基础上，自己整理、加工已有的知识经验，发现浅显的规律，并且部分的开始理解守恒和包含的关系。但是，他们的思维特点还是以具体形象思维为主，并且幼儿的语言表达就是他们思维的体现，所以这次活动中，我将给幼儿充分的自由，请他们动手操作，同时为幼儿尽可能多地提供表达的机会，通过他们的亲自尝试，感知长度守恒。

活动目标：

1. 认知目标：初步感知长度守恒，了解对量的守恒的概念；
2. 技能目标：在尝试与比较中鼓励幼儿积极思考，发展逆向思维和发散性思维；
3. 情感态度目标：培养幼儿热爱探索的科学品质。

活动准备：

1. 物质准备：毛线、火柴、小棍、双面胶、白纸。

媒体准备：硬件：交互性电子白板、电脑、投影仪等；软件：白板课件。

2. 经验准备：会利用身边的物品进行简单的测量。

活动过程：

一、教师演示，它们一样长吗？（初步感知长度的守恒）

1. 出示2条长度相等的毛线，并提问："这两条线一样长吗？你是怎么看出来的？"（根据幼儿讲述进行演示、比较）

2. 将其中一条线摆放成"S"形，提问："现在这两条线一样长吗？你是怎么知道的？"（根据幼儿讲述进行演示、比较）引导幼儿初步了解长度的守恒。

3. 教师引导：出示例图，这两条线一样长吗？（排除箭头干扰）你是怎么知道的？

如幼儿意见出现分歧，借助测量工具（火柴或小棍）来验证。（培养幼儿验证的习惯）

教师引导：原来有时候眼睛看到的并不准确，我们还是要认真仔细地比较、检查一下。

二、幼儿操作，进一步感知长度的守恒（工具：毛线/火柴）。

1. 教师讲解要求：任选一张图，比较图中2条线的长度是否相同。（可借助工具进行测量，引导幼儿根据线条不同，选择合适的工具）

2. 幼儿自由选择，进行操作。教师巡回指导。

3. 请个别幼儿演示自己的测量过程，并说出自己测量到的结果。

4. 教师小结，帮助幼儿理解长度守恒。

三、拼搭火柴（毛线），巩固长度守恒的观念。

1. 讲解要求：利用相同数量的火柴棍（相同长度的毛线），拼搭出不同线形。

2. 幼儿自由拼搭，利用双面胶将火柴（毛线）粘在白纸。

3. 幼儿自由交流。

四、游戏

利用白板游戏"挪火柴"，通过白板操作，进一步理解长度守恒。

- 活动评析：

本次活动中，教师充分运用了交互式电子白板的播放、链接、互动操作等功能，实现了白板、教师、幼儿的有机互动。"守恒"这一概念的理解，无论从教师教的角度还是从幼儿学的角度都有一定的难度，传统的教学也是以幼儿的操作为主，在反复的操作中感知长度守恒，但是老师或请小朋友演示起来很繁琐。本节课将传统教学和信息技术结合起来，运用白板和投影展示幼儿的操作过程和拼摆的作品，又运用 flash 软件增加了课堂的随机性与互动性，方便且直观，幼儿可以随心所欲地表达自己的意见，而教师也可以有效地给予幼儿反馈，和幼儿很好地互动起来。白板的运用减轻了教师操作学具、教具的繁琐，使教师可以全身心地投入到教学活动当中，提高了活动效率。同时活动利用了信息技术色彩鲜明、图像清晰、操作快捷方便的优势，延长了幼儿注意的时间，提高了幼儿的学习兴趣，调动了幼儿参与活动的积极性。

同时，在这一年龄阶段，认知活动中语言的作用明显增强，幼儿的语言表达很大程度上表现了他们的思维，所以在活动中，教师为幼儿尽可能多地提供表达的机会，通过提问、追问等方式引导幼儿积极思考、表达想法。

第四节 幼儿量与计量活动评价

一、幼儿量与计量发展评价内容

儿童量与计量发展评价内容包括“区别不同的物体的量，能找出并说出极值，能进行物体排序”等。各年龄段幼儿时间发展评价内容及评价指标见表 4-1。

表 4-1 幼儿量与计量发展评价表

<table>
<tr><th>年龄班级</th><th>评价内容</th><th colspan="2">评价指标</th></tr>
<tr><td rowspan="2">3~4 岁</td><td rowspan="2">1. 区别大小和长短不同的物体；
2. 能找出并说出极值；
3. 能进行物体排序</td><td>结果指标</td><td>1. 会正确运用“大小”“长短”等词汇；
2. 从 4 个大小或长短不相等的物体中找出并说出哪个最大（最长）或最小（最短）；
3. 按物体的外部特征（形状、颜色）或量（大小、长短）的差异进行 4 以内的物体排序</td></tr>
<tr><td>过程指标</td><td>1. 会用观察、比较的策略区别大小和长短不同的物体；
2. 在合适情景下使用“大小”“长短”等词汇</td></tr>
<tr><td rowspan="2">4~5 岁</td><td rowspan="2">1. 区别物体的粗细、厚薄、高矮等；
2. 能从不同的物体中找出等量的物体；
3. 能按物体量的差异排序；
4. 会按一定的规律排列物体</td><td>结果指标</td><td>1. 会正确运用“粗细”、“厚薄”、“高矮”等词汇；
2. 能从五六个大小（长短、高矮、粗细、厚薄）不同的物体中找出等量的物体（其中两个是相同量）；
3. 能按物体量的差异，进行 7 以内的正逆排序；
4. 会按一定的规律排列物体</td></tr>
<tr><td>过程指标</td><td>1. 在合适情景下使用“粗细”、“厚薄”、“高矮”等词汇；
2. 采取何种策略区别物体的量；
3. 采取何种策略找出等量物体；
4. 采取何种策略、规律进行排序</td></tr>
</table>

续表

<table>
<tr><th>年龄班级</th><th>评价内容</th><th colspan="2">评价指标</th></tr>
<tr><td rowspan="2">5~6 岁</td><td rowspan="2">1. 用多种方法，比较物体的长短、高矮、宽窄、厚薄和轻重；
2. 能正确表达测量的结果；
3. 能按物体量的差异进行正逆排序；
4. 能按一定的规律排列物体；
5. 初步感知序列之间的传递性、双重性和可逆性关系；
6. 理解量的守恒</td><td>结果指标</td><td>1. 会用目测和自然测量的方法，比较物体的长短、高矮、宽窄、厚薄和轻重；
2. 能按物体量的差异进行 10 以内的正逆排序；
3. 能按一定的规律排列物体，初步感知序列之间的传递性、双重性和可逆性关系；
4. 知道物体的外形、摆放位置等发生了变化，它的量不变</td></tr>
<tr><td>过程指标</td><td>1. 能使用合适的语言表达测量的结果；
2. 采取何种策略区别物体的量；
3. 采取何种策略找出等量物体；
4. 采取何种策略、规律进行排序；
5. 能尝试创造新的排列规律</td></tr>
</table>

二、幼儿量与计量评价方法及案例分析

评价的目的是诊断和改进，教育者可以采取观察的方法来评价幼儿关于量与测量的认知发展能力。

（一）自然观察法

教师可以在一日生活、游戏和教学中对幼儿进行自然观察。

【案例 1】 林林（男，3 岁半）在上午户外活动排队的时候，站在小宝的后面，说："小宝，我比你高，你在我前面"。

【分析】 该幼儿已经知道高度的自然比较，能够用"比……高"来准确描述高度的差别，并主动进行排序。

【案例 2】 蒙蒙（女，4 岁）在区域活动的时候，拿着一个大洋娃娃，对旁边玩小洋娃娃的晨晨说："你看，这个大，是妈妈，你那个是我的宝宝。"

【分析】 在这个案例中，蒙蒙将生活中"大人"和"小孩"的形状大小差别与年龄差别相联系，并将这一认识投射进了自己的游戏中，认为个子大的就是年龄大的，个子小的就是年龄小的。

【案例 3】 周周（男，5 岁）："赵老师，为什么你的眼睛要比一一的大？"

老师："我也不知道，你们觉得呢？"

周周：“因为赵老师个子高，所以眼睛大；一一是小朋友，所以眼睛小。”

冰冰：“可以让一一和晨晨比一比，他们个子一样高。”

小朋友们惊奇地发现，原来一一和晨晨虽然个子一样高，眼睛差别却很大！身高和眼睛大小好像也没有什么关系。

【分析】在此案例中，周周指出了眼睛大小与身高高矮的“联系”，而冰冰提议让个子一样高的孩子站在一起，则是灵活地使用了测量的方法，从而否认了眼睛大小与身高高矮的错误联系。

【案例 4】老师在集体活动教学时，出示一张图片上有蓝、粉、黄三个大小一样的铅笔盒，然后问孩子们“这三个铅笔盒里分别装了一支铅笔，蓝盒子里的铅笔比粉盒子里的铅笔长，黄盒子里的铅笔比蓝盒子里的铅笔长，哪个盒子里的铅笔最长？为什么？”周周（男，5 岁）自信地说：“黄色的铅笔长！因为黄色的铅笔盒长。”

【分析】教师在考验幼儿对于长短的传递性特点。图片中铅笔盒的颜色分别为黄色、蓝色和粉色，在这一组颜色中，黄色的视觉感受就更为发散，因而周周认为黄色的最长。可见感官上的错觉干扰了幼儿的判断。

【案例 5】在户外沙地，旸旸（男，5 岁 8 个月）往两个粗细、高矮不同的小桶里铲沙子玩。晨晨也在往一个小桶里装沙子。旸旸提议说，“我们看看哪个桶装得最多吧！”两个人开始往三个小桶里铲沙子，不一会儿就把三个桶装满了，但还是说不出哪个桶装得多。旸旸说，“我们得数着点，数数铲了多少铲沙子才可以”。于是两个人边铲边数，最后发现三个桶分别能装 10 铲、7 铲、5 铲，成功找到装得最多的小桶。

【分析】在这个游戏片断中，旸旸能够提出要数一数铲了多少铲沙子才把桶装满来判断桶的容积，这表明他对测量工具、测量单位和待测定的量之间的关系有了一定的认识。①

（二）情境观察

教师设计专门的活动提出一一对应任务、数量比较及分类的任务，观察幼儿这些能力的发展。这些专门的活动可以是教学活动，也可以是游戏活动、生活活动，还可以是三者的结合。

1. 量的认识任务

教师可以根据幼儿的量的认识的发展特点，有针对性地设计一些活动，评价时注意观察幼儿能否区分物体的大小、长短、高矮，并能用准确的词汇表达。

---

① 案例选自：潘月娟. 幼儿数学教育与活动指导. 北京：高等教育出版社，2013 年，p. 185，有改动.

例 1：在健康教育活动中，鼓励幼儿用动作表示大、小、长、短、高、矮等，然后与幼儿玩“做相反动作”游戏，如教师用双手在身体两边张开作“大”的动作并说“大”，那么幼儿要用双手作“小”的动作并说“小”，观察幼儿在这样的活动中如何表现他们对量的理解。

2. 量的排序任务

在评价这一阶段幼儿的量的排序能力时，教师应该重点关注幼儿能够正确排序的物体数量是多少，幼儿采用怎样的策略来排序，幼儿能否按照要求排序等。

例 2：在桌面玩具区，教师可以提供 3~5 支铅笔，问幼儿：“请你把这些铅笔排成一排，最长的放在这里，接着往下排，一支比一支短。”有关大小、高矮排序的评价依此进行。

3. 量的守恒任务

教师可以在日常生活和游戏中创设问题情境，通过改变材料和提问方式，来考查幼儿能够在怎样的条件下理解那些量的守恒以及幼儿采用怎样的策略来解决守恒问题。

例 3：在建构区搭积木时，为幼儿提供一些粗细不同、颜色不同、长度相等的积木，询问幼儿：“这些积木一样长吗？”在幼儿使用这些积木搭建的过程中，当积木的放置方式发生改变后，再次问幼儿：“这些积木一样长吗？为什么？”

4. 量的测量任务

教师可以在日常生活和游戏中投放各种材料和测量工具，设计测量任务，观察幼儿的表现，评价幼儿的测量技能的发展水平。

例 4：首先，在活动区投放大小不一的各种容器，如瓶子、杯子、碗等，还有各种小体积的、离散的、可倾倒的材料，如水、沙子、大米、黄豆等。然后，设计测量容积的任务情境。例如，在角色游戏中，询问幼儿“哪个桶最大”等问题。最后，观察幼儿怎样判断容器的体积，使用怎样的测量工具以及如何使用，如何表达测量结果等。

拓展阅读

1. ［美］罗莎琳德. 查尔斯沃斯. 3~8 岁儿童数学经验［M］. 第五版. 潘月娟，译. 北京：人民教育出版社，2007.

2. 李季湄，冯晓霞.《3—6 岁儿童学习与发展指南》解读［M］. 北京：人民教育出版社，2013.

3. 杨志艳. 3~6 岁儿童量的排序与事件排序的发展研究［D］. 上海：华东师范大学，2009.

4. 黄瑾. 学前儿童数学教育［M］. 上海：华东师范大学出版社，2007.
5. 幼儿园优质课 小班数学教学活动《饼干乐园》金胤-搜狐视频，http://my.tv.sohu.com/us/63331283/58286826.shtml.
6. 幼儿园优质数学活动_ 好搜视频，http://video.haosou.com/v? code=utf-8&q.

复习与思考

一、名词解释：

1. 量
2. 测量
3. 量的排序
4. 量的守恒

二、简答题：

1. 幼儿量的认识发展特点。
2. 3~4 岁幼儿量与测量的教育目标。
3. 4~5 岁幼儿量与测量的教育目标。
4. 5~6 岁幼儿量与测量的教育目标。

三、论述题：

1. 试述如何指导幼儿认知常见量。
2. 试述如何指导幼儿进行量的排序。
3. 试述如何促进幼儿测量技能的发展。

四、实践探索学习活动：

1. 选择小班、中班、大班幼儿各一名，在日常生活和游戏中观察他们的表现并记录下来，评价他们对常见量的认识水平，为每名幼儿撰写发展评价报告。

2. 选择 3 名中班幼儿，评价其测量的发展状况，针对每名幼儿的实际需要设计一项教育活动。

3. 选择 3 名大班幼儿，评价其对量的守恒的理解发展状况，针对每名幼儿的实际需要设计一项教育活动。

第五章　幼儿数与运算能力发展与活动指导

本章导读

时间、日期、体重、地址……世界上到处都是各种各样的数字。有了数字，我们的交流才变得更加便利。可你们知道，在这些便利的数字被发明以前，人们是怎么数数和计数的吗？他们用手和脚等身体部位来数数和计数。在不断重复的过程中，人们发现5根手指和5头牛、5只羊等有着共同的量，于是开始把手指这一最熟悉、最稳定、最方便的集合作为标志，来表示这一类含有5个元素的集合的共同特征。最初产生的数字就是用我们的身体来表示的。不止这些，为了数更多的数而发明的倍数也是根据我们手指是5个、10个得来的。

教学目标

情感态度目标：意识到数与生活的关系，逐步消除对数学学习和教育的恐惧，更加亲近数学；

知识目标：了解关于数的基本知识；掌握幼儿数与运算能力的发展特点；掌握数与运算活动的指导要点；

技能目标：针对幼儿数与运算能力的发展特点，有效开展幼儿数与运算的活动，对幼儿的行为进行恰当的评价，并能提供有针对性的指导意见和策略。

精讲分析

数是我们日常生活的一部分。理解并掌握数的概念与数的运算是幼儿生活必需的技能和知识，也是幼小衔接的重要内容。但作为幼师生来说，我们应该掌握哪些数与运算的知识和技能，怎样对幼儿进行数与运算教育，是本章重点解决的问题。通过本章学习，幼师生们将了解关于数与运算的基本知识及幼儿数与运算发展的特点；掌握数与运算的活动指导策略，并能用科学的方法对幼儿进行评价。

第一节 数与运算的相关知识

一、有关自然数的一些基本知识

最初人类并没有数的概念，随着生活和生产的发展，出现了分配问题，才逐渐有了“多”和“少”的概念。后来，随着文字的发展，人们逐渐创造了符号来表示数。

（一）自然数

在日常生活中，人们所提到的数通常指自然数，每一个自然数就是一类等价的非空有限集合的共同特征的标记。数表示的是非空有限集合中元素的个数，它是表示事物的量的程度的抽象符号。因此，数是集合类的标志，是抽象的类的概念。在现实生活中，我们看不到1、2、3，我们看到的只是具体的1根手指、2本书、3个人等，数字是从具体中抽象出的概念。

（二）自然数列及其特点

随着生产的发展，人们逐渐将数从具体集合中抽象出来，从而形成了现在的自然数列。把自然数按照后面一个数比前面一个数多“1”的顺序排列起来，就得到一列数：1、2、3、4……这个数列叫做自然数列。从这个定义可以看出自然数列有如下特点：

①有始性，1是自然数列的最前面一个数。

②有序性，每一个数的后面都有一个且只有一个后继数；从“1”开始，每一个自然数的前面有且只有一个先行数。任意两个相邻自然数之间都差一个单位。

③无限性，即自然数列里不存在最后的数，它是一个无限集合。

由此可见，自然数和自然数列是两个不同概念。自然数表示的是一类等价的、非空的、有限集合中的元素的个数。而自然数列是由自然数组成的集合，是无限的。

（三）基数与序数

基数是用来表示集合中元素的个数的数，是指表示事物数量的自然数或者正整数。序数是用阿拉伯数字来表示一个事物对于另一个事物的相对位置或者相对大小。序数概念发展晚于基数概念。幼儿在生活中接触序数的机会少于基数。

（四）数数

数数，也称“计数”，是把被数物体集合的元素与自然数列里从“1”开始的自然数之间建立一一对应的过程。

数数是一种有目的、有方法、有结果的活动，其目的是确定物体数量，其方法是手口一致地点数，其结果是得出总数，并用数字表达出来。

美国心理学家格尔曼认为，计数必须遵循五条原则：一一对应原则，固定顺序原则，基数原则，顺序无关原则，抽象原则。

二、有关整数加减运算的基本知识

（一）数的组成

数的组成包括对数的组合和分解两个方面的内容。数的组合是指除 1 以外的任何一个自然数由两个或两个以上的部分数组成。数的分解是指除 1 以外的任何一个自然数都可以分解成两个或两个以上的部分数。数的组成实质上体现了总数与部分数及部分数之间的等量、互换、互补关系。

等量关系是指一个数群（总数）可以分解成两个相等或不相等的子群（部分数）。用符号表示 $B=A+A'$，即一个数可以分成两个部分数，两个部分数合起来是原数。

互换关系是指 $B=A+A'=A'+A$，即两个部分数位置换一下，总数不变。

互补关系是指 $B=(A-n)+(A+n)$ 即一个数分成的两个部分数中，一个依次减少 1，一个依次增加 1，总数不变。

（二）数的加减运算

加减运算是指根据日常生活中一个问题，用文字或语言表达数量关系的题目。其结构是情节与数量关系。根据运算的复杂程度可以分为简单应用题（用一步运算解答）和复合应用题。对于幼儿，一般以简单加减应用题为主。

1. 加法的含义与运算

从集合观点看，加法是已知两个没有公共元素的有限集合的基数，求它们的并集的基数（两数 a 与 b 的和 c 是集合 A 与 B 的并集 C 的基数）。从幼儿的角度看，加法是两个数合并成一个数的运算。从集合的角度来理解，加法就是求两个没有公共元素的有限集合的并集的运算。加法的形式比较单一，主要是合并。加法运算的构成要素有“加数”、“加号（+）”、“等号（=）”、“和”构成。

2. 减法的含义及运算

从集合观点看，减法就是求有限集 A 与它的子集 B 的差集的基数（已知两数 a 与 b，若存在一个数 c，使得 $c+b=a$，则 c 叫做 a 与 b 的差）。从幼儿的角度看，从一个数里去掉一部分还剩多少，是用减法算的。减法运算相对复杂，有以下几种形式：

①分开或拿走，即有一个总量，从中去除一部分后，还剩多少。例如：明明有 4 块糖，她给了好好 2 块，明明还剩几块糖？

②比较，即有两个物群，比较两者的数量差异。例如：明明有 6 块糖，好好有 2 块糖，明明比好好多几块？（或者好好比明明少几块？）

③整体与部分关系，即知道一个总数和部分数，求另一部分的数量。例如：好好有 5 块糖，其中 3 块是巧克力味的，其余是水果味的，问水果味的糖有几块？

研究表明，幼儿对“拿走”类型的减法是最容易掌握的。然而长期使用“拿走”这个词容易使许多儿童认为只有这一种减法情境，从而对其他情境产生误解。因此，教师应该注意措辞，在幼儿了解了“5 去掉 2 就是 3”后，就应及时将语言转为“5 减 3 等于 2”，而非停留在“去掉”上。另外，要引导幼儿认识各种形式的减法情景，帮助幼儿真正掌握减法运算的运用。

第二节　幼儿数与运算能力发展特点

一、幼儿初步数概念的形成

数概念是指对数的理解和应用。数是处于系统之中的，对数的理解与运用就包括对数的实际含义以及数与数之间关系的理解与运用，因此，理解数的实际含义以及数与数之间的关系是幼儿形成数概念的标志（表 5-1）。

表 5-1　　　　　　　　　　　　**数概念形成的标志①**

维　　度	指　　标	
理解数的实际含义	理解基数含义	计数
		按数取物
		数的守恒
	理解序数含义	
理解数与数之间的关系	理解相邻数	
	理解数的组成	
	掌握数的加减运算	

二、幼儿数概念的发展特点

（一）幼儿数概念发展的一般特点

幼儿数概念的发展具有连续性，又具有阶段性的特征。根据我国心理学家对幼儿数概念发展研究，3~6 岁幼儿数概念发展大体上分为两个阶段。

1. 建立数词和物体数量间的联系

3~5 岁幼儿有了最初的数概念。小班幼儿能分辨数的大小、多少、一样多；中班幼儿能认识第几和前后顺序，中班第二学期，幼儿开始了解数的守恒的现象。在感知和比较物群的基础上，幼儿点数实物后能说出总数，能够理解某一个数词或数字对应着一定数量的物品，还能按数取物。

此时幼儿对数的实际含义的理解更多停留在动作和表象层面。对数的实际含义的理解离不开实物与动作的支持。如果没有实物与动作的支持，幼儿通常较难做出正确的判断。例如，向幼儿呈现 10 块积木实物，允许幼儿用手拨弄或碰触积木比不允许有手上动作更有助于幼儿准确计数积木数量。

2. 简单的实物运算阶段

学前末期，幼儿开始在表象和符号层面理解数与数之间的关系，能较好地理解数的实际含义，形成数守恒观念；有数序概念，能比较数目大小；能用实物进行数的组合与分解；开始理解总数和部分数的关系，能运用实物进行简单的加减

① 潘月娟. 幼儿数学教育与活动指导. 北京：高等教育出版社，2013 年，p. 110.

运算。

（二）幼儿计数能力的发展特点

要了解幼儿计数能力的发展，首先需明确计数由哪些要素组成，幼儿计数发展经历了哪几个阶段。

相关文献显示，计数要素有计数对象、计数动作、计数原则，幼儿计数顺序经历口头唱数、点数物体、说出总数三个阶段。幼儿计数能力发展可以从探索这几个要素发展特点入手。

1. 幼儿计数对象发展

幼儿对同时呈现并保持不变的对象计数要易于相继呈现但不断变化的对象，如计数水果盘里的水果比计数铃声要容易得多。有间隔排列的物品比密集排列的物品容易计数，排成直线的物体比排成其他形状的物体更容易计数。体积大的比体积小的容易计数。

计数对象的多寡随年龄增长呈递增趋势。年龄越大，计数范围越大。研究表明，3 岁、3.5 岁和 4 岁儿童最高的计数范围分别为 16、29、30.3。[①]

2. 计数动作发展

计数动作包括肢体动作和语言动作。计数动作经历了由外向内发展的过程。刚开始时，幼儿用手移动物体来计数，然后通过触碰、遥指或用头点数物品，最后用眼睛区分物体并点数。语言动作从最初的大声说出数词到小声点数，发展到只动嘴唇和默数。

3. 计数原则发展

格尔曼提出了婴幼儿计数的 5 条原则，分别是一一对应原则、固定顺序原则、基数原则、顺序无关原则、抽象原则。一一对应原则（The One-one Principle）是指每个物体能且只能对应一个数字；固定顺序原则（The Stable-order Principle）是指幼儿计数时，不管是计数何种集合，都要按照“1，2，3，4……”顺序计数；基数原则（Cardinal Principle）是指最后数出的数就是集合的总数；顺序无关原则（Order-Irrelevant Principle）是指一个集合的总数和从什么位置开始数没有关系，只要遵循一一对应原则，从左边开始数和从右边开始数总数一样；抽象原则（Abstraction Principle）表明任何东西都是可以计数的。

研究发现，尽管年幼儿童的计数能力有其他限制，但 2 岁半到 3 岁的儿童可能掌握一些一一对应原则，能经常使用基数原则，总是实践固定顺序原则。3 岁儿童也隐约有些理解顺序无关原则。不到 4 岁的儿童就可以使用抽象原则，尽管他们似乎不能把某种特殊的东西从可能计数的东西中排除开。研究发现：4~5 岁幼儿在数

① 沈庆华. 幼儿早期计数能力发展的研究 [J]. 心理学报，1999（6）：11.

数时遵循一一对应、固定顺序和基数等规则，并且他们是在理解的基础上应用这些规则的。5 岁的儿童已经牢固地掌握顺序无关原则。

4. 计数顺序发展

（1）唱数

3 岁幼儿在成人影响下，逐步学会说出个别数字，并能凭着机械记忆，按一定顺序背诵这些自然数的名称，俗称“唱数”。但他们并不理解这些数的实际意义，往往不能正确地用这些数来表示物体的数量，并且唱数的数目一般不超过 10。实质上，幼儿这时仅仅掌握了数的顺序而非数量的观念，他们唱数只是凭借一种机械记忆，是计数的最低水平。小班幼儿从混乱地唱数发展到能逐渐有序地唱数，这是对数序的最初认识，但这时的幼儿尚不理解数序的关系。

（2）点数物体

这一阶段幼儿的计数，在初期，其显著特征是不能做到口手一致点数和确定物体的总数。有的幼儿口里能按顺序数数，手却不能按物一个一个地点，而是乱点；有的口手能有节奏地配合，但不是数词与实物一对一的配合，常出现重数、漏数的现象。有的幼儿手能按实物排列顺序一个一个点数，口里却乱数。因此，不能按物点数实际上就是不会计数，也未形成最初的数概念。中班的幼儿在理解每一个后面的数比前面一个数多 1 的基础上，在数与数之间初步建立起了关系，从而形成了自然数列的空间形象，并开始初步理解数的顺序。但这时幼儿理解两数之间的关系一般是借助实物并依靠计数来比较的，而且他们还没有明显地建立起 10 以内自然数列之间等差关系的概念。因此，在多 1 还是少 1 的问题上容易出错。

（3）说出总数

一般来说，4 岁以上的幼儿大多能说出数量在 10 以内的物体的总数。幼儿能说出总数，标志着他已开始理解数的实际含义。幼儿知道将最后说出的数词作为所数过的一群对象的总体来把握，这说明已出现了一种最初的数抽象。能说出物体的总数，意味着幼儿计数能力达到了一个新的水平，即形成了最初的数概念。

综上所述，幼儿计数能力呈现以下特点：

第一，幼儿计数能力的发展个别差异很大。从 3~4 岁间年龄越小，其个别差异越大，年龄越大其个别差异逐渐缩小。

第二，幼儿计数能力受教育的影响很大。有些文化水平较高家庭的儿童，在小班就能点数到较多的数目，有的甚至能达到数目守恒。

第三，幼儿的计数能力受物体的大小、空间排列方式、数量的多寡等各种因素的影响。

第四，幼儿计数能力是随着年龄的增长而增长的。

第五，幼儿计数能力以递增速度向前发展。

第六，由计数的零乱性向系统化发展。

（三）幼儿运算能力的发展特点

1. 从动作水平加减过渡到概念水平运算

幼儿加减运算能力的发展，总的来说是从具体到抽象逐步发展的，我们可将其分为三种水平：动作水平的加减、表象水平的加减和概念水平的加减。

动作水平的加减是指幼儿以实物或图片等直观材料为工具，借助于合并、分开等动作进行的加减运算。表象水平的加减是指不借助于直观的动作，而依靠在头脑中呈现的物体的表象进行加减运算。概念水平的加减，也称数群概念水平的加减运算，是指直接运用抽象的数学符号进行加减运算，无需依靠实物的直观作用或以表象为依托。动作水平加减是表象水平加减和概念水平加减的基础；运用表象进行加减是幼儿学习加减的主要手段，尤其在幼儿开始学习加减时，以表象为依托的口述应用题，对幼儿理解加减含义和数量关系以及运算符号和式题等均起着十分显著的作用；概念水平加减是最高水平的运算，它以数群与数群关系为基础。

从年龄来看，3 岁多的幼儿开始进入动作水平加减阶段，约有一半的幼儿能够进行 5 以内的实物加减操作，极少数幼儿还能进行 10 以内的加减法的实物操作。4~5 岁幼儿能主动进行动作水平加减运算，运算的方法是逐一计数。此年龄段的幼儿表现出表象水平加减的能力。5~6 岁幼儿能熟练运用表象进行加减运算，能将顺数和倒数的方法运用到加减运算中来，5 岁半以后的幼儿还能利用数的组成知识进行加减计算，口述应用题的解答能力进一步提高。

2. 从逐一加减到按群加减

逐一加减就是用逐一计数的方法进行加减计算。进行加法运算时，要么先把两组物体合并在一起，然后逐一计数；要么先数第一组物体，然后以第一组物体的总数为起点接着往下顺数第二组物体，数完后得出总数。做减法时，或先把要减掉的部分取走，然后逐一计数剩下的。

按群加减是指幼儿将数作为一个整体去把握，从而进行抽象的数群之间的加减运算。通过学习数的组成和分解后，幼儿能理解数与数之间的关系，从而逐步达到按群加减的水平。例如，如果问丽丽有 5 块饼干，给妹妹两块后，还剩下几块？他们能在头脑中将 5 分成 2 和 3，把 2 和 3 分别作为一个集合来看待，直接得出结果是 3。幼儿从逐一加减到按群加减的发展过程充分体现了幼儿对集合、数与运算的理解，从实物与动作逐渐向抽象水平发展的过程。

值得注意的是，幼儿首先掌握的是加法运算，然后是减法运算。许多研究表明，幼儿在加法题上的通过率要高于减法题，而且幼儿解决减法题的策略通常是运用加法知识。这是因为，减法需要逆向思维。林嘉绥曾对儿童做过这样一个实验：请你种 8 颗种子，你已经种了 5 颗了，还要种几颗？幼儿的答案是 3 颗，理由是“8 可以分成 5 和 3，所以 5 加上 3 才是 8。”此实验充分证明幼儿是用加法知识来解决减法问题的。

幼儿的运算水平有可能会出现倒退现象，如大班的有些幼儿还用扳手指头方法逐一进行计算。这属于正常现象，教师不应该禁止，要给幼儿适应的时间，并采取适当方法进行引导。

第三节　幼儿数与运算活动指导

一、基数教学活动指导

（一）各年龄段教育目标与内容

①3~4 岁：帮助幼儿学习手口一致地点数 5 以内的物体并能说出总数，对 5 以内的基数含义有所感知和理解；能按数取物（5 以内）。

②4~5 岁：能正确点数 10 以内的物体并能说出总数；能不受物体大小、形状、排列形式等因素影响，正确判断 10 以内物体数量。

③5~6 岁：能够进行 10 以内数的倒数、顺接数和倒接数，学习按群计数，熟练掌握 10 以内数的顺序。

（二）计数和基数教学活动指导

1. 计数活动指导

（1）在日常生活中渗透数序的教学

按照正确的顺序说出数词是正确计数所需的技能之一。教师可以在日常生活环节中渗透数序的教学。如早晨计数来园幼儿人数时，教师可带领幼儿一起数；在分发早点以及早餐餐具时，都可以问幼儿，我们需要多少块蛋糕、多少个碗和勺子，然后带领幼儿一起数数，让幼儿感知正确的数序。

（2）利用儿歌、手指游戏等帮助幼儿计数

首先，教师也可利用儿歌、手指游戏等帮助幼儿掌握数序。如数字歌“一二三爬上山，四五六翻跟头，七八九拍皮球，十个手指头”；唐诗“一去二三里，烟村四五家，亭台六七座，八九十枝花”，等等。

其次，教师可以通过儿歌、游戏等多种方式引导幼儿感知数词与数量之间的关系，帮助幼儿理解某一数词所代表的数量。例如，在过渡环节，通过与幼儿一起玩手指游戏，帮助幼儿感知手指这一物群的数量与数词之间的关系。如儿歌《五只猴子荡秋千》，不只是体现了从 5 到 1 的数序，而且因为有手指所代表的小猴子或小鸭子的数量的变化，生动有趣地将数词与实物数量之间建立了对应关系，从而为幼儿理解所数出的数包含多少物品提供了感性经验。

(3) 帮助幼儿按物点数

按物点数是幼儿计数的基本方式。在小班阶段，教师的任务是帮助幼儿学会手口一致地点数并说出总数。小班幼儿刚开始无点数技巧，乱点乱数。教师应训练幼儿手口一致地点数物体。数数时，一般用右手食指从左往右数或者从上往下数，点一个数一个。

大多数小班幼儿并不知道最后点出的那个数就是集合的总数，当你问他这个集合总共有多少个时，要么沉默，要么再数一遍，要么随便说个数。怎样帮助幼儿在点数时说出总数，教师可以采取以下步骤：第一，幼儿点数，教师说总数；第二，点数后由教师与幼儿一起说出总数；第三，教师点数，让幼儿回答“一共是几个?”第四，幼儿自己点数后自己说出总数。

(4) 帮助幼儿掌握复杂的计数策略

在幼儿能手口一致点数并说出总数后，教师要帮助幼儿掌握更为复杂的计数策略，这些策略包括顺数、倒数和按群计数。顺数就是按照自然数列的正向顺序进行数数，如 1、2、3、4……倒数是按照自然数列的反向顺序进行数数，如 9、8、7、6……按群数数是以数群为单位进行 2 个或者 5 个、10 个一组地计数。这些计数策略的掌握有助于幼儿运算能力的提高。倒数可以按照这样的步骤进行：看着实物数→看着数字数→熟练地倒数，具体方法：①结合实物教具学习倒着数；②顺口溜方式数；③倒接数；④接龙。

教学活动案例 5-1

给娃娃送水果（小班）

设计意图：

根据小班幼儿的学习认知水平，选择合适的计数材料，可以增加他们对计数的兴趣，并提高准确性。本活动采用了幼儿生活中常见的苹果、香蕉、橘子三种水果来练习计数，然后在此基础上，比较数量的多和少。

活动目标：

1. 认知目标：能用一一对应的方法比较两组物体数量的多、少和一样多；
2. 技能目标：能边操作边用简单的语言讲述，会按要求整理活动材料；
3. 情感态度目标：体验数学中计数的乐趣。

活动准备：

1. 物质准备：娃娃图片、苹果 3 个、香蕉 2 个、橘子 2 个、挂图；
2. 经验准备：熟悉并能识别常见的水果。

活动过程：

一、开始部分：

谈话：小朋友，今天老师给你们带来了礼物，想知道是什么礼物吗？请一名幼儿摸一摸是什么礼物，引起幼儿学习的兴趣。

二、基本部分：

1. 出示实物水果，引导幼儿感知3以内的数，同时学习比较两组物体数量的多、少和一样多。

(1) 出示苹果，教师提问：苹果是什么颜色的？是什么形状的？有什么味道？有几个苹果？苹果和小朋友们比较谁多，谁少？

(2) 出示香蕉，教师提问：香蕉是什么颜色的？长什么样子？有什么味道？有几个香蕉？苹果和香蕉比较，谁多，谁少？

(3) 出示橘子，教师提问：橘子是什么颜色的？长什么样子？什么味道？和香蕉比较，一样多吗？

2. 出示挂图，引导幼儿感知3以内的数，进一步学习比较两组物体数量的多、少和一样多。

出示挂图，教师提问：图上都有什么？红花和黄花各有多少？它们一样多吗？树有几棵？气球有几个？树和气球比较一样多吗？气球和红花比较谁多，谁少？

小结：小朋友表现的真棒，学会数数了，会两物体间比较多、少和一样多了，现在我们放松一下吧。

3. 做游戏《拍蚊子》学说数字：拍蚊子，拍蚊子，拍拍拍，啪。边说儿歌边拍手，啪几下拍几个蚊子，说出数字，引导幼儿拍手。

三、活动结束：

以游戏的形式开火车带领幼儿到院子中活动。

- 活动评析：

本活动设计符合小班幼儿的身心发展特点和认知水平，教师指导由易到难，由简到繁，层层递进，然后结合挂图进行了数量的比较。

教学活动案例 5-2

上上下下的电梯（大班）

设计意图：

前10个数字的顺数和倒数，在我们日常生活中经常遇到，所以帮助幼儿正确地顺数和倒数10以内的数字，是数学教育的一项重要内容。乘电梯上楼和下楼是幼儿经常遇到的事情，上楼练习顺数楼层数，下楼练习倒数楼层数。

活动目标：

1. 认知目标：学习比较1~10顺、倒数的异同；

2. 技能目标：能从任意一个数开始说出顺、倒数的排列顺序；

3. 情感态度目标：体验生活中顺、倒数运用的乐趣。

活动准备：

1. 物质准备：楼房图（10 层楼）、小猴、铅笔、1~10 的点子卡和数卡；

2. 经验准备：能够准确熟练地进行一一点数。

活动过程：

一、给小猴子家的楼房编号。

1. 教师出示一幢有十层的楼房图，请幼儿为小猴家的楼房编楼层号。

教师：小猴家的楼房有几层？我们帮助小猴把这幢楼的楼层编号吧。

2. 请幼儿用数卡逐层贴上楼层号，贴好后说说每层的顺序，小猴家住第十层。

3. 教师引导幼儿观察后总结：从下往上数楼层时，表示楼层的数字一个数比一个数多 1；从上往下数楼层时，一个数比一个数少 1。

二、以“小猴回家”为由，说出顺数的排列顺序。

1. 请幼儿想一想、说一说小猴回家乘坐电梯上楼时经过的楼层。

2. 集体按顺序说出小猴经过的楼层。

三、以“小猴上学去”为由，说出倒数的排列顺序。

1. 请幼儿想一想、说一说小猴上学乘坐电梯下楼时经过的楼层。

2. 教师移动小猴，幼儿按顺序说说经过的楼层。

四、生活中的顺、倒数。

讨论：说说倒数在生活中的运用——火箭发射、红绿灯、微波炉等。

- 活动评析：

本活动来源于我们的生活，对幼儿来说，上下电梯是日常生活中常有的事情。学习是为生活服务的，在生活中不断学习是本活动设计的一大亮点。本活动通过“小猴回家”上楼来练习顺数，通过“小猴子上学去”下楼来练习倒数，然后活动又延伸到生活中的红绿灯倒数秒数等现象，拓展幼儿对顺数和倒数的应用，教学效果较好。

2. 认识基数含义的教学活动指导

《指南》目标中仅对小班幼儿提出掌握基数概念的要求，小班基数概念的目标涉及手口一致地点数，说出总数和按数取物。按数取物是幼儿能根据他人的要求从一堆物体中取出一定数量的物体。按数取物是掌握基数概念的标志。[①] 教师可以按照这样的顺序进行按数取物教学：按照范例数量取物、按照数词取物、按照数字取物。认识基数含义的教学形式也可多样化，既可以分小组进行，也可以以个体形式

① 李季湄，冯晓霞.《3—6 岁儿童学习与发展指南》解读. 北京：人民教育出版社，2013 年，p. 134.

进行，还可以在集体教学中进行。现从集体教学的角度对认识基数含义教学步骤进行简单阐述。

（1）说总数并与数字对应

教师出示一定数量的实物或实物卡片，请幼儿说一说数量是多少。在幼儿说出物体总数之后，教师贴上或者在白板上写上相应的数字，如教师在给幼儿呈现3只小狗的图片之后，问幼儿图片中有几只小狗，可以用数字几来表示，然后在图片旁边贴上“3”或者写上“3”。在幼儿初步感知数字“3”之后，教师再出示相同数量的别的物体，问幼儿数量是多少，可以用数字几表示，反复几次，让幼儿进一步理解3的实际含义，知道数量是“3”个的任何物体都可以用数字“3”表示。

（2）按范例取物

教师呈现3个物体，要求幼儿从提供的物体中拿出跟范例数量相等的物品。教师首先提问幼儿教师拿了几个物品，然后发出指导语：请你拿出跟老师一样多的×××。此过程也可以反复几次，巩固幼儿对数的理解。教师还可充分调动幼儿的观察力和已有经验，寻找和回忆周围生活中哪些物品的数量与教师拿出的物品数量是相等的。

（3）按数取物

教师发出指令，幼儿操作。此时，教师应调动幼儿所有的感觉器官进行操作，如教师可以说“请你跺3下脚”、“请你拍3下手”、“请你转3圈”、“请你摸3下头”、“请你拿出3个苹果”，等等。教师也可以创设情境，让幼儿学习按数取物，如“小猴过生日了，我们要给它送礼物，每个人要给它送3件礼物，请你挑出3件礼物送给小猴”。

教学活动案例 5-3

小鱼一样多（中班）

设计意图：

《幼儿园教育指导纲要》（试行）对幼儿园的数学教育活动提出了新的规定和要求，即“能从生活和游戏中感受事物的数量关系并体验到数学的重要和有趣……”中班初期的幼儿仍有着小班幼儿的学习特点，所以在中班初期的数学教育活动中，比较适宜采用游戏方式，让幼儿在游戏情境中反复操作，从而建构数的概念。

选择既简便又符合幼儿兴趣的操作材料是本次设计的一大宗旨。在平时的区域活动中，我们发现孩子们很喜欢玩夹夹子的操作游戏，于是我们通过一次“把木夹变小鱼”的美术活动，和孩子们一起完成了本次操作活动的主要学具——小鱼，然后选用了随手可得的筷子，设计了晒小鱼、变小鱼、包装小鱼等一连串的游戏活动，旨在通过这些游戏促使幼儿主动练习用“添上”或“去掉”的方法把不一样多的数量变成一样多的数量，学习6以内数量多少的比较，让幼儿在游戏中既自然地形成数概念，同时满足夹夹子的游戏愿望，锻炼了手部的小肌肉力量，使数学活动更具有趣味性。

活动目标：

1. 认知目标：在正确感知6以内数量的基础上学习比较6以内数量的多少；

2. 技能目标：学习用“添上”或“去掉”的方法把“不一样多”变成“一样多”；

3. 情感态度目标：在游戏中体验数学活动的乐趣。

活动准备：

1. 物质准备：

教具：1~6的数字卡；5条红鱼和3条蓝鱼的示意图三张；红、蓝水彩笔各一支；进场音乐和游戏进行时的音乐各一段。

学具：红、黄、蓝、紫色小鱼若干（木夹子染上颜色、画上眼睛当小鱼）；筷子人手两根；包装错误的小鱼若干份（卡纸中间写有1~6中的任意一个数字，卡纸边上夹上与中间数字不一样多的小鱼）；大箩筐一个；小箩筐3个；小水桶24个。

2. 经验准备：

在日常生活中幼儿已会辨认1~6的数字；会正确区分红色和蓝色；幼儿会使用木夹子；幼儿会念“晒鱼”的儿歌。

活动过程：

一、师生拎小鱼桶入场，激发幼儿活动兴趣（幼儿拎着装有红色、蓝色小鱼的小桶在室外排队）。师生一起跟随音乐愉快入场。

二、游戏一：晒小鱼（红色），会准确地进行手口一致点数并说出总数（数量尽量控制在6以内）。

1. 老师讲解“晒鱼”游戏的规则和要求。

2. 师生一起在音乐声中“晒小鱼”，老师提醒幼儿边晒小鱼边点数。音乐停的时候，大家都停止“晒小鱼”。

3. 幼儿数数自己晒了几条红色小鱼。

4. 请个别幼儿说说自己晒的小鱼数量。

5. 老师举1~6的数卡，每举一个数卡，请晒了相应数量小鱼的幼儿站起来展示一下。

三、游戏二：变小鱼，学习用“添上”或“去掉”的方法把不一样多的变成一样多。

1. 幼儿尝试着把自己的红色小鱼变得跟老师的一样多。

（1）老师出示自己晒的一串红色小鱼（数量为5），请幼儿一起数一数，老师晒了几条红鱼？

（2）请幼儿比一比自己晒的小鱼数量和老师晒的小鱼数量，谁多？谁少？

（3）启发幼儿想一想用什么办法把自己的小鱼变得跟老师的一样多？

（4）幼儿操作，老师个别指导。

（5）请幼儿说说自己用什么办法把小鱼变得跟老师的一样多？老师小结。（丰富词语“添上”）

2. 师生晒蓝色小鱼

（1）师生在音乐声中比赛“晒鱼”（游戏规则同上面晒红鱼的规则）。

（2）音乐停的时候，停止“晒鱼”，请幼儿轻声、快速地数数自己晒了几条蓝色小鱼。

3. 幼儿尝试把自己的蓝色小鱼变成和老师的一样多

（1）数数老师晒了几条蓝色小鱼？（老师出示自己晒的蓝色小鱼，数量为3）

（2）引导幼儿想一想，用什么办法把自己晒的蓝色小鱼变得跟老师的一样多？

（3）幼儿操作，老师个别指导。

（4）请幼儿说说自己用什么方法把蓝鱼变得跟老师一样多？老师小结。（丰富词语“去掉”）

4. 幼儿练习用“添上”或“去掉”的方法把自己的红色小鱼和蓝色小鱼变得一样多

（1）请幼儿比一比自己的红鱼和蓝鱼，谁多？谁少？

（2）引导幼儿想一想能用几种方法把红鱼和蓝鱼变得一样多。

（3）幼儿操作，老师个别指导。

（4）请个别幼儿说说自己的方法，老师出示相应的“添上”或“去掉”的示意图。

5. 请幼儿把自己的红鱼和蓝鱼放在小桶里，师生一起送到指定的地方。

四、游戏三：包装小鱼，练习用“添上”、“去掉”的方法把不一样多的变成一样多。

老师讲解游戏规则：“食品加工厂有一批小鱼不符合包装要求，每一份小鱼数量与包装纸上的数字不一样多，要求把每一份小鱼数量变得和包装纸上的数一样多。包装对了就放到盒子里。”幼儿按“包装纸”上的数字进行纠错操作，老师提醒幼儿互相检验。

五、结束整理，分享游戏的快乐。师生一起整理学具，退场。

- 活动评析：

在没有涉及数学符号的情况下，采用一些“拿掉”、“添上”的词语来帮助幼儿理解数量的关系，进行数量的转换。教师通过三个游戏的方式帮助幼儿体会数数、添加、去掉相应的数量后变成一样多，幼儿在游戏中体会到了数学的乐趣。

3. 数的守恒教学活动指导

数的守恒是指幼儿对数量的认识不受物体形状、颜色、大小、排列方式等其他属性的影响。对幼儿进行数的守恒的教育，可以以游戏的方式进行，如“魔术变变变”：教师先呈现排列有规律的 10 只兔子布偶娃娃，问幼儿有几只兔子，然后趁幼儿不注意时，做拿走的动作，把它们堆放在一起，然后再问幼儿还有几只兔子。此游戏可以反复几次，可变化材料或者变化材料的其他属性。也可以组织专门的教学活动。在专门的集体教学活动中，教师在教学之初应注意控制其他变量对幼儿数守恒认识的影响。具体步骤如下：

第一，教师呈现只有一种变量相异的两组物体，如颜色、大小、形状都相同，但排列形式不一样的两组物体，请幼儿比较，哪组数量多，哪组数量少，为什么？通过反复几次的操作、提问和小结，引导幼儿初步感知物体的数量不受排列方式的影响。图 5-1 是排列形式不一样的金枪鱼。

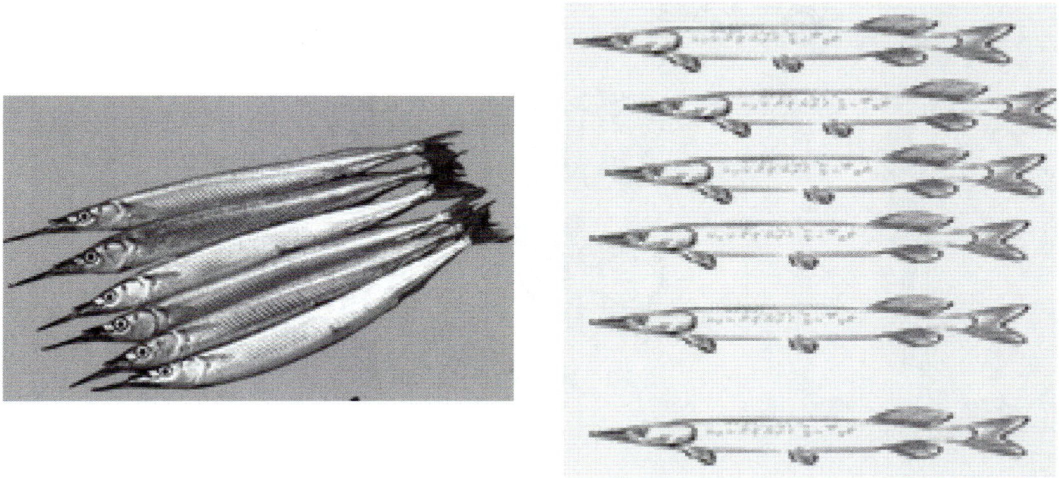

图 5-1　排列形式不一样的金枪鱼

第二，教师呈现属性各异的材料让幼儿进行比较练习，在此过程中让幼儿感知物体的数量不受物体颜色、大小、形状等属性的影响。首先，教师引导幼儿进行比较，发现两种材料属性的异同与数量的关系。然后让幼儿进行分类，把数量相同的放在一起，并请幼儿说明分类标准，如图 5-2 所示。

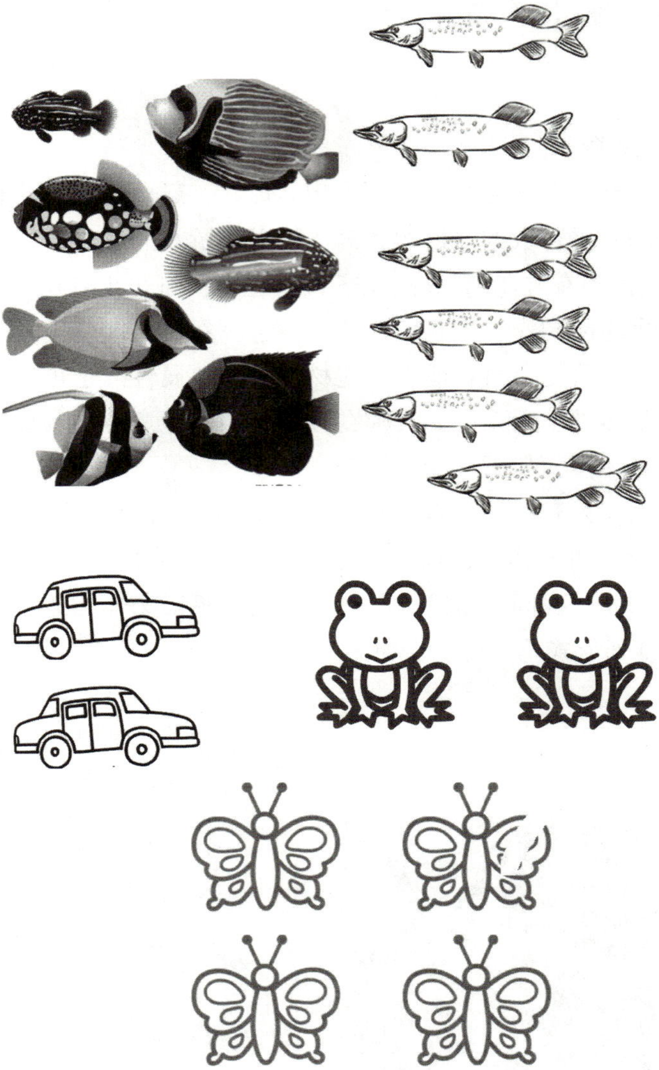

图 5-2　属性各不同的物体

教学活动案例 5-4

变化的队形（中班）

设计意图：

数量的守恒对部分幼儿有一定的难度，当随着物体的形状或摆放方式的改变，有部分幼儿不能够明白数量的不变性，总是认为数量也在改变，这是一种直觉的反应。为了帮助幼儿真正理解数量守恒的概念，教师采用“队形的变化”的游戏，给予幼儿实际动手操作的机会，让幼儿自己去总结出数量不变。

活动目标：

1. 认知目标：能不受物体形状、大小排队形式的干扰，正确感知 10 以内的数量；

2. 技能目标：探索用动物积木排出各种队形；

3. 注意倾听同伴的发言，并能用语言表达自己的想法。

活动准备：

1. 物质准备：教具：活动 PPT、数字卡片；

学具：动物积木若干，记录卡若干；各组一份大的记录单。

2. 经验准备：能够准确计数 10 以内的数。

活动过程：

一、感受数的守恒。

1. 师：森林里将要举办一场音乐会，小动物们都忙着准备自己的节目。你们看，它们排的队形多漂亮！（在 PPT 中演示小动物的队形。）师：大狮子排的是什么队形，我们用磁铁来摆一摆，再记录下来（引导幼儿用线条和圆形来记录）。依次把兔子和小鸭子的队形记录下来。

2. 教师出示排列成三种队形的动物图片。

师：舞台上有哪些动物？排出了什么样的队形？你觉得哪个队形的动物最多？哪个队形的动物最少？为什么？（幼儿讨论）

3. 用幼儿的方法验证。（请幼儿选择正确的数字匹配）师：原来数数能让我们知道数量的多少，能够让我们知道谁最多谁最少，是一个又好又正确的方法呢！

二、引导幼儿运用已知经验正确判断 10 以内的数量。

1. 动物们的队形变换一下，即把紧密的队形拉大、拉开，松散的队形集中，再次引导幼儿进行判断。

师：动物们这次又变换了队形，这次又是谁最多，谁最少？（演示 PPT）幼儿相互交流、表达。

2. 教师引导幼儿发现：比较数量的多少，要进行点数，在数量不变的情况下，不管队形如何变，它的数量既不会增多也不会减少。

三、幼儿操作。

师：今天我们也要给小动物排队，请你根据操作卡的数字，拿出一样数量的小动物，给它们排出你喜欢的队形，再记录下来，然后贴在相应的数字下。出示大的记录纸给幼儿操作。

展示各组幼儿的记录纸，引导幼儿观察验证。

师：用了几只小动物，排的是什么样的队形？集体验证。

四、针对幼儿操作中的问题讲评。为小动物设计更多的队形。

● 活动评析：

本活动过程中，教师不断给予幼儿“尝试”的机会，无论幼儿的结论正确与否，都按照幼儿的方法去验证，然后帮助幼儿推翻错误的结论，逐步建立数量守恒的正确概念。教师的引导在本活动中显得尤为重要，正确的结论是通过不断尝试错误得出的。

二、序数教学活动指导

（一）教育目标与内容

理解序数的含义，能用序数词正确表示10以内物体排列的次序。

（二）序数教学活动指导

1. 在生活和游戏中进行序数指导

在生活和游戏中，有许多情景需确定顺序和位置，教师可以创设和利用情景提问幼儿有关序数的问题。例如：在进餐环节，教师可以有意识地提问幼儿：“你是第几个吃完饭的？”在户外游戏时，教师可以在整队环节中提问幼儿：“从前面数，你是排在第几个？”

2. 序数教学时应关注的几个方面：

①序数的方向：从左到右（习惯），从右到左（特定条件），从上到下，从下到上。

②如何使幼儿理解从什么方向数起？可设立标志物：树、旗子等。

③序数语言的正确表述。____排在第__；排在第__的是____（可让儿童在日常生活和活动的排队中练习使用）。

④序数教学应注意的问题：

a. 明确从哪个方向数起，按什么方向数；

b. 教具排列多样化；

c. 循序渐进：（先一维：不同物体→同种物体（编号），再二维：剧院找座位）；

d. 分清基数和序数。

3. 集体教学步骤

①教师创设情境，导入序数教学。

②序数的教学：

a. 教师或幼儿示范，在示范过程中，应引导幼儿明确序数的确定与方向密切相关。

b. 引导幼儿区分基数和序数的差异。

③在各种情景中运用序数。

教学活动案例 5-5

运动场上（中班）

设计意图：

序数的学习是在幼儿掌握基数的情况下进行的，在理解数字、数量的概念后，再给予一系列的具有一定排列次序的事物，帮助幼儿理解“第几”的概念。本活动通过“运动场上的跑道”来认识序数，然后根据幼儿教育游戏性的特点，设计了“赛跑”的游戏。

活动目标：

1. 认知目标：认识 1~10 的序数，初步学习从不同的方向确定物体在序列中的位置；

2. 技能目标：会用序数词较准确地表示物体在序列中的位置；

3. 情感态度目标：能倾听别人的发言，关注和学习同伴确定物体位置的方法。

活动准备：

1. 物质准备：磁性板（或泡沫板），上面纵向画有 10 条跑道；教学挂图，包含 10 种动物（磁性或卡片），木偶大象（裁判），1~10 大小数卡各一套（小数卡用于记录最后动物比赛的结果，大数卡用于记录跑道的位置）；

2. 经验准备：熟练掌握 10 以内的基数。

活动过程：

一、引导幼儿观察运动场上有些什么。（将动物随意散放在跑道上，不与跑道对应）

1. 教师出示磁性板，引导幼儿观察。

师：这是什么地方？有些什么？（运动场、跑道，还有许多动物）

2. 引导幼儿观察跑道，确认各条跑道的序号。

师：数一数一共有几条跑道？（请个别幼儿说一说，然后再集体点数）

师：哪条跑道是第 1 道？你是怎么知道的？（从左边开始数依次指其右边相邻的跑道，问这是第几条跑道，再依次一直到第 10 条跑道）

3. 引导幼儿用数字标出跑道的位置。

师：谁会用数字给每条跑道做个标记呢？（请一位幼儿来操作）教师手指跑道上的数字 5：“5”放在这里表示什么意思？我们平时用“5”可以表示什么？

教师再指一个7："7"在这里表示什么意思？(再次帮助幼儿理解数字在序列中的意义) 现在你知道数字有几个作用了？(有两个作用：一是表示物体的数量，二是表示物体的位置)

二、帮助小动物做赛前准备。

1. 教师出示木偶大象，以裁判的身份提出赛道准备的要求："请运动员站在自己的跑道上，做好比赛准备！第1道，小兔"。请个别幼儿上来帮助小兔找到自己的跑道并站好，再把其他动物放在不同的跑道上。(不要按照顺序说，让幼儿找出对应的跑道)

2. 请幼儿帮助大象检查小动物们站得是否正确，并引导幼儿说说小动物各自站在第几跑道上。

三、比赛开始后引导幼儿判断比赛的情况。

1. 教师移动动物的位置让幼儿看看比赛中的情况。

师：比赛进行了一半，小朋友看看是谁跑在第1位？你是从哪里看出来的？(离终点线最近的是第1位) 再看看其他动物各跑在第几位？

2. 再次移动动物位置，展示比赛结果，鼓励幼儿仔细观察，判定每个动物比赛的成绩。

师：比赛结束了，谁得了第一名？其他动物各自得了第几名？第几跑道的什么动物跑在第几名？

3. 尝试用数字记录动物们比赛的结果。

师："谁能告诉大家参加运动会的小动物，它们各自得了第几名？"(集体说一说动物们比赛的结果) 师幼讨论：这次比赛小猫有两个数字朋友 (表示跑道位置和比赛结果)，它们各是什么意思？(站的道次，比赛所得的名次)

- 活动评析：

本活动把室外的体育游戏搬到了教室里面，缩小比例模拟"运动场"的情景，幼儿可以更加集中注意力，更清楚地了解"运动场的跑道"，巧妙地把体育游戏和数学游戏结合起来了。在教学过程中，教师利用"第几个跑道"和比赛得了"第几名"两种方式一步步强化幼儿对序数概念的理解，达到了较好的教学效果。

三、相邻数教学活动指导

(一) 教育目标与内容

感知和理解三个相邻数多1和少1的关系，知道10以内各个数的相邻数。

（二）相邻数教学活动指导

相邻数的教学不是要求幼儿机械记住各个数的相邻数，而是要理解相邻数之间多 1 和少 1 的关系。教师先引导幼儿在感知和理解两个相邻数之间关系的基础上再感知和理解三个相邻数的关系。在相邻数的教学中，教师讲解语言和图式的呈现方式是关键，教师应出具竖式排列的教具，以中间位置的物体为中心进行讲解，引导幼儿观察比较。（图 5-3）

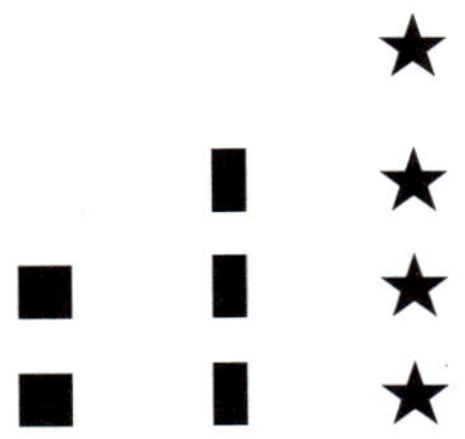

2　3　4

图 5-3　竖式排列的教具

在教学时，可以先从单个物群的数量变化开始。例如，先呈现 4 个圆形，让幼儿数数一共有多少个，在幼儿回答正确之后，教师说“我再添上 1 个圆形，现在一共有多少个圆形了？”幼儿再次计数得到正确答案后，问幼儿：“刚才是 4 个圆形，现在怎么变成 5 个圆形了？”通过提问变化的过程，引导幼儿关注 4 和 5 之间的关系。

在幼儿基本掌握单个物群数量变化后，可以进行两个物群的数量变化。

在教学过程中，教师应该注意变换使用“添上”、“加上”、“拿走”、“减去”、“去掉”等教学语言，以帮助幼儿理解描述同一情景的不同词汇。另外，在每次活动结束后，教师一定要用准确清晰的语言总结刚才所展示出的数之间的关系，如“4 个再加上 1 个就是 5 个。”

具体步骤如下：

①感知两个相邻数之间的转换关系；

②出示相邻数的实物或教具图，认数；

③引入观察，比较前后两个相邻数之间的关系；

④小结，进行 3 个相邻数之间的连续比较讲解；

⑤操作，巩固幼儿对相邻数的认识。

教学活动案例 5-6

给朋友送信（中班）

设计意图：

“一一点数”和“相邻数”是中班幼儿数学教育的重要内容，本活动围绕“小瓢虫”展开了点数、相邻数的数学游戏。教师首先给幼儿“点数”的机会，然后再帮助幼儿理解相邻数的关系，最后提供幼儿自己操作的机会。

活动目标：

1. 认知目标：能正确判断 9 以内的数量；
2. 技能目标：通过“添上”或“去掉”的方法感知相邻两数多 1 少 1 的关系；
3. 情感态度目标：体会数学操作活动的乐趣。

活动准备：

1. 物质准备：难易程度不同的操作卡若干、教学挂图；
2. 经验准备：能够正确计数出 10 以内的数。

活动过程：

一、正确判断 9 以内的数量。

1. 教师出示教具瓢虫。

师：春天到了，瓢虫们都出来玩儿了。我们来认识一下它们吧！教师出示有五个点子的瓢虫说：我身上有 5 个点子，我叫 5 星瓢虫，小朋友们好！也认识一下我的好朋友们吧！你知道它是谁吗？怎么知道的？（幼儿因为它的身上有____个点子。）

2. 教师出示教具房子，引导幼儿观察。

师：它们玩累了要回家了，看这就是它们的房子，瓢虫告诉了老师一个小秘密说，他是几星瓢虫，它就住在几号房子里，你们知道它们都住在哪个房子里吗？

3. 教师引导幼儿按瓢虫背上的点数寻找相应的房子。

师：快来把它们送回家吧！（请 5 名幼儿上来把瓢虫送回家）

师：快来看看它们都到自己的家了吗？集体验证。瓢虫们说谢谢你们！

二、理解相邻两数之间的关系。

1. 再过几天瓢虫们就过生日了，朋友们都写信来祝贺他们呢，可是寄出去的信却被退回来了，这是怎么回事儿呢？快帮忙看一看。到底是哪里出问题了。（引导幼儿发现信封上的点子和数字不一样）你有什么好办法？（引导幼儿用添上的方法把点子和数字变得一样多。

（幼儿：把数字改过来）谁还有更好的办法。添上一个点子。嗯，这个办法不错，现在点子和数字一样多了吗？

2. 怎样才能变得一样多呢？引导幼儿想办法。

这里还有一封信。这封信又出现了什么问题呢？（引导幼儿用添上的方法把点子和数字变得一样多。）

3. 教师引导幼儿总结：比6多1的是7，比7少1的是6。现在信已经改好了，请两名邮递员快把信送到瓢虫的家吧！

三、幼儿操作。

1. 师：看老师这里还有好多的信呢？出示第一张操作卡，这些信上的地址对吗？待会儿请你仔细地看一看，想一想，做一做。这些信是送给这些瓢虫的，这些信的地址对吗？请你先把信上的地址改好，然后，把这些信送给瓢虫们。这些信做起来比较容易，我们用一个苹果来表示，这些信邀请小朋友动动脑筋了，我们贴两个苹果，有兴趣的小朋友可以来挑战一下。现在请你轻轻地把小椅子搬到位置上帮助他们送信吧！

2. 幼儿操作：教师给予指导。请先做好的幼儿跟其他的好朋友说说自己是怎么做的，并互相检查。检查好的小朋友把自己的操作卡放在桌子下面，小组长把铅笔收起来。

- 活动评析：

这个活动设计的巧妙之处就是利用了“小瓢虫”背上的黑点，与相应的数字联系起来，不仅能够实物点数，而且能直接进行点数比较多少，并“添加”或者“去掉”变成一样多。活动逐渐深入，吸引了小朋友的注意力，提供给幼儿自己操作的机会，教学效果好。

四、幼儿数的组成教学活动指导

（一）教育目标与内容

理解数的组成的含义，知道1以上各个数都可以分成两个数，两个数合起来就是原来的数；知道一个数比它分成的两个数都大，分成的两个数都比原来的数小；懂得分成的两个数之间的互换和互补关系，并掌握10以内各个数的全部组成形式。

（二）数的组成教学活动指导

在进行10以内数的组成的教学活动指导时，首先，在幼儿操作的基础上演示、讲解。其要点是实物的分合到数的分合，并向幼儿介绍分合记号：“∧”。然后，引导幼儿发现规律：操作中探索；观察中发现；及时小结互换关系和互补关系。最后，游戏中反复练习。

1. 教师创设情境，出示教具，引导幼儿操作

情境：分糖

指导语：你们每人都有 5 颗糖，要分两次吃，你想怎么分？第一次吃几颗？第二次吃几颗？

教学指导步骤：教师先发给每个幼儿 5 颗塑料糖，引导幼儿操作，操作完之后请幼儿说一说自己是怎么分的，教师在白板上分解演示并进行小结。演示时图片和数字并行，如图 5-4 所示。

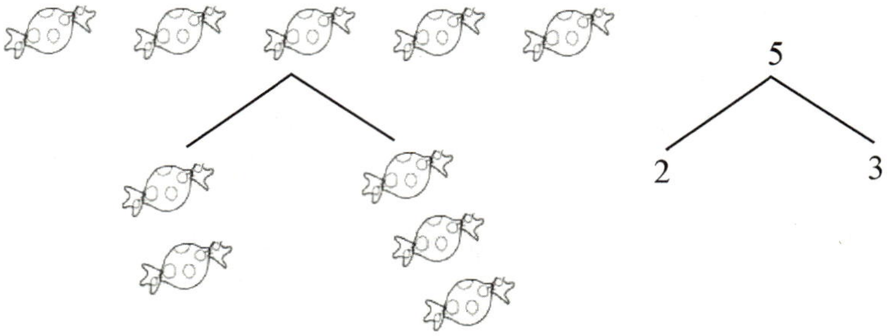

图 5-4　分糖果

2. 引导幼儿发现数的组成规律

数的组成中蕴含了整体与部分，数与数之间的互补和互换关系。数的组成不仅仅是让幼儿机械记住几可以分成几和几，还要理解它们之间的关系。教师出示图 5-5，引导幼儿观察发现整体数和部分数、部分数与部分数之间的关系。

小白	小黑	7	
× × × × × ×	×	6	1
× × × × ×	× ×	5	2
× × × ×	× × ×	4	3
× × ×	× × × ×	3	4
× ×	× × × × ×	2	5
×	× × × × × ×	1	6

图 5-5　7 的组成图

3. 多种形式练习数的组成，巩固数的组成的含义

（1）儿歌

教师可以选择各种各样关于数的组成的儿歌和幼儿一起边唱边做动作。

1、9、1、9，好朋友，
2、8、2、8，手拉手，
3、7、3、7，不分离，
4、6、4、6，是一伙，
5、5，正好一双手。

（2）找数卡

每人一套1~10的数字卡片，教师要求幼儿随意找一张数字卡，然后再找另一张可以与它凑成10的数字卡，凑9的数字卡，依次类推，反复进行。

（3）涂色练习①

如图5-6所示，在合起来是5的地方涂上喜欢的颜色，涂对了就有小动物和你做朋友。

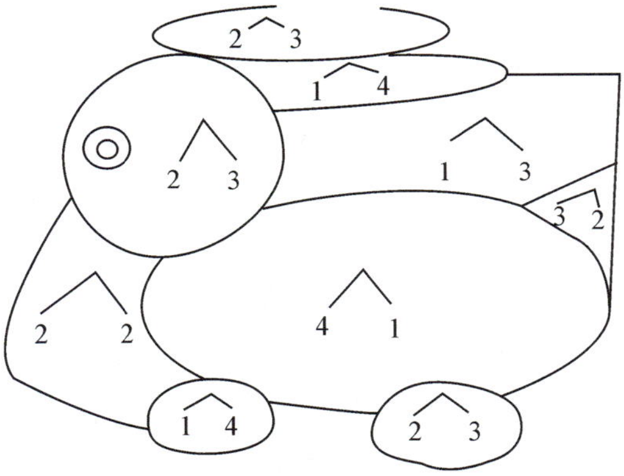

图5-6　涂色练习图片

教学活动案例5-7

5的组成（大班）

设计意图：

数的组成包括数的合成与分解，这是学习加减运算的基础。学习数的组成有助于培养幼儿的逻辑思维能力，在幼儿学习初期，一般都是要结合实物来完成的，把抽象的数字具体化是幼儿数学教育的一个重要途径。本活动运用“卡片”游戏来学习“5的组成”，符合幼儿的认知规律。

① 张更立. 幼儿园数学教育活动设计与指导［M］. 合肥：安徽大学出版社，2014年，p. 141.

活动目标：

1. 认知目标：通过动手操作掌握5以内数的组成，熟练地说出5以内数的组成；

2. 技能目标：增强幼儿的观察、操作、表达能力，初步的自学能力，初步的迁移类推能力；

3. 情感态度目标：培养幼儿积极动脑思考的学习品质，及合作互助、创新意识和评价意识。

活动准备：

1. 物质准备：5的分成PPT，数字、点子、实物卡片；

2. 经验准备：能够初步进行4的分成。

活动过程：

一、创设游戏情境，小组学习5的组成。

师：嘿嘿我的火车1点开，你的火车几点开？（复习4的分成），咔嚓、咔嚓，火车开到了草原上，看，它们是谁啊？一共有几只小羊呢？小羊们在青青草原上玩累了，到这2个房子里休息，你们会怎么帮它们安排呢？

二、用数字记录5的分合。

1. 师生讨论5的分成，老师记录下来。

师：5有几种分法呢？对，5有4种分法，我们一起来读一读。下面我们来看分合号的两边，左边的一部分和右边的一部分，我们先来看左边的一部分，你们发现它们有什么规律，（不会提示1234），是按什么顺序，按从小到大的顺序，就跟小朋友排队，小个子在前面，大个子在后面一样，2比1多1，3比2多1，4比3多1，是按从小到大的顺序排列；我们再看右边是按什么顺序，从大到小的顺序，小朋友记住了5的分成一共有4种分法。

2. 巩固5的分成。

师：我们一起来看5的分成，如果我们横过来看的话，你们能发现什么？哪里是一样的？5分成4和1，只要交换位置5分成1和4，虽然交换位置但是分成是一样的。老师写5分成2和3，请小朋友快速地回答我，还可以怎么分呢？5可以分成3和2。小朋友真棒，太聪明了！

三、游戏“找朋友”，复习5的分成。

1. 师：我们一起来玩个“找朋友”游戏，老师这里准备数字卡片、点子卡片、实物卡片，等会儿每个小朋友拿一个自己喜欢的卡片，贴在身上，去找你对应的好朋友，好朋友的卡片和你的卡片合起来要是5，知道了没有？数字卡片的小朋友找数字卡片，点子卡片的小朋友找点子卡片，实物卡片的小朋友找实物卡片。找到好朋友一定要看一看，你跟好朋友的卡片合起来是不是5。

2. 找不一样的好朋友，合起来是5。

3. 小朋友还想不想玩呢，我们到外面一起去玩好不好？

- 活动评析：

在复习“4的组成”的基础上，又增加了1个数，从相邻数“多1”开始，教师逐步引导幼儿把“5”进行分解与合成。在活动过程中，教师开展了卡片游戏，有助于吸引幼儿的注意力，激发幼儿的学习兴趣。

五、幼儿加减运算教学活动指导

（一）教育目标与内容

初步理解加减的含义，能通过实物操作或其他方法进行10以内的加减运算。

（二）加减运算教学活动指导

1. 理解加减法的含义

教师借助直观教具和幼儿操作以及情境创设，引导幼儿初步理解加减法的含义。主要包括加法和减法的形式和运用情境，加法和减法的特征：加法就是合并、总共有多少；减法就是去掉、还剩多少、比谁多多少，比谁少多少。

2. 认识运算符号及算式

在认识加减含义之后，教师慢慢利用情境引出加号“+”、“-”、“=”等运算符号，并在具体情境和实物与符号之间建立对应关系。以加法为例，教师口头阐述情境“好好中午吃了3块蛋糕，默默吃了4块蛋糕，他们两个一共吃了多少块蛋糕？”阐述完之后，问幼儿，好好吃了3块蛋糕，用数字儿表示，等幼儿回答之后在白板上写数字“3”，继续问幼儿默默吃了4块蛋糕用数字儿表示，在白板上写上数字“4”，与“3”并排，并有一定的间隔用来添加符号。教师继续问：一共吃了多少块蛋糕是什么意思，可以用什么符号表示，在幼儿回答之后在3与4之间写上“+”号，并带领幼儿一起说：“3块蛋糕加上4块蛋糕用算式‘3+4’表示。”最后问，“他们合在一起一共是多少块蛋糕？”在幼儿回答“7”之后，教师把7并排写在后面，中间留有间隔用来写“=”。教师阐述“=”表示两边的数相等。如此创设情境几次，幼儿理解“3+4=7”的含义。理解减法符号的教法一样。

3. 运用运算符号

教师利用游戏、儿歌、情境应用题等形式让幼儿运用这些运算符号及算式进行运算。

第四节　幼儿数与运算能力发展评价

一、幼儿数与运算发展评价内容

对幼儿数与运算能力的评价包括“计数能力发展；基数含义的理解；序数含义的理解；相邻数及运算能力发展”等几方面内容。现将幼儿数与运算能力发展评价内容、评价指标列表5-2中。

表5-2　　幼儿数与运算能力发展评价表

<table>
<tr><th>年龄班级</th><th>评价内容</th><th colspan="2">评价指标</th></tr>
<tr><td rowspan="2">3~4岁</td><td rowspan="2">1. 计数
2. 认识基数</td><td>结果指标</td><td>1. 幼儿最大能数到几；
2. 数出的数词顺序是否正确；
3. 能否正确数出一个物群的数量；
4. 能按数取物的数量；
5. 能用数字表示物群的总数</td></tr>
<tr><td>过程指标</td><td>1. 何种情况下幼儿会运用数数技能；
2. 在数数时，手、头、口的动作；
3. 计数对象特征；
4. 运用何种策略计数；
5. 运用何种计数原则；
6. 何种情况下能说出10以内物群的总数</td></tr>
<tr><td rowspan="2">4~5岁</td><td rowspan="2">1. 序数
2. 相邻数
3. 数守恒</td><td>结果指标</td><td>1. 能说出2以上每个数的相邻数；
2. 能理解3个相邻数之间多1和少1的关系；
3. 能用序数词表示物体在物群中的位置和顺序；
4. 理解基数和序数的关系；
5. 理解物体次序和方向的关系</td></tr>
<tr><td>过程指标</td><td>1. 在何种情况下能理解相邻数多1和少1的关系；
2. 何种情境下运用序数；
3. 对哪些数量能达到守恒</td></tr>
</table>

续表

<table>
<tr><th>年龄班级</th><th>评价内容</th><th colspan="2">评价指标</th></tr>
<tr><td rowspan="2">5~6 岁</td><td rowspan="2">1. 数的组成
2. 加减运算
3. 复杂计数策略</td><td>结果指标</td><td>1. 能说出 2 以上各个数的组成形式；
2. 理解数的整体与部分、部分与部分之间的关系；
3. 能倒数、按群计数；
4. 能运用加法和减法解决实际问题；
5. 能根据具体的情境选择“+”、“-”等符号来表示；
6. 能根据算式编简单应用题</td></tr>
<tr><td>过程指标</td><td>1. 倒数的起始数是多少；
2. 按群计数时群的大小；
3. 何种情境下幼儿会运用运算解决问题；
4. 何种情境下会选择运算符号</td></tr>
</table>

二、幼儿数与运算发展评价方法及分析

（一）观察法

1. 计数能力观察

【案例 1】 佳佳（男，3 岁），佳佳上楼梯时，一边爬台阶，一边数数，每爬上一级，停下，数一个数，1、2、3、4、5、7、8、6，1、2、3、4、5、6、8、9。

【分析】 从此观察案例可以看出，佳佳能按照正确顺序计数出 5 以内的物群，并能说出总数，物群的特征是稳定排列的。佳佳能遵循一一对应计数原则、基数原则和固定顺序原则。

【案例 2】 平平（男，3 岁半）起床后，掰着手指头，边点头边数数“1、2、3、4、5、6、7、8、9?”他重新数数，这一次，数一个数，就弯一个手指头，最后数出 10。数完后，高兴地穿衣服。

【分析】 此男孩能够按照顺序点数 10 以内物体，并能说出总数，知道最后数出的数代表了物体的总数。能自主调整数数策略，从点头确认到弯起手指头来区分数过的和未数过的。

2. 基数认识能力观察

【案例 3】 果果（男，4.5 岁）在益智区玩数量接龙积木游戏。积木一面画有圆点，另一面写着比圆点数量多 1 的数字。果果先找出画有 1 个圆点，写有数字 2 的积木放在最左边，然后再找出画有圆点 2，写有数字 3 的积木排在它的后面，依

次类推，一直找出画有 9 个圆点，写有数字 10 的积木排在最后面。

【分析】上述片段表明，果果能够计数积木上圆点数量并识别数字，并能够按照数的顺序进行正确排序，能按数取物。

【案例 4】嘉豪（男，5 岁）手中拿着 4 个小气球对余欢说，我有 4 个气球，你有 4 只大象，我们俩的玩具一样多。“不对，我的比你的多，我的大象大，你的气球小。”余欢反驳嘉豪说。

【分析】从嘉豪和余欢的对话可以看出，嘉豪能够通过计数方式判断两个人玩具的数量，已经具备数守恒能力，而余欢还受物体大小特征影响，不具备数守恒能力。

3. 序数能力发展观察

【案例 5】下午离园时，斌斌（男，?）对妈妈说，“妈妈，今天早上不是跟你说过，要你第一个来接我吗，可你还是最后一个来接我。”

【分析】斌斌能够按照家长来园时间先后排出顺序，并用语言表达出来，说明此幼儿已经正确理解序数含义并能正确运用。

4. 数关系发展观察

【案例 6】在建构游戏区，小晨（男，?）和小浩两个人因积木多少发生争执，小晨说小浩积木多，小浩说两个人一样多，小晨说，那我们来数一数。他先数自己的积木并把它们挪到一边，“2、4、6、8、10、12、14、16”，然后再数小浩的积木，“2、4、6、8……18、20”。数完之后对小浩说，“你的 20 块，我的 16 块，你的比我多。”

【分析】小晨能采用计数的方法进行数量比较，解决游戏中的冲突，并能以数群 2 为单位进行数数。

【案例 7】晨间自由活动时，晓宁（女，6 岁）、晓玲（女，5. 5 岁）以及佳宇（男，5 岁）几个小朋友坐在一起闲聊，晓宁说：“我今天早上吃了 2 个馒头。”晓玲说：“我今天早上吃了 1 个馒头，喝了一杯牛奶。”佳宇说：“我就吃了 3 个馒头。”晓宁接着说，那佳宇吃的馒头最多，我第二，晓玲吃的馒头最少。佳宇比我多吃 1 个，晓玲比我少吃 1 个。”

【分析】晓宁能够理解 1、2、3 这三个数之间多 1 和少 1 的关系，并能在生活中运用。

【案例 8】教师播放音乐，要求幼儿根据节奏打拍子，老师出示此类节奏符号“××　$\underline{××}$”，问幼儿，这样的符号，是什么意思？我们要拍几下手？幼儿回答说，两声快，两声慢，我们要拍四下手。

【分析】全班幼儿能够在此游戏情境中进行 5 以内的表象水平的加法。

（二）访谈法

进行访谈时，教师需要创设一定的情境进行，现呈现几种谈话场景以供参考。

【案例9①】 全班集体做练习时，一个小男孩很快就完成了，并显得得意洋洋，我问他："能用3+1=4说一件事吗？"男孩拖着腔回答："3+1=4就是……3加上1等于4呀！"我接着问，"是3+1多还是4多？"他想了一会儿回答说，"那个老师不是这么问的。"我继续问，"为什么？""我爸爸没教过。""但是，我很想知道，你能告诉我吗？""应该是4多吧。""为什么？""……老师，你能不能不问我了？"他祈求地看着我。

【分析】 从此案例可以看出，此男孩并没有理解加法运算的真正含义，也没有理解运算符号"="含义，只是进行机械重复的计算而已。

【案例10】 现在，我们要去10层玩具城购物，坐电梯了，你们当电梯司机，报层数。要上楼了，现在是1层，接下来是几层，请接着报数。好了，购物完毕，我们要坐电梯下去，从10开始数，接着是几，请报数。

【分析】 创设此情境，与幼儿进行对话，是为了了解幼儿对数序的掌握，学会顺数和倒数。

【案例11】 吃饭之前，教师问幼儿，值日生今天要给大家分发筷子，请问"需要多少双筷子？""怎么数更快？"

【分析】 此谈话充分利用了生活契机，对幼儿按群计数能力进行评价。

【案例12】 教师唱蛤蟆歌："一只蛤蟆一张嘴，两只眼睛四条腿。两只蛤蟆两张嘴，几只眼睛几条腿？请幼儿对答，依次类推。

【分析】 利用儿歌测查幼儿以2、4为单位群数的能力。

【案例13】 整队，教师问幼儿，"从前面数，你是第几个？从左边数，你是第几个？从后边数，你是第几个？"

【分析】 利用体育游戏中的整队环节，对幼儿序数能力进行评价。

【案例14】 教师呈现5块红色积木和6块蓝色积木，问幼儿，"这里一共有多少块红色积木？有多少块蓝色积木？怎样让红色积木和蓝色积木一样多？"

【分析】 其目的是为了探查幼儿对数的转换关系的理解和掌握，发现幼儿使用何种策略实现数的转换，是否利用了"增加"和"拿走"两种策略。

【案例15】 你能拿出和圆圈一样多的积木吗？

【分析】 探查幼儿按数取物能力。

【案例16】 8个幼儿根据音乐围成一个大圈，然后再根据音乐围成一个小圈，

---

① 节选自张俊主编. 给幼儿园教师的101条建议. 数学教育. 南京：南京师范大学出版社，2007年，pp. 1-2.

教师问幼儿，“现在人数变了吗？变多了还是变少了？为什么？”

【分析】 评价幼儿数的守恒能力。

拓展阅读

1. 十以内数的组成和加减运算：逗逗启蒙数学. 爆米花网，http://video.baomihua.com/lijianleiqqq/6180259.

2. 幼儿园大班数学活动优质课《翻骰子》实录点评. 在线播放—优酷网. http://v.youku.com/v_show/id_XNTQxNDUyMDky.html? tpa=dW5pb25faWQ9MTAyMjEzXzEwMDAwMl8wMV8wMQ.

复习与思考

一、名词解释：

1. 自然数
2. 计数
3. 数的守恒
4. 基数
5. 计数原则
6. 序数

二、简答题：

1. 初步数概念形成的标志是什么？
2. 各年龄段幼儿数与运算教学目标分别是什么？
3. 幼儿加减运算能力发展的特点。
4. 幼儿计数发展特点。

三、论述题：

1. 论述幼儿数概念教学指导要点。
2. 论述幼儿数与运算发展指标及评价方法。

四、实践探索学习活动：

1. 选择3岁、4岁、5岁幼儿各一名，观察他们在数与运算方面的发展，比较他们的差异。

2. 实施各年龄班数与运算活动。

第六章　幼儿形状与空间认知发展与活动指导

本章导读

环顾世界，环顾我们周围，能发现哪些形状？苹果能不能是方形的？轮胎能不能是三角形的？你的上面是什么？我在你的前面还是你在我的前面？

教学目标

情感态度目标：感受形状和空间关系，体会形状与空间、生活的关系；

知识目标：了解关于形状和空间的基本知识；掌握幼儿形状和空间认知发展的特点；掌握各年龄段形状和空间认知活动的指导要点；

技能目标：学会将具体形状和空间知识过渡到抽象的数学思维中，制定科学合理的认识形状和空间的教学活动并能采取相应办法进行评价。

精讲分析

形状和空间的认知是幼儿认识和了解周围世界的一项重要技能，也是今后几何学习的重要基础。幼儿应习得哪些形状和空间知识，如何习得形状和空间知识；幼师生应如何进行关于形状和空间的教学活动，这是本章要解决的几个问题。在本章学习过程中，幼师生重点掌握幼儿形状和空间教学指导策略，学会观察和评价幼儿在此方面的发展水平。为达到此目的，幼师生们应根据编者提供的案例，尝试组织教学活动，并收集各种有关案例，进行分析、反思和总结。与此同时，幼师生们应尽可能地利用闲暇时间，收集并观摩、分析各种关于形状和空间教学视频。

第一节 形状与空间的相关知识

具体形象性是幼儿学习思维的主要特点，但 5~6 岁的幼儿正在经历从具体思维向抽象思维过渡的重要时期。对幼儿进行形状空间的教学能促进幼儿空间想象力的发展，也有助于他们理解自己所处的空间世界。空间认知与其他领域，包括数学其他内容的学习也有着不可分割的联系。形状和空间是几何数学最初级的形态，涉及对几何形体的名称、特点、类别和简单的组合关系的理解，还涉及对空间概念、方位、物体运动的方向和空间表征的理解。

一、几何形体

几何形体是对客观物体的形状的抽象和概括，反映了人们对现实世界中的空间形式的认识，是人们判断物体形状的标准形式。引导幼儿认识常见的几何形状，是学前幼儿数学教育的重要内容，对幼儿的空间概念和逻辑思维的发散学习有着重要的影响，如提高物体在头脑中的位移和旋转能力，提高幼儿的物质守恒与物体知觉的恒常能力，等等。同时几何形体的认知，是学习数学概念的桥梁和基础，如学习加减运算可以用线段的长短来表示，学习认识百、千、万可以用立体方块堆积来表示。对于处在具体形象思维阶段的幼儿来说，用数形结合的方式进行教学，可以使抽象的数学概念直观化，感知与思维立体化。

数学概念中的形包括二维的平面几何形状和三维的立体几何形状。在数学中点、线、面或它们的集合所得出的即为几何图形。而平面几何和立体几何的区别则是点、线、面或它们的集合所构成的图形处于同一平面之中则为平面几何图形，也称之为二维几何图形，几何参数为长、宽及表面积。而点、线、面或它们的集合所构成的封闭图形处于不同的平面之中则为立体几何图形，也称之为三维几何图形，几何参数为长、宽、高及表面积、体积。

学前幼儿对于几何形状的认知一般分为平面几何图形认知和立体几何图形认知。平面几何图形一般包括圆形、正方形、三角形、长方形、半圆形、椭圆形、梯形等；立体几何图形一般包括球体、正方体、圆柱体、长方体等。下面针对这些几何图形进行简单的介绍。

（一）平面几何图形

1. 圆形

在同一平面内到定点的距离等于定长的点的集合叫圆。这个定点即圆的圆心（O），定长即半径（r），圆形一周的长度，即圆的周长，如图 6-1 所示。

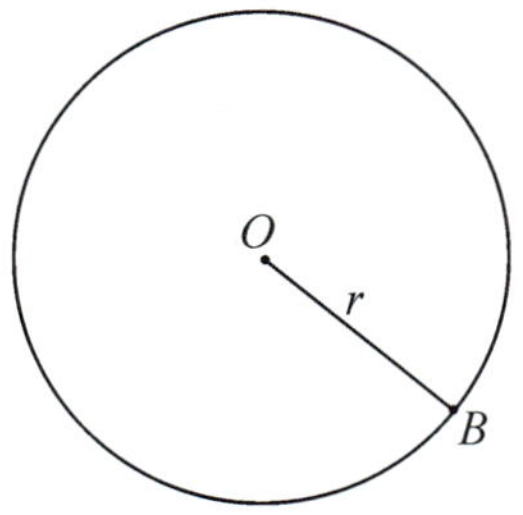

图 6-1　圆形

2. 正方形

一组邻边相等且一个角是直角的平行四边形叫正方形。正方形四个角都是 90°，四条边均相等，相邻边互相垂直，对角线互相垂直，对角线相等且互相平分、垂直。在现实生活中会遇到正方形是四边都相等的矩形。

3. 三角形

由同一平面内，且不在同一直线的三条线段首尾顺次相接所组成的封闭图形叫做三角形。常见的三角形按边分有等腰三角形、等边三角形、不等腰三角形；按角分有直角三角形、锐角三角形、钝角三角形等，其中锐角三角形和钝角三角形统称斜三角形。用集合图表示三角形的分类如图 6-2、图 6-3、图 6-4 所示。

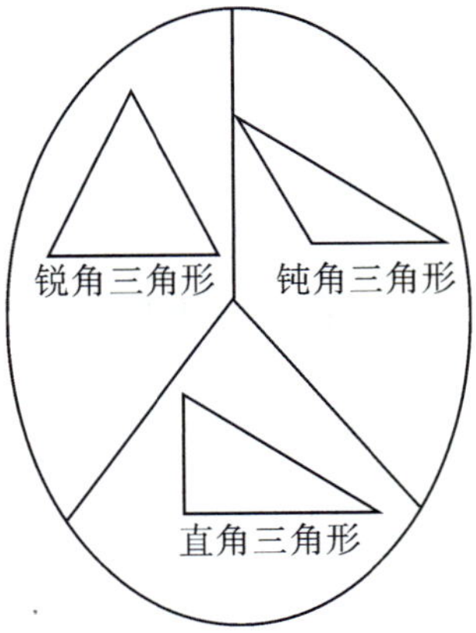

图 6-2　三角形集合 1

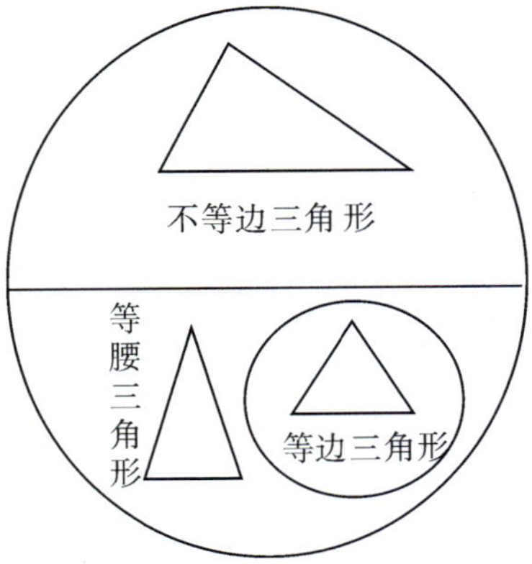

图 6-3　三角形集合 2

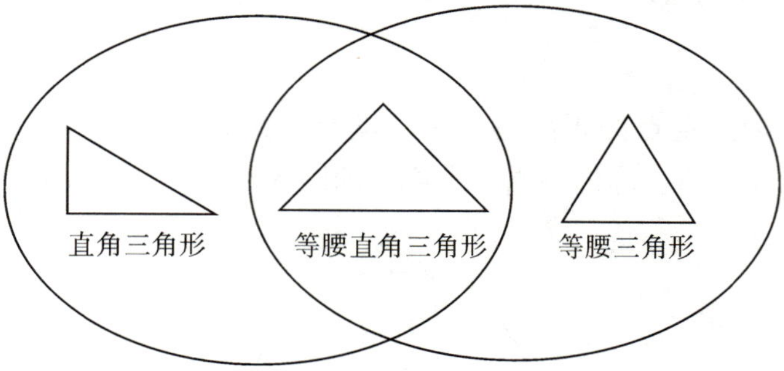

图 6-4　三角形集合

4. 长方形

四个角都是直角的平行四边形叫做长方形，又叫矩形。

5. 梯形

梯形是指只有一组对边平行的四边形。长方形、正方形、梯形都是属于四边形的特殊情况，用集合图表示它们之间的关系，如图 6-5 所示。

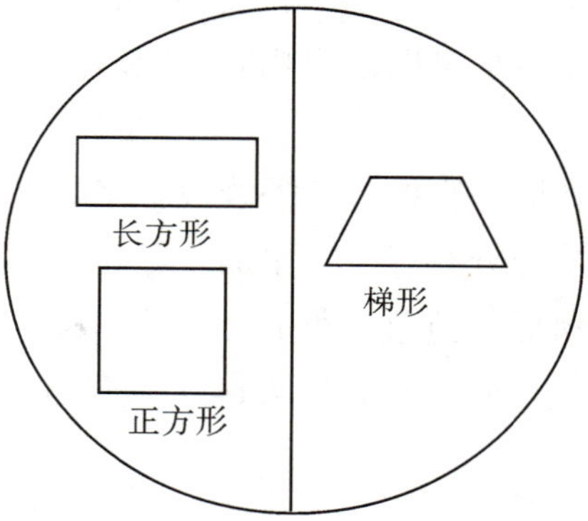

图 6-5　四边形集合

6. 椭圆形

在平面内，到两个定点距离的和等于常量的点的集合。椭圆形是由封闭的曲线围成的，但是长轴和短轴不相等。

（二）立体几何图形

1. 球体

空间中到定点的距离等于定长的所有点组成的图形叫做球，球体是一个连续曲面的立体图形，由球面围成的几何体称为球体。用一个平面去截一个球，截面是圆面，一个球体可以截成大大小小无数个圆面，而最大的圆面则是经过球心 O 截得的圆面，如图 6-6 所示。

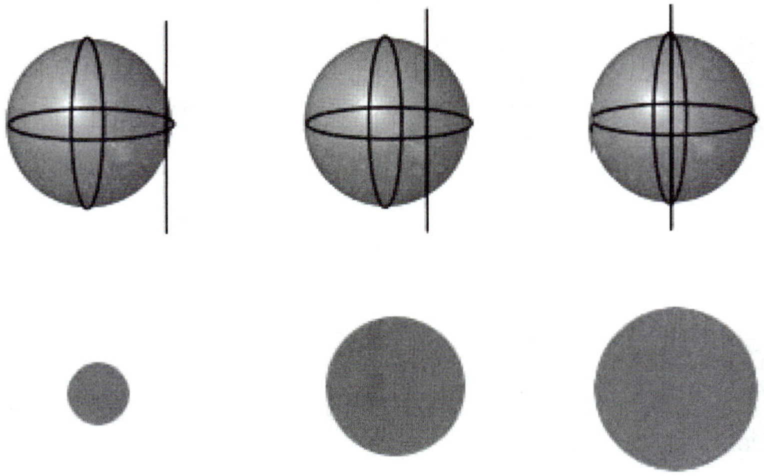

图 6-6　球体及展开图

2. 正方体

用六个完全相同的正方形围成的立体图形叫正方体。正方体的每一个面都是相同的正方形，其表面的展开图则是由六个正方形组成，而展开的方式一共有 11 种，如图 6-7 所示，正方体是特殊的长方体。

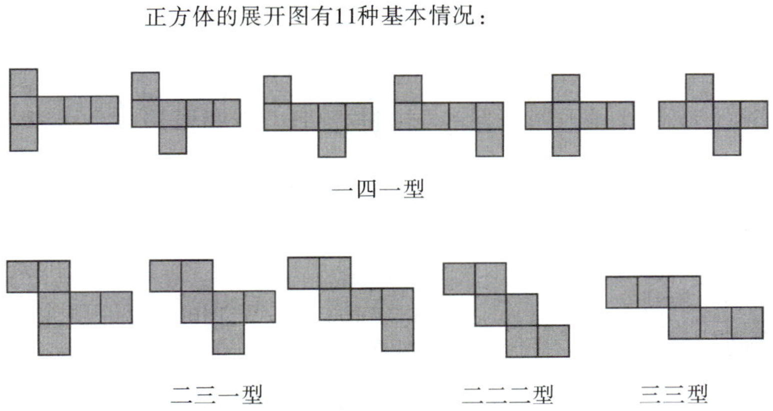

图 6-7　正方体的展开式

3. 长方体

长方体是底面是长方形的直四棱柱。长方体是由六个面组成的，相对的面面积相等，可能有两个面是正方形，可能四个面是长方形，也可能是六个面都是长方形，如图 6-8 所示。

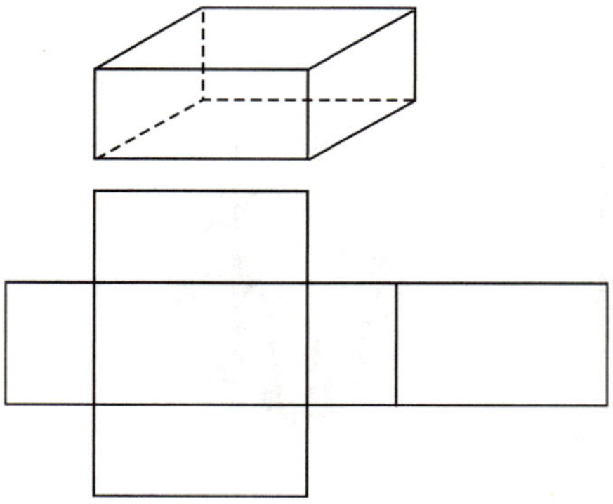

图 6-8 长方体及展开图

4. 圆柱体

以一个圆为底面，向上或向下移动一定的距离，所经过的空间叫做圆柱体。同样一个长方形以一边为轴顺时针或逆时针旋转一周，所经过的空间也同样叫做圆柱体。其表面展开图为两个圆面和一个长方形，如图 6-9 所示。

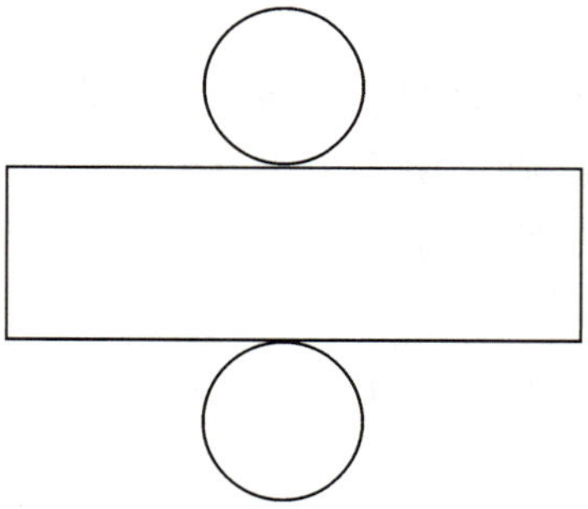

图 6-9 圆柱体展开图

二、空间

（一）空间的概念

空间是客观物质存在的一种形式。任意的客观物体都存在于一定的空间之中，并且同周围存在此空间中的其他物体有着相互位置关系。一般可以用上下、前后、左右等词语形容。

狭义的空间概念即空间的方位概念，也就是客观物体的相互位置关系。广义的空间概念，同时还包括各种空间变化（如位移、翻转、旋转等变化）关系，以及对大小形状的认识。

本书所指的空间概念主要是指狭义的空间概念，即空间方位的判断，是由多种感官共同协同作用达成的。

（二）空间的特点

空间具有相对性、可变性和连续性的特点。

1. 相对性

我们生活的空间是向三个方向所发展的，即纵向、横向、深向。而对应空间的基本坐标则是三组相对应的方向：上下、前后、左右。而我们在描述客观物体的空间方向时，总是会选取一个参照物，如“老师站在黑板的前面”。需要描述的是老师的空间方向，黑板则是参照物。而随着参照物的改变，所描述客观物体的空间方向也会相对应地改变。

2. 可变性

正如上述，随着参照物的改变，所描述客观物体的空间方向也会相对应地改变。同时，随着参照物的位置或朝向的改变，所描述的客观物体的空间方向也会随之发生改变，并不是永恒固定的。

3. 连续性

因为空间的相对性和可变性，物体空间方位会随之改变，但这种改变不是突变的，而是连续性的，如“老师从学生的后面走到了前面”。这个过程中，老师和该名学生之间的空间方位关系出现了一个连续的变化过程。最开始老师在学生的后面，慢慢变成在学生的左后面、左面、左前面，最后走到了学生的前面。在这整个位移的过程中，空间方位的变化是连续性的、不间断的，并没有明确的界限。

第二节　幼儿形状与空间认知发展的特点

一、幼儿几何形体认知发展特点

（一）幼儿几何形体发展的一般特点

1. 幼儿几何形体认知最初的经验来自于日常生活

在幼儿的世界中，随处可见各种形状的物体。如日常生活用品、树叶的形状、建筑物等。幼儿最开始通过物体的形状辨别物体，如婴儿可以根据瓶子的形状认出他/她的奶瓶。所以，幼儿从小就生活在一个几何形状的空间中，每天会接触到形状各异的物体，同时也不断地接受各种几何概念，如老师请小朋友将“球”投入框中等。

2. 幼儿对几何形体的认知来自于各个感官的综合运用

一些心理学的研究证明，儿童对几何形体的认识不仅仅依靠视觉感知而实现，而是通过视觉和触摸觉的联合作用，并借助语言的表达来实现的。范希乐夫妇认为，动手操作对儿童早期几何思维发展非常重要。皮亚杰和海尔德认为，空间表征是儿童通过动作和动作的内化过程得以实现的。① 由此可见，当各个感官系统相结合时，幼儿对几何图形感知效果较好。玛利娅·蒙特梭利说过：“我听过了，我就忘记了；我看见了，我就记得了；我做过了，我就理解了。”而我们听单单只是运用到了听觉，我们还要运用到视觉、触觉等身体各个感官感觉形状。在苏南诺娃的实验中发现，如果幼儿各个感官参与到几何图形的认知中，比单一感官认知几何图形的幼儿辨识图形的正确率要高。幼儿认知图形是从一般笼统的认识到对各形体的细节认识，从先区分曲线与直线图形，再在曲线图形和直线图形中加以区分。

3. 从拓印图形到几何图形

幼儿对形体的认识最初是拓扑性质的。然后才是欧氏几何图形。幼儿认识欧氏图形的顺序是：圆形→正方形→三角形→半圆形→椭圆形→梯形。这样一种发展顺序主要与形体本身复杂程度以及儿童的生活经验有关。形体本身越复杂，幼儿越难辨认。在常见的平面图形中，圆形和正方形的干扰因素较少。并且生活中到处可见，如圆形饼干、小方巾、三角衣架等。认识立体图形的顺序是：球体→正方体→长方体。

（二）幼儿几何形体认知的年龄特点

1. 3~4 岁

这个年龄阶段的幼儿一般能正确地认识和区分圆形、正方形、三角形，且对椭圆形、长方形等其他平面图形与具有一定的配对能力，能根据教师或家长提供的示例找出与之相同的形状。但是还不能准确地依照该形状的特点来辨识，通常会将形状与日常生活中自己所熟知的物体相对应。例如：将圆形说成“太阳”，将正方形说成“手巾”。

2. 4~5 岁

这个年龄阶段的幼儿能够正确地认识圆形、正方形、三角形、长方形、半圆形、椭圆形和梯形，能简单理解这些图形的基本特征，并予以辨认；但是还不能做到图形守恒，图形不按照熟悉的位置放置，幼儿便辨识不出。

① 张更立. 幼儿园数学教育活动设计与指导. 合肥：安徽大学出版社，2014 年，p. 171.

场景一

“翻转三角形”

老师：这是什么形状？

幼儿（四岁多）：三角形。

老师：这是三角形，好聪明！知道这是三角形，那么这样子呢？（将三角形当幼儿面翻转，使顶点朝下指。）

幼儿：不知道了。

老师：不知道呀！再想想看这是什么形状？

幼儿：不知道。

老师：好！那么这样子呢？（将三角形翻转回原状。）

幼儿：三角形。

老师：告诉老师，什么叫三角形？

幼儿：这边有三个角，这个样子叫做三角形。（用手指整个图形）

老师：这边有什么？

幼儿：这边尖尖的，跟这边，还有这边。（用手先指朝上的顶点，再指其余两角）

老师：哦！我懂了。这边尖尖的（手指朝上的顶点），这两边也尖尖的还有这边是上面，还是下面？（手指朝上的顶点）

幼儿：上面、左边、右边。

老师：哦！上面、左边、右边都是尖尖的。那么这样子呢？这是什么形状？（将三角形当幼儿面翻转，使顶点朝下指。）

幼儿：不知道。

老师：好的，谢谢你。

3. 5~6 岁

这个年龄阶段的幼儿基本上已经能够理解图形的典型特征，并在头脑中形成某种图形的“标准样式”，从标准样式出发进行正确的辨别和判断，但图形守恒依旧无法完成；能认识一些基本的立体图形，做到命名并知道基本的特征。

场景二

“正方形旋转 45°”

老师：这是什么形状？

幼儿（五岁）：正方形。

老师：好，那这是什么形状？（将正方形当幼儿面旋转45°）

幼儿：菱形。

老师：菱形，可是你刚刚跟我说这是正方形，现在又告诉我这是菱形，那到底它是什么形状？（手持正方形，最后回到原状）

幼儿：正方形。

老师：好，这是什么形状？（将正方形当幼儿面旋转45°）

幼儿：不知道。

老师：不知道？（手指着旋转了45°的正方形）

幼儿：这样就是菱形。

老师：这样就是菱形哦！好，那么怎么样叫正方形？

幼儿：这样子就叫做正方形。（将正方形转回原态）

老师：哦！那这个样子呢？（将正方形旋转45°）

幼儿：菱形。

老师：这张卡片你刚刚告诉我是正方形，现在你又告诉我是菱形，到底这张卡片是正方形还是菱形呢？（将正方形转回原态）

幼儿：正方形。

老师：可是你刚刚又跟我讲是菱形？

幼儿：这样本来就是菱形啊！（将正方形旋转45°）

老师：哦，这样本来就是菱形啊！好，谢谢你！

二、幼儿空间方位认知发展特点

（一）幼儿空间方位认知发展的一般特点

1. 上下→前后→左右

幼儿对空间基本方位的认识和辨别的顺序是由方位本身的复杂程度而决定的。上下方位，是以“天地”为标准来确定的，天地具有永恒不变性，且上、下位置的区别比较明显，不会因为物体方向的改变或位置的移动等而改变，所以幼儿容易辨别。前后、左右的位置都具有一定的方向性，随着物体或参照物位置的自身改变而随之改变，这给幼儿辨别造成了一定的困难。

2. 以自身为中心→以客体为中心

在我们日常生活中判断空间方位时，会采用两种参照系：一是以主体自身作参照物，以此来判断客体相对于主体的空间位置；另一种则是以客体为参照物，以此来判断客体相互之间的空间位置。而幼儿在判断空间方位的学习过程中要从以自身为中心逐步过渡到以客体为中心。

按照幼儿的学习过程，幼儿首先学会的是辨别自己身体各个部位的位置，将不同的方位与自己身体的相应部位联系。如上面是头，下面是脚等。再次是以自己为中心确定相对于自己客体所处的位置，例如："我的上面有蓝天，我的脚下面有石头。"这些对于方位的判断，均是属于以自身为中心的位置判断。

从客体出发确定与其他客体之间的相互位置关系，即以客体为中心的位置判断。例如："课桌前面是黑板，课桌后面是椅子。"幼儿辨别以客体为中心的上下、前后比较容易，但辨别左右比较困难。

（二）幼儿空间方位认知发展的年龄特点

1. 3~4 岁

这一年龄阶段的幼儿基本上能较好地区分上下的空间位置，开始逐步学习辨别前后的空间位置。但是在学习中理解还具有一定的局限性，仅仅只能以自身为中心直接感知方位。正对着自己的身体或者靠近自身的客体容易辨别出方位。

2. 4~5 岁

这一年龄阶段的幼儿空间概念发展速度较快，能够辨别前后，并且开始学习以自身为中心辨别左右。同时辨别客体方位的区域范围扩大，能辨别离自己较远或稍微有些偏离，不是正对自己的客体的上下、前后、左右的方向位置。

3. 5~6 岁

这个年龄阶段的幼儿能正确辨别上下、前后，并且他们能够把空间分为两个区域，或前后，或上下。还能将其中一个区域分为两个部分，如将前面分成前面的右边和前面的左边。但是这个阶段的幼儿还不具备以客体为中心辨别左右的能力。

第三节　幼儿几何形体与空间认知活动指导

一、幼儿几何形体认知活动指导

（一）各年龄段几何形体认知教学目标和教学内容

1. 3~4 岁

能够认识圆形、正方形、三角形；能正确说出图形的名称；并能够在现实的周围环境中寻找到和图形相似的客观物体。

2. 4~5 岁

①认识长方形、椭圆形、梯形；能正确说出图形的名称；知道正方形、长方形、三角形的基本形状特征；②初步感知图形之间的简单的关系，如知道 2 个正方形可以拼成 1 个长方形；1 个正方形可以分成 2 个三角形等；③学习不受颜色、大小和摆放位置的影响，正确辨别图形，做到图形守恒。

3. 5~6 岁

①认识正方体、长方体、球体、圆柱体，能正确说出形状的名称；②学习将平面图形和几何体区分，知道平面图形只有长短、宽窄；几何体有长短、宽窄、厚薄或高低；③学习制作立体图形，了解几何体的展开图形，感知几何体和平面图形之间的关系；④学习 2 等分、4 等分，了解部分比整体小，部分合起来等于整体。

（二）几何形体认知教学活动指导

1. 一般指导策略

①引导幼儿综合运用多重感官感知、比较形体特征。

物体都是以不同形状展现在生活世界的。对形状的感知离不开对具体实物的观察，在图形教学活动中，教师应引导幼儿运用多重感官，看一看，摸一摸，摆一摆，说一说，玩一玩，体验具体形象的形状。观察，有利于幼儿辨别形状，形成初步的几何图形概念，让幼儿从依赖具体实物逐步过渡到抽象的符号图形。在观察的基础上，教师引导幼儿比较生活中真实物体与标准的几何形体的相似之处，各种图形之间的相似和不同。在比较中巩固对图形特征的认识，实现图形的守恒。

可以通过重叠的方式来进行比较。如认识长方形时，将正方形放在长方形的上面，进行重叠比较，让幼儿感知到长方形有 4 条边，4 个角，但有两条相对较长的边。圆形和椭圆形的比较也可以用此方法进行。

②让幼儿在实际的操作中，感知和体验几何图形的基本特征。

a. 涂色。让幼儿在白纸上随意拓印出不同的图形，再涂上颜色，并说出是什么图形。

b. 折叠。让幼儿按照纸上既定的虚线折出不同的平面图形，并说出是什么图形，有什么特征。

c. 分类。给予幼儿不同形状的平面图形、实物，这些图形实物大小不等、颜色不一。让幼儿按照形状分类，然后逐步提高要求，按照颜色和图形两种特征进行分类，或者按照角的数量分类，等等。

d. 寻找或配对。幼儿根据指定的图形名字或特征在给出的各种图形或实物中找出与之相对应的，也可以引导幼儿在教室中寻找与平面图形相对应的实物。

e. 拼搭。给幼儿不同的图形，大小不一、颜色不一。让幼儿自由地拼搭成自己喜欢的图形，并说出自己用了什么形状。

③通过对图形的拼合、拆分活动，认知图形之间的关系。

感知图形之间的关系是对图形特征的进一步认识，能让幼儿理解整体与部分之间的关系，提高幼儿思维的灵活性。儿童通过拼合、拆分图形的操作活动，能感知图形之间的关系。在此教学中，应采取先分后合的步骤，教师先讲解示范，说明如何分合图形，引起幼儿操作兴趣，然后再引导幼儿尝试探索分合的方法。

2. 集体教学活动指导策略

根据一般指导策略，以“认识圆形”为例，阐述几何形体认识集体教学活动指导策略。

第一、出示具体实物，引导幼儿多种感官感知图形的基本特征。

①看一看，你看到了什么？

②摸一摸，感觉怎么样？

③玩一玩，能做什么？

第二，寻找圆形。

①寻找生活中的圆形。（巩固图形基本特征）

②从教师提供的图形家庭中寻找圆形。（各种形状的物体，各种颜色、大小、厚薄的圆形）

第三，操作、创作圆形。

①给圆形涂色。

②用各种操作材料拼搭圆形。

教学活动案例 6-1

神奇的口袋（小班）

设计意图：

圆形、正方形、长方形等形状的认识，可以通过不同的感官进行。视觉感知图形是第一反应，但是针对小班幼儿的认知特点，将触觉感知和视觉感知结合起来认识图形更有效果。本活动从幼儿的好奇心和喜欢猜测的特点入手，借助生活中常见物品帮助幼儿认识不同形状的图形。

活动目标：

1. 认知目标：能用手感知物体的形状的特性；
2. 技能目标：发展触摸感知力，并用较恰当的词汇表达自己的感受；
3. 情感态度目标：培养幼儿用手触摸感知物体的兴趣。

活动准备：

1. 物质准备：布袋若干、内装有长方形积木、小球、方手帕、小冰水瓶等形状各异的材料；

2. 经验准备：对圆形、正方形、长方形等形状有初步的认知经验。

活动过程：

1. 出示神奇的口袋，引起活动兴趣。请2~3名幼儿随意摸出几件物品，感知口袋中有不同的物品。

2. 幼儿练习用触摸感知物体的特征。

（1）幼儿随意在布袋里摸物品并说出其特征。

（2）游戏：听指令取物。请幼儿按照老师的指令摸出相应的物品。

3. 共同小结：我们的小手真能干！我们用手摸一摸，就可以知道这些东西有的圆圆的、有的有三个尖尖的角、还有的是正方形。

● 活动评析：

小班幼儿对看不见的事物充满了好奇，教师设计了“一个神奇的口袋”让幼儿带着好奇心去触摸不同形状的物品，然后再观察物品的形状，触觉和视觉相结合的方式，促进了幼儿对形状的感知。活动设计的教学效果较好。

教学活动案例 6-2

图形游乐场（大班）

设计意图：

大班幼儿对图形已经有了初步的认知经验，从认知单个图形到多个图形的比较是需要学习的。通过游戏活动引导幼儿发现两个或者多个图形的共同特征，并将图形进行配对，这样的教育有助于培养幼儿的认知能力，增强大脑的思维能力。

活动目标：

1. 认知目标：尝试归纳出一组图形1~2个共同特征，按特征拿取相应的图形进行配对；

2. 技能目标：能仔细观察图形，并积极参与讨论；

3. 情感态度目标：体验活动操作的乐趣，并按要求操作。

活动准备：

1. 物质准备：各种颜色、形状、大小的图形若干，参考图，图形特征标记，空白记录表一张；

2. 经验准备：幼儿认识多种图形。

活动过程：

一、彩色图形来了……

1. 以游戏情境引起幼儿的兴趣。

“今天有许多彩色图形要去游乐场玩游戏，瞧，它们来了……”

2. 出示各种形状、大小不一的彩色图形，引导幼儿说说它们的形状、颜色、大小特征。

3. 出示颜色、形状、大小标记让幼儿认一认。

二、彩色图形找朋友

1. 教师出示参考图，引导幼儿观察，说说它们的共同特性。

“彩色图形要找朋友一起去游乐场。看，它们找到朋友了。它们有什么地方是一样的，成为朋友呢？”

2. 教师引导幼儿观察，从形状、颜色、大小三个方面找它们的共同特征。

3. 请个别幼儿上前找出标记并放在参考图上。

4. 教师可将彩色图形换下，然后请个别幼儿上前找共同特征，可进行两遍。

5. 小结：原来彩色图形喜欢找有两个特征相同的图形做朋友，它们有的形状相同，有的颜色相同，还有的大小相同。

三、彩色图形进游乐场

1. 出示空白表格

“彩色图形来到游乐场门口，可是却不能进去，因为进游乐场要符合条件才能进。”

2. 教师边说边将红色和正方形标记贴上。

“原来要符合红色和正方形两个条件才能进。那么，谁能来做检票员把关呀？”

3. 个别幼儿上前示范。

4. 教师换标记并请幼儿集体做“检票员”。

“这个游乐场很神奇，瞧，这次进去的条件变了。”教师边说边贴标记。

5. 师幼一起讨论需要的条件。

“原来这次要进游乐场必须要满足两个条件，一个是黄色的，还要是大的。谁愿意来做检票员？”

6. 请全体幼儿一起找一找并贴在表格中。

7. 教师换标记并请幼儿第二次集体做“检票员”。

8. 小结：原来要进游乐场还必须符合两个特征条件呢，只要有一个不符合就不能进去。彩色图形们让我感谢你们的帮忙，现在它们已经在开心地玩了。

● 活动评析：

五颜六色、形状各异的图形模板是幼儿喜欢的学具，本活动直接利用这些学具展开了对图形认知的教学。教师首先引导幼儿巩固复习单个图形的颜色、形状的认知，然后进行了配对游戏，启发幼儿自主去发现图形之间的共同特征，最后给幼儿自己操作学具的机会，充分调动了幼儿的学习探索的积极性。

教学活动案例 6-3

圆变球（大班）

设计意图：

圆是一个平面图形，而球是一个立体图形，二者的共同特点都是圆形，不同点是平面和立体的区别。大班的幼儿对圆形有认知能力，但是在区分平面和立体上只有一个模糊的概念，并不能清晰地表达出球和圆的概念。通过本活动，认知球体，培养幼儿的思维能力。

活动目标：

1. 认知目标：通过操作和观察比较，认识球体及其基本特征；
2. 技能目标：能把常见的圆形物体和球形物体分类；
3. 情感态度目标：培养幼儿积极思维能力和发散思维能力。

活动准备：

1. 物质准备：圆纽扣、钥匙圈、唱片、地球仪、乒乓球、玻璃弹珠、桂圆、山楂片等若干；幼儿每人 1 枚硬币、1 粒珠珠、1 张练习纸（图 6-10）；
2. 经验准备：认识生活中常见的圆形或球形的物品。

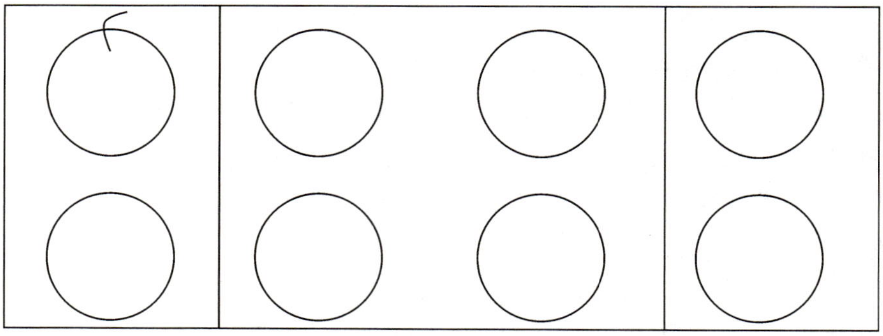

图 6-10

活动过程：

1. 转转——玩硬币

幼儿自由地将硬币竖起在桌上快速地转动，然后教师问："这圆圆的硬币在转动中像什么？"（像球）

2. 找找——分两类

教师出示一堆演示实物和 2 个盘子，让幼儿按圆形和球体将它们分成两类。(圆纽扣、钥匙圈、山楂片、唱片一类；乒乓球、玻璃弹珠、地球仪、桂圆一类)

3. 摸摸——感觉怎么样？

让幼儿将不同的实物放入自己的口袋里面，摸摸并说出自己的感受。(圆形是平平的，球体是鼓鼓的)

4. 滚滚——会滚吗？

将硬币放在桌上，发现它不会滚动；将珠珠放在桌上，发现它会滚动。

让幼儿尝试将不同的实物放在桌上，并观察是否会滚动。

5. 说说——哪些是圆形？哪些是球体？

与幼儿一起讨论，在日常生活中见到、用到的什么东西是圆形，什么东西是球体？

6. 添添——像什么？

幼儿各自在练习纸的图形上添画，并让幼儿说说其中几个圆形变成了球状物，它们分别像什么？

比一比谁添出的最多。

- 活动评析：

本活动通过对圆形物体和球形物体“转、找、摸、滚、说、添”的游戏环节，帮助幼儿在充分感知圆和球的不同后，体会球体的特征，培养了幼儿的发散思维能力，发挥了幼儿学习的主观能动性。

教学活动案例 6-4

神奇的包装盒（大班）

设计意图：

几何图形的探索总是充满了乐趣。长方体是我们日常生活中常见的图形，很多物品都是可以拆开的长方体，如包装盒。本活动的材料来源于生活，选取了最常见的包装盒，易拆易合，让幼儿在动手操作中感知长方体和其展开图，立体和平面的对应关系。

活动目标：

1. 认知目标：探索发现包装盒的特征，认识长方体的展开图；
2. 技能目标：通过尝试、探索，感知平面图与立体造型的对应关系；
3. 情感态度目标：感受生活中的数学，激发对立方体学习的兴趣。

活动准备：

1. 物质准备：长方体包装盒若干，正方体、长方体形状积木及与之相匹配的平面图若干；

2. 经验准备：对长方体和长方形有一定的认识基础，有拆盒子的经验。

活动过程：

一、幼儿探索、感知长方体包装盒

1. 你们的包装盒能站起来吗？

2. 数一数它们都有几个面？

获得经验：立体的长方体包装盒都能站立，都有六个面。

二、拆包装盒，感知包装盒的平面图

1. 不知道这些包装盒打开后会是什么样的？我们一起将包装盒打开来看看吧！

2. 幼儿讲述打开后的包装盒与刚才未打开的包装盒的不同点。

获得经验：立体的包装盒都能站立，打开后的包装盒是平平的一张纸，只能平放，这就是包装盒的展开图，也称它为平面图，人们在制造包装盒时，先要请设计师设计出平面图，然后根据平面图制作出各种各样的包装盒。

三、寻找展开图和包装盒之间的对应关系

1. 找一找包装盒的六个面分别在平面图的什么地方？

教师根据幼儿的回答，分别用明显的标记在包装盒的面上及其相对应的平面图的面上作记号。

2. 包装盒上的六个面我们都找到了，怎么平面图上还有多余的面？这些面有什么用处？

活动所获得经验：包装盒除了六个面以外，还有为了便于连接和包装的粘贴部分。

四、尝试给积木进行包装，进一步感知平面图与立体造型的对应关系

今天真巧，玩具厂里叔叔生产出了许多积木，要请我们帮忙包装一下，平面图已经带来了，等会儿请小朋友选一块积木，然后根据你所选积木的形状选一张合适的平面图，给积木包装一下。

1. 幼儿选择合适的包装纸，给积木进行包装，教师辅导。

2. 展示幼儿的包装作品，进行讲评。

3. 你为积木选到合适的包装纸了吗？请你说一说，你为什么要选这张包装纸？

- 活动评析：

平面图形和立体图形之间有必然的联系。本活动通过对包装盒的拆拼，把立体图形和平面图形结合起来，在幼儿感知平面图形和立体图形的互变的美妙的同时，探索二者之间的相互联系和对应。在活动最后，教师指导幼儿给长方体积木包装，强化了本活动的教育目标。

教学活动案例 6-5

蒙氏数学教学活动：构成三角形（中班）

设计意图：

蒙氏教具是当今很多幼儿园上数学活动时常用的材料。本活动充分利用了蒙氏教具的完整性和多样性，给中班的幼儿操作蒙氏教具来感知三角形和四边形之间的关系，激发幼儿对图形的兴趣，增强幼儿的逻辑思维能力。

活动目标：

1. 认知目标：通过教具的摆弄，初步感知三角形与四边形之间的简单关系；
2. 技能目标：增强观察力、逻辑思考能力；
3. 情感态度目标：增强对形状的兴趣。

活动准备：

1. 物质准备：工作毯、建构三角形-长方形盒（图 6-11）；
2. 经验准备：幼儿认识三角形和四边形。

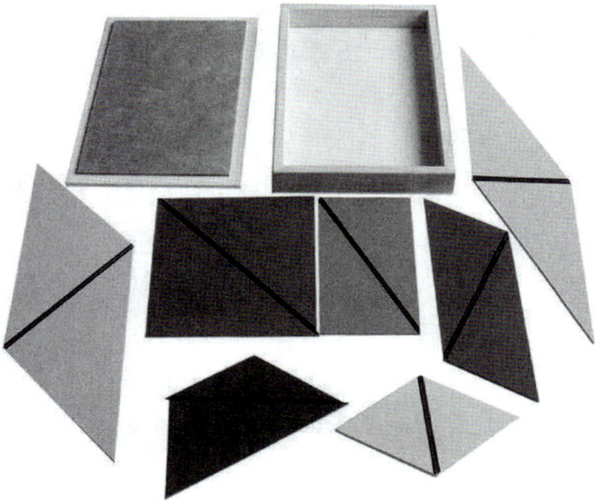

图 6-11　三角形拼图

活动过程：

1. 铺好工作毯，邀请孩子们一起参与建构三角形第一盒——长方形盒的工作。
2. 取来教具后，将盒内的三角形一一取出散放在毯上。
3. 对孩子说“请你按照三角形的形状把它们分开”，分类摆放顺序：2 个黄色等腰直角三角形、2个绿色等腰直角三角形、2个黄色直角三角形、2个绿色直角三角形、2个灰直角三角形、2个黄色等边三角形、1个红色直角三角形、1个红色钝角等腰三角形。

4. 取下第一对三角形，食、中两指并拢按照指示线将三角形建构成其他图形。

5. 请孩子尝试。

6. 教具归位。

- 活动评析：

蒙氏教具中图形的拼接和构建是非常多的，本活动根据中班幼儿的认知水平和发展特点，操作三角形和四边形。活动按照蒙氏教学的要求和步骤，从教师演示到幼儿操作，一气呵成。

教学活动案例 6-6

神秘宝盒（小班）

设计意图：

简单的带有一些图案的拼图游戏是小班幼儿的最爱。教师引导幼儿首先感知缺口的形状，然后再试着拼接，有助于提升幼儿的观察能力和推理能力。

活动目标：

1. 认知目标：初步了解拼图的基本方法；

2. 技能目标：学习根据图案的局部特征和切口形状，找出图案缺失的部分；

3. 情感态度目标：培养幼儿观察和推理的兴趣。

活动准备：

1. 物质准备：可分割的动物图片若干，花朵、大树、汽车等两个半张的拼图图片，缺失某个部分的图片；

2. 经验准备：认识拼图图片，并能区分完整的和有缺口的图片。

活动过程：

一、感知图案局部特征和切口特点。

1. 师：请小朋友拿一张图片（动物图片散放在桌子中间），看一看，图片上有一条什么？（线）请你用手指描一描这条线再把它撕开。

2. 师：现在这张图片变成了几张，还是完整的吗？

二、根据切口和图案进行拼图。

1. 师：请你拿起其中一张，摸一摸撕开的这个切口，再摸一摸另一张。

2. 师：试着拼一拼，看看接口处的两部分图案和颜色一样吗？是不是又变成一个完整的图了？

3. 师：说一说，你是怎么拼到一起的？（切口吻合、颜色一样地拼在一起）

三、练习拼图。

请你和旁边的小朋友交换图片，帮他拼一拼。

四、巩固拼图方法。

1. 练习拼背景不同、图案不同的拼图。

师：请看，这张图片是完整的吗？（出示半张图片操作卡）我们来找一找它的另一半在哪儿呢？（请幼儿示范操作）

师：请小朋友自己选一张图片，帮它找到另一半，拼在一起。

2. 提供背景相同、图案不同的材料，步骤同上。

3. 提供背景相同、图案相同、切口不同的材料，供幼儿操作。

五、幼儿操作，并完成练习。

1. 看一看，说一说。

师：请小朋友看一看，这些宝盒是完整的吗？它们装的东西一样吗？

2. 取下图卡，拼一拼，最后粘贴完成。

● 活动评析：

拼图游戏是幼儿非常喜欢的游戏，在活动中，教师首先提供带有图案的拼图，难度比较小，激发了幼儿对拼图的兴趣，然后逐渐增加拼图的难度，更换背景图，改变切口等，从易到难，逐步增强了幼儿的观察能力和思考能力。

教学活动案例 6-7

去小鸡家做客（中班）

设计意图：

图形的变化是无穷的，也是充满乐趣的。幼儿的思维能力不受常规的约束，提供给幼儿充分的物质材料，幼儿就可以变换出不同的物体。本活动把已经认知的六种图形提供给幼儿进行组合、排序，锻炼了幼儿的动手操作能力，培养了幼儿的图形感和思维能力。

活动目标：

1. 认知目标：在游戏过程中，复习六种已认识的平面图形，并初步感知图形之间变换组合的关系；

2. 技能目标：学习按照图形的颜色、名称或大小不同进行规律排序；

3. 情感态度目标：激发幼儿对排序、组合的兴趣。

活动准备：

1. 物质准备：教室中布置一条由六种不同图形拼成的“小路”；“小鸡家房子”一幢；几何图形“篱笆”一段；几何图形拼版若干；

2. 经验准备：已认识圆形、正方形、椭圆形、三角形、长方形、半圆形。

活动过程：

一、修路。

1. 老师：“今天，我们要一起去小鸡家做客……哇，前面有条小路，坑坑洼洼的坏了，让我们一起来修一修吧！”

2. 提醒幼儿观察一下小路上有哪些形状，每个小朋友可以拿一块图形对应镶嵌来修好小路。

3. “还有一些图形没有用上，怎么办？”（教师出示一些剩下的半圆形、长方形、三角形、长方形、三角形等“石块”，启发幼儿发散思维，将它们组合后再嵌入。）

二、踩小路。

教师出示不同的图形卡，发出游戏指令，请幼儿根据看到的图形，按照指令选择踩相应的小路走向“小鸡家”。

三、筑篱笆。

1. “小鸡家到了，小鸡家的房子是用哪些图形拼成的？”

2. “小鸡搬新家可忙坏了，房子是造好了，可门口的篱笆还没有筑完呢！小朋友们愿意帮忙把小鸡家的篱笆筑好吗？”

3. 请幼儿一起看看已经筑好的“篱笆”，寻找其中的规律。（图 6-12）

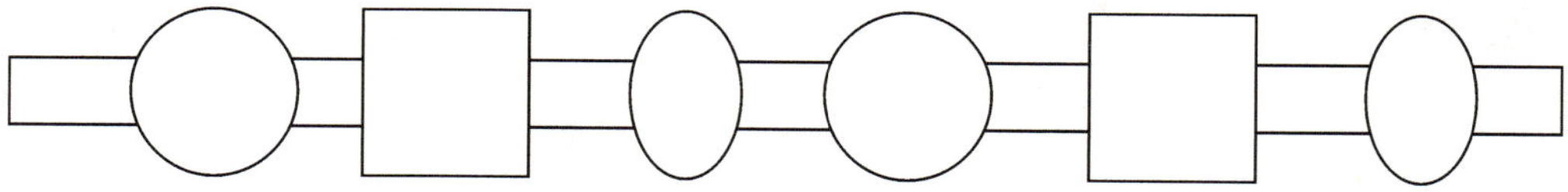

图 6-12 篱笆模式范例

请幼儿自己选择几何图形拼版，按照颜色、大小或形状等不同寻找规律，筑自己的一段“篱笆”。

4. 幼儿相互交流，说说“你的篱笆和别人的有什么不同？”

5. 幼儿动手将每个人的一段“篱笆”接起来，一起完成小鸡家门口“篱笆”的布置。

● 活动评析：

图形的拼接是幼儿非常喜欢的游戏。本活动通过“修路、踩路、筑篱笆”的游戏方式，锻炼幼儿的图形拼接能力，在游戏过程中，幼儿就会有更多的发现，然后又进行不同要求的排序，“在做中学”的教育理念体现得淋漓尽致。

二、幼儿空间认知教学活动指导

（一）各年龄段空间认知教学目标和教学内容

1. 3~4 岁

①让幼儿区分并说出以自身为中心的上下空间方位，包括自己身体各个部位的上下位置，在自己上面的物体，在自己下面的物体等。

②让幼儿学习判断两个物体之间明显的上下关系，说出什么在什么的上面，什么在什么的下面等。

2. 4~5 岁

①让幼儿区分并说出以自身为中心的前后空间方位，包括自己身体各个部位的前后位置，在自己前面的物体，在自己后面的物体等。

②让幼儿学习判断与区分两个物体之间的上下、前后关系，并能说出其上下、前后方位。

③让幼儿学会按照指定的方向进行平行运动，如向上、向下、向前、向后等。

3. 5~6 岁

①让幼儿区分并说出自己的左手和右手，并以自身为中心判断自己与物体的左右关系。

②让幼儿学习辨别区分两个物体之间的左右关系。

③让幼儿学习按指定方向向右或向左进行平移运动。

（二）空间认知教学活动指导

1. 帮助幼儿学习并理解方位词的意义

对空间方位关系的认知前提是能够正确地理解并合理运用方位词。教师可以结合幼儿对身体部位的认知，或利用生活中常见物体，帮助幼儿理解方位词的意义，并鼓励幼儿用相应的语言来表达空间方位。

2. 充分利用幼儿的身体和身体动作

幼儿对空间方位的认知是以自身为中心的方位认知开始的。让幼儿直接感知自身有关部位的方位，符合幼儿的学习特点。因此在教学中，我们应该充分利用幼儿的身体，并且向幼儿提供移动物体或进行身体动作的直接经验。以实际的行动探索空间关系，是幼儿空间概念发展的基本途径。

3. 让幼儿在日常生活中进行空间认知学习

幼儿在日常生活中随时随地都会遇到空间关系：位置、方向、距离，等等。如幼儿在上下楼梯的时候，就会知道上下；走路、排队等候的时候，便会运用到前后。日常玩具的使用以及日常用具的放置，都会运用到空间关系。因此，幼儿的空间经验完全建立在生活化、游戏化、趣味化的情境中。教师在教学中应融入幼儿的实际生活情境，让幼儿在日常生活中进行空间认知学习。

4. 鼓励幼儿观察、预测和描述物体之间的空间关系，善于引导幼儿的冲突和讨论

单纯的讲解模式，只能够让幼儿理解方位词的意义，并不能让幼儿真正获得空间方位的概念，以及发展幼儿思维的相对性。当幼儿出现不同结果时，教师应当引导，让幼儿进行相互讨论，帮助幼儿意识到冲突的存在，让幼儿扮演不同的角色，使他们换位思考，从而帮助幼儿克服“自我中心”。

教学活动案例 6-8

捉老鼠（小班）

设计意图：

幼儿在日常生活中经常会遇到空间关系，如位置、方向等，对空间感知的学习有助于幼儿更好地体验生活中空间的美妙。活动通过游戏的方式帮助幼儿亲身感受位置和方位的变化。

活动目标：

1. 认知目标：通过游戏的方法，运用感官来感知方位，形成初步的空间观念；

2. 技能目标：学习使用方位词：“上”、“下”、“前”、“后”、“里”、“外”，并能读准音，话要表达完整；

3. 情感态度目标：喜欢使用方位词表达物体的位置。

活动准备：

1. 物质准备：手帕折叠的老鼠若干，玩具一部分。(“老鼠”和玩具分别藏在活动室的各处)，猫头饰（若干)；

2. 经验准备：理解“上下”、“前后”、“里外”的含义。

活动过程：

一、开始部分：

情境导入：小朋友，“黑猫警长”故事里的坏老鼠“一只耳”带着它的小老鼠逃到我们小一班。看，活动室里的玩具都不见了，全让这些小老鼠偷走了，你们说该怎么办？

（自由发言，教师启发他们把老鼠捉干净，把玩具找回来。）

教师："那么，现在我当黑猫警长，你们当白猫警士，让我们把老鼠捉干净，好不好？"

（教师为每一位幼儿分发头饰。）

二、基本部分：

1. 做游戏"捉老鼠"，引导幼儿学习方位词。

师（"黑猫警长"）：白猫警士们，你们要仔细寻找，把躲藏的老鼠都捉干净，并且要记住是从哪个地方捉到的？好，全体起立、出发！（"黑猫警长"和它的"白猫警士"共同捉老鼠。）

"黑猫警长"："我在桌子下面捉到一只老鼠，你们的老鼠是从哪儿捉到的？"（引导幼儿说自己在哪儿捉到的老鼠：在椅子的上面、下面，桌子的前面、后面，或者从篮子的里面、外面捉老鼠，让幼儿都一一说出。对讲得对的幼儿给予肯定，讲错的予以纠正。一边演示，一边讲出正确的方位词。）

2. 做游戏"找玩具"，引导幼儿学习并正确运用方位词。

师（"黑猫警长"）：白猫警士们，现在我命令你们去把小朋友丢失的玩具找回来，并且记住在哪个地方找到的玩具。找到玩具赶快向我报告！

"白猫警士"："我从椅子的上面找到的玩具。""我从活动室的外面找到的玩具。"

（启发幼儿正确说出玩具是从哪儿找到的，要求话要完整、准确。）

3. 做游戏《捉"一只耳"》，进一步理解和运用方位词。

(1) 黑猫警长："白猫警士们，我们虽然捉了许多小老鼠，但是"一只耳"却逃跑了。现在我们要悄悄地藏起来，如果"一只耳"一出来活动，我们就一起把它捉住！"

(2) 指定十名幼儿躲在小椅子后面，十名幼儿躲在桌子下面，其余的幼儿自己找个地方躲起来。

(3) "黑猫警长"问他们各藏在什么地方，集体回答及个别回答，以巩固方位词。

4. 捉"一只耳"共庆胜利。

(1) 黑猫警长："一只耳"就在附近出现，我们现在开始寻找。（让一幼儿扮演"一只耳"从活动室外跑到活动室内）"'一只耳'来了，快捉住他！"

(2) 黑猫警长和白猫警士们捉住"一只耳"。

(3) 黑猫警长让全体回答从哪儿捉到"一只耳"。（在活动室里捉到一只耳）

三、结束部分：

共庆战斗胜利。

● 活动评析：

活泼好动是幼儿的天性。数学教育活动和体育游戏融合在一起，符合幼儿的天性，又激发了幼儿学习的兴趣。教学活动首先给予幼儿自由表达的机会，然后再进行指导，最后再尝试在游戏中运用方位词。活动环节紧紧相扣，从理解到应用，一脉相承。

教学活动案例 6-9

听声音，辨方位——空间方位（大班）

设计意图：

大班幼儿对简单的空间方位表达已经具有了一定的经验，视觉感知方位能够初步掌握了。本活动通过“听声音”的游戏，帮助幼儿运用听觉感知不同方位，并且用符号标示方位，与数学教育的总目标相吻合。

活动目标：

1. 认知目标：学会静下心来仔细倾听，知道在活动中不干扰别人；

2. 技能目标：能根据听到的声音辨别声音的位置，并用相应的符号在图板上将声音方位标示出来；

3. 情感态度目标：体验辨别声音方位的乐趣。

活动准备：

1. 物质准备：一处能听到各种声音的地方（但也不要太嘈杂）；卡纸每人 1 张；笔每人 1 支；

2. 经验准备：对于上下、前后、左右的方位已认知。

活动过程：

1. 介绍活动的名称与规则。

告诉幼儿，这个活动的名称叫“听声音，辨方位”。发给每个幼儿一张卡纸，让他们自己在卡纸上画一个“◎”，表示他们所在的位置。当他们听到某种声音时，就用恰当的简单符号把它标记在卡片上。例如，一阵风就画两道斜线、几声鸟叫就画一只小鸟。表示符号的位置应尽量精确地显示出声音的方向和远近（可适当地做一次示范让幼儿理解）。为了听到更多的声音，可闭上眼睛聆听，还可以用手掌朝前或朝后拢着耳朵形成声音的反射面来听。

2. 幼儿自选活动地点进行作业。

让幼儿快速地（1 分钟）找到自己的“倾听地点”，分散坐下，以免“倾听开始”时，还有人走动，并且要求幼儿一旦选定了地方，就不要再随便移动。

在开始记录声音的前后，分别给幼儿一个信号，例如，学一声猫叫或狗叫，以增加活动的趣味性。活动持续的时间可视幼儿的年龄、专注程度和当时环境的声音状况而定，一般为 5~10 分钟。

3. 幼儿自行结伴交流记录。

在活动结束时，让幼儿自行找好朋友，交流彼此的声音记录，教师可提问："你听到了几种不同的声音？你是用什么符号来表示它们的？""你最喜欢哪种声音？为什么？""你最不喜欢哪种声音？为什么？""哪种声音你从前从来没有听过？你知道声音是从哪里发出来的吗？"

- 活动评析：

本活动从听觉感知方位出发，听声音来表达方位，增加了活动的兴趣。在活动中还要求幼儿用符号标示方位，增强了幼儿的动手操作能力。大班幼儿的活动具有一定的自由选择性，又具有一定的规则性，在活动的结尾给予幼儿相互交流的机会，调动了幼儿自主学习的积极性。

教学活动案例 6-10

小小侦查员（大班）

设计意图：

从认识空间方位到感知空间方位的变化都是幼儿空间认知的学习内容。本活动通过找礼物、走迷宫、拼图、探测路线、围棋等游戏环节，帮助幼儿在游戏中体会方位的相对性，培养幼儿的合作能力。

活动目标：

1. 认知目标：学会辨别向左、右、上、下的空间方位并向不同方向运动；
2. 技能目标：发展幼儿思维敏捷性及反应能力；
3. 情感态度目标：培养团队协作，互帮互助的精神。

活动准备：

1. 物质准备：有关的音乐磁带及录音机，《问答歌》、《小海军》等。幼儿操作材料 6 组，每个幼儿左手带绿叶，右手带玫瑰花；
2. 经验准备：理解"左右"、"上下"的意思。

活动过程：

一、以《问答歌》的形式，师生一问一答，复习各空间方位。

师（唱）：你的头（脚、玫瑰花、绿叶等）在你的身体什么地方？什么地方？

幼（唱）：我的头（脚、玫瑰花、绿叶等）在我的身体上面（下面、右面、左面等）。

二、出现歌曲《小海军》，幼儿听口令向左、向右、向前、向后转。

三、启发幼儿学会看标志，辨别空间方位。

1. 出示标志图 A、B、C，了解每个标志含义。

2. 介绍各组学具的玩法。

(1) 名称：找礼物（情报）。

玩法：从“小人人”为出发点根据提示画出找到礼物（情报）的线路。

(2) 名称：走迷宫。

玩法：找出一条可通往礼物（情报）的路线，并画出行进方向，最后用“地图”进行自我评价。

(3) 名称：拼图。

玩法：根据数字牌的空间位置，按问题牌的提示，写出相应的标志或数字，并找答案牌拼一拼，看是否吻合，再进行自我评价。

(4) 名称：探测路线。

玩法：根据数字牌的空间位置，按问题牌写出相应的标志，并翻阅答案牌进行自我评价（每题都编上号）。

(5) 名称：围棋。

材料准备：空格子棋盘一张，以废旧物（塑料花牌若干、药橡皮塞儿若干）代表双方各自的棋子，机会卡若干张。(或骰子一枚)

玩法：两人为一组，每次以“石头、剪刀、布”定输赢，胜者一方出第一颗棋子，随意放棋盘上一格，随后再一定输赢，抽出一张“机会卡”或掷骰子，如“上”，就要把棋子放在前一颗相应的位置。最后，哪一方的棋子多，哪一方为胜方。

(6) 名称：剪“地图”。

玩法：按照“机会卡”正面的提示，剪去相应的数字块，最后翻回“机会卡”背面检查剪出的“地图”是否正确。

3. 分组游戏，老师巡回指导。

引导语：侦察员们，你们会看要求完成任务吗？(会)

四、以竞赛的体育活动形式，巩固幼儿对空间方位的认识。

1. 鼓舞士气，引入竞赛。

引导语：刚才，你们都很出色地完成任务，现在，再考考你们，比一比，看一看哪一组最快完成新的任务，好吗？(好)

2. 介绍游戏玩法和规则：

两人为一小组，一人负责念出问题写答案，一人负责跳格子，直至找出相应正确的答案，哪一纵队又快又准完成，哪一队就为胜方。

3. 相互评价和小结。

表扬一些动脑筋，相互团结协作的“侦察员”并提升其为“小队长”。

• 活动评析：

本活动设计具有灵活性和多样性，主要体现在活动环节和形式上。以五个小游戏的方式展开空间方位的教学，形式新颖。

教学活动案例 6-11

漂亮的房间（大班）

设计意图：

在平面图形中识别空间立体图具有一定的难度，活动中要求幼儿根据照片平面图来还原实际中的空间位置，培养了幼儿的空间转换思维的能力。在游戏操作中，一一对应的关系促进了幼儿的积极思考能力。

活动目标：

1. 认知目标：能根据照片提供的多个信息进行分析、组合，还原房间的整体布局；

2. 技能目标：在操作中能不断比对照片，寻找相关信息和参照物，正确摆放家具的位置；

3. 情感态度目标：在讨论中能认真倾听同伴发言，大胆提出自己的观点。

活动准备：

1. 物质准备：

教具：三张不同角度的部分家具陈设图（图1~3），一张全部家具陈设图（图4）；

学具：将贴有门（绿色长方形积木）、两个窗台（贴有花台的小积木）、纸质钟等标记的长方形盒子当作房间，装在筐子里的家具模型人手一份（放在幼儿座位下方）；

2. 经验准备：能够识别平面图中的物品。

活动过程：

一、进入游戏情境：

1. 问题导入。

师：丽丽是一名大班小朋友，妈妈决定为丽丽一个人准备一个房间。丽丽的房间是什么样的呢？我这里有她房间的模型，我们一起来看看。

2. 教师出示贴有门、窗、时钟标记的“房间”，引导幼儿观察。

师：这就是丽丽的小房间，她的房间是什么形状的呢？绿色积木表示门，这个

花台表示窗。丽丽的房间有几扇门、几扇窗呢？（一扇门、两扇窗）

二、观察照片，了解房间里的陈设及其位置：

1. 教师提出观察任务。

师：妈妈帮丽丽把小房间布置得很整洁，她还给房间的每个角落都拍了照片。丽丽的房间到底布置成什么样了？里面都摆着哪些家具呢？我们一起来看看。

2. 教师出示图1~3，引导幼儿观察。

师：这里有3张照片，你能从这些照片里看出丽丽的房间有哪些家具吗？

3. 教师引导幼儿从照片里获取有关家具的信息。

师：你说的××（家具）在哪张照片上？哪张照片上还有？这样家具到底有几件呢？两张照片上都有这样家具，你怎么认为只有一件呢？（从不同角度拍了同一样家具）除了这些还有哪些家具呢？它们各有几件？

4. 教师引导幼儿思考房间的整体布局。

师：每张照片只能看到房间的一个角落，到底丽丽的整个房间是怎么布置的呢？这些家具都分别放在房间的什么位置呢？你们能不能对照这些照片把丽丽的整个房间布置起来呢？

三、布置房间：

1. 教师提出操作要求。

师：现在发给你们每人一个"房间"，你们要先在筐里找出丽丽房间里的"家具"，然后再把它们布置到"房间"里去。摆放"家具"时可对照照片，争取一下子就能全部摆对。

2. 幼儿从座椅下方拿出筐子挑选家具模型，教师提醒幼儿仔细对照照片挑选家具。

3. 幼儿根据照片在"房间"里摆放"家具"，教师关注幼儿摆放的情况，寻找幼儿出错的地方。

四、交流与验证：

1. 展示个别幼儿的作品，教师引导幼儿对照照片进行观察、分析。

师：这是一位小朋友布置的丽丽的房间，你们觉得这个房间布置得对吗？哪里不对？你觉得××（家具）应该放在哪里呢？你是怎么知道这个××（家具）就是放在这个位置的呢？

2. 教师引导幼儿根据照片上的信息，共同讨论家具应该摆放在哪里才正确。

五、调整家具的摆放位置：

1. 教师引导幼儿根据照片再次调整自己的操作结果。

师：每个人仔细检查一下自己布置的"房间"，是不是每件"家具"摆放的位置都和照片上一样？如果有不一样的地方就想一想怎样调整才能和照片上一样。

2. 教师个别引导幼儿对照照片调整"家具"的摆放位置。

3. 教师出示图4（家具摆放全景图），引导幼儿验证。

师：这是妈妈布置的丽丽的房间，请你们对照这张照片检查一下自己布置的房间对不对。

● 活动评析：

从平面图形中的空间方位的理解过渡到立体图形中的空间方位，是思维能力的飞跃。本活动通过“布置房间”的游戏，帮助幼儿在游戏操作中体验空间方位的变化，在游戏中体会数学的乐趣。

第四节 幼儿形状与空间认知发展评价

一、幼儿形状与空间认知发展评价内容

幼儿形状与空间认知发展评价内容包括“空间方位的认知、判断和描述，几何形体的匹配、指认与命名”等。各年龄段幼儿形状与空间认知发展评价内容及评价指标见表6-1。

表6-1 幼儿形状与空间认知发展评价表

<table>
<tr><th>年龄班级</th><th>评价内容</th><th colspan="2">评价指标</th></tr>
<tr><td rowspan="2">3~4岁</td><td rowspan="2">1. 上下、前后、里外等方位认识和判断
2. 方位词的理解和运用
3. 方位的表征
4. 图形基本特征感知
5. 圆形、正方形、三角形的匹配、指认和命名</td><td>结果指标</td><td>1. 能以自身为中心判断上下、前后、里外等方位；
2. 能按照方位词指示做相应动作；
3. 能使用“上下”、“前后”、“里外”等方位词描述物体的方位和运动方向；
4. 能用绘画、拼图等方式表征基本图形和上下方位；
5. 能正确命名生活中的圆形、正方形和三角形；
6. 能按照范例找出相应的图形；
7. 能根据语言提示拿取图形</td></tr>
<tr><td>过程指标</td><td>1. 用何种方式辨别图形特征；
2. 何种方式区分不同图形；
3. 在什么情境下使用方位词汇</td></tr>
</table>

续表

年龄班级	评价内容	评价指标	
4~5 岁	1. 上下、前后、里外、左右的认识和判断； 2. 方位词的理解和运用 3. 方位的表征 4. 平面图形守恒 5. 平面图形关系理解 6. 平面图形基本特征	结果指标	1. 能以客体为中心判断上下、前后、里外等方位，能以自身为中心感知左右方位； 2. 能按照方位语言指示做相应动作； 3. 能使用“上下”、“前后”、“里外”、“左右”等方位词描述物体的方位和运动方向； 4. 能用绘画、建构游戏等方式表征基本图形和方位； 5. 能正确命名、指认平面图形名称； 6. 能按照范例找出相应的图形； 7. 能根据语言提示拿取物品； 8. 能说出几种新图形的基本特征，描述它们的区别； 9. 对圆形、三角形达到图形守恒； 10. 能理解平面图形之间部分与整体的关系
		过程指标	1. 在何种情境下准确使用方位词； 2. 用何种方式辨别图形特征； 3. 以何种方式区分不同图形； 4. 以何种方式理解图形之间的关系
5~6 岁	1. 平面图形守恒 2. 方位词的理解和运用 3. 左右方位的判断 4. 几何体的感知 5. 方位的相对性、传递性 6. 方位表征 7. 图形表征	结果指标	1. 熟练地以客体为中心判断“上下”、“前后”、“里外”等方位； 2. 尝试以客体为中心判断“左右”； 3. 在日常生活中正确运用方位词； 4. 能以图形典型特征及图形标准样式判断现实世界物体形状； 5. 理解“上下”方位的传递性； 6. 能判断离自己较远距离、稍偏物体的方位； 7. 能听指令做动作或改变方位； 8. 理解参照物和方位的关系； 9. 三角形和圆形守恒； 10. 在教师指导下，用材料表征平面图形； 11. 在教师指导下，综合运用方位设计游戏； 12. 正确辨认并说出几何体名称
		过程指标	1. 以何种方式判断两个分解图形的关系； 2. 在何种情境下正确判断方位； 3. 以何种方式感知几何体

二、幼儿形状与空间认知评价方法及案例分析

对幼儿几何形状及空间认知发展的评价，可以采取观察法和访谈法。

（一）观察法

1. 自然观察法

在幼儿一日生活和游戏中进行，现结合案例进行说明。

【案例 1】 在晨间活动时，辉辉（男，4 岁）跑来对老师说："老师，我在那边花坛的草丛里发现了一只蚯蚓。""哪边花坛？""那边！"辉辉用手指着远处说。

【分析】 在这个片段中，辉辉能够说出蚯蚓在花丛里，能用准确的方位词表示蚯蚓与花丛的关系，能以客体为中心判断里外。但不能对离自己较远的区域进行细分。这说明了幼儿空间方位的判断不具备连续性。

【案例 2】 阳阳（男，4 岁）在建构区拼搭，一边拼，一边说："我要在房子的前面铺一条石板路，在后面种上树。"教师走近一看，没错，果真如此。

【分析】 这个案例中，阳阳能够说"房子的前面"、"房子的后面"，说明他已经能够以客体为中心判断前后，并且能够很好地理解和运用这两个方位词。

【案例 3】 好好（女，5 岁）与妈妈一起下楼散步，走到楼下时，她对妈妈说，"妈妈，我们家住在 15 栋 2 楼，默默弟弟家住在 15 栋 6 楼，他家比我家高。"

【分析】 好好能够准确说出自己家以及小弟弟家住几楼，并能判断出谁家楼层高，说明她能正确对上下方位进行传递性推理。

【案例 4】 在玩具区，老师摆放了不同颜色、不同大小的圆形、正方形、三角形和梯形等，佳佳（男，4 岁）把所有的三角形挑了出来，并拼出了一条剑龙。

【分析】 佳佳能把不同颜色、大小的三角形都挑出来，说明他已经具备图形守恒能力。

【案例 5】 在绘画活动中，教师展示了一朵向日葵花盘，让小朋友照着画，好好（女，5 岁）在中间画了一个封闭的圆圈，在圆圈周围画了很多半圆，在圆圈内部点上了密密麻麻的黑点。

【分析】 此案例说明好好具备很好的图形识别能力，并能将其分解成几部分。说明她能够对现实物体做出形状的分解与组合。

2. 情境观察法

教师设计专门的活动判断幼儿空间及几何形体认知水平的发展。这些专门的活动可以是教学活动，也可以是游戏活动。

例 1："小小特种兵们开始爬上梯子，穿过管道，走过小桥，滑下滑梯，钻过桌子，你们做好准备了吗？预备开始……"在此活动中，教师利用游戏，让幼儿运

用身体运动来感知空间方位，教师可在此环节观察幼儿能否按照指令完成任务，从而判断幼儿空间感知能力。

例 2：教师拿出一块圆形积木，对幼儿说："你们能拿出和老师手中的图形宝宝一样的图形宝宝吗？"教师发出指令，然后观察哪些幼儿能对图形进行匹配。

例 3：教师在美工区提供不同大小、不同形状的纸张，让幼儿用圆形进行拼贴，教师在旁边进行观察，判断幼儿是否形成图形守恒。

例 4：教师提供各种形状的三角形，问幼儿："你能用其中的几块三角形拼成什么形状？"

（二）访谈法

教师可以在生活中，可以在游戏活动中，可以在教学活动中，也可以在幼儿休闲时，与幼儿进行谈话，下面罗列一些谈话内容：

①你能找出所有的正方形吗？（判断幼儿图形守恒能力）

②你能把正方形放在一起吗？（判断幼儿图形识别能力）

③你能用绳子摆出哪些形状？（对图形基本特征的感知和运用）

④为什么这个是球体？（判断幼儿对几何形体基本特征的感知及形状语言运用能力）

⑤请用你的左手抓住你的右手。（判断幼儿自身为中心的左右区分）

⑥请用你的右手抓住我的右手。（判断幼儿以客体为中心的左右区分能力）

⑦请向后退三步。（前后的判断和感知）

⑧请在房子前面种树。（前后的判断）

⑨请你看着这幅图，然后告诉我，小猴子怎样才能摘到桃子？（方位的综合运用）

⑩在这幅图中，你看到了几个三角形，还有别的图形吗？（图形的综合运用）

拓展阅读

1. ［日］弗. 格. 日托米尔斯基，勒. 恩. 舍夫林. 幼儿几何启蒙［M］. 凌安荣，译. 长沙：湖南人民出版社，1981.

2. 常宏. 3~6 岁儿童平面几何图形组合能力发展研究［D］. 上海：华东师范大学，2009.

3. 焦丽梅. 图形形状对 4~7 岁儿童大小知觉的影响［D］. 天津：天津师范大学，2004.

4. 施建农，陈宁. 幼儿身边的数学启蒙——几何形体与空间方位［M］. 北京：龙门书局，2007.
5. 毕鸿燕，方格. 4~6 岁幼儿空间方位传递性推理能力的发展［J］. 心理学报，2001 年第 3 期.
6. ［韩］张善慧. 寻找消失的爸爸［M］. 长春：长春出版社，2009.
7. ［韩］金世实. 阿锤和阿蛋愉快的一天［M］. 长春：长春出版社，2009.
8. ［韩］申知润. 吃了魔法药的哈哈阿姨［M］. 长春：长春出版社，2009.
9. ［韩］金世实. 点和线的相遇［M］. 长春：长春出版社，2009.
10. ［韩］李贵淑. 魔法三兄弟的探险之旅（三角形）［M］. 长沙：湖南少年儿童出版社，2011.
11.《认识长方形》幼儿园数学优质课展示在线观看-酷 6 视频，http://v.ku6.com/show/7IafoH2OF××Njg8ii60Rzg...html? from=my.
12. 全国著名幼儿园大班数学优质公开课活动《趣味拼搭》视频在线观看-56.com，http://www.56.com/u52/v_Njg5NzI1OTM.html.

复习与思考

一、名词解释：

1. 圆形
2. 正方形
3. 三角形
4. 图形守恒
5. 空间方位

二、简答题：

1. 空间有哪些特征？
2. 幼儿空间形体认知有哪些特点？
3. 幼儿空间方位认知有哪些特点？
4. 3~4 岁幼儿形状、空间认知的教育目标是什么？
5. 4~5 岁幼儿形状、空间认知的教育目标是什么？
6. 5~6 岁幼儿形状、空间认知的教育目标是什么？

三、论述题：

1. 试述如何指导幼儿认知形状。

2. 试述如何指导幼儿认知空间。

3. 试述如何指导大班幼儿认识球体。

四、实践探索学习活动：

1. 请为某幼儿园小班的孩子，设计一项空间认知教育活动。

2. 选择3名中班幼儿，评价其对形状的认知能力，针对每名幼儿的实际需要设计一项教育活动。

3. 选择3名大班幼儿，评价其对空间的认知情况，针对每名幼儿的实际需要设计一项教育活动。

第七章　幼儿时间认知发展与活动指导

本章导读

“一曲新词酒一杯，去年天气旧亭台。夕阳西下几时回？无可奈何花落去，似曾相识燕归来，小园香径独徘徊。”“今天要学习的是古诗词?”你错了。别急，你先说说你从这首词中发现了时间的哪些奥秘？

教学目标

情感态度目标：学生体会到时间公平的相对性，珍惜时间，养成良好的生活学习习惯；

知识目标：了解关于时间的基本知识；掌握幼儿时间认知发展的特点；掌握各年龄段时间认知活动的指导要点；

技能目标：学会合理利用时间；制定科学合理的认识时间的教学活动并能采取相应的办法进行评价。

精讲分析

时间是公平的，但又是不公平的。幼儿应习得哪些时间知识，如何习得时间知识，如何学会珍惜时间，养成良好的生活习惯；幼师生应如何进行关于时间的教学活动，如何评价幼儿时间发展水平，这是本章要解决的几个问题。在本章学习的过程中，幼师生重点掌握幼儿时间教学指导策略，学会观察和评价幼儿在此方面的发展水平。为达到此目的，幼师生们应根据编者提供的案例，尝试组织教学活动，并收集各种有关案例，进行分析、反思和总结。与此同时，幼师生们应尽可能地利用闲暇时间，收集并观摩、分析各种关于时间的教学视频。

第一节　关于时间的基本知识

俗话说“一寸光阴一寸金”，时间对于我们每个人都是宝贵的，与我们的生活密不可分。我们可以度量时间，但却很难界定时间。通俗意义上说，时间是一个计量“事件过程及长短”的类别名词。按牛顿提出的绝对时间理论来理解，时间是运动着的物质存在的基本形式，与空间一起构成宇宙的基本结构。宇宙中一切物质运动过程都是依托时间存在的，如花开花谢、月圆月缺、水滴石穿、生老病死等。

一、时间的特征

古今中外，不同的人从不同的角度对时间进行了研究，并用不同的形式来表达对时间的认识，如柏拉图认为“时间无始无终，循环流逝，36000 年为一个周期。”亚里士多德认为“时间是运动的计算，是运动和运动持续量的量度”。子在川上曰：“逝者如斯夫，不舍昼夜。”从这些表述来看，时间具有如下特征：

①流动性：时间不是静止的，它在永不停息地流逝着，而且不以任何人的意志为转移，并且时间始终朝着一个方向前进，永无休止地均匀流逝。

②不可逆性：时光不可倒流，今天过去了就永远不会再回来了。人在不断地变老，而不会越来越年轻，就是时间不可逆的表现。朱自清的《匆匆》就是对时间不可逆的感叹。

③周期性：时间的流动虽然是不可逆的，但又是有周期的。每天都会有早晨、中午和晚上，每年都有春、夏、秋、冬四季，都会有昨天、今天和明天。时间就是在这样周期性的流动中走向它无尽的历程。

④抽象性：时间看不见摸不着，无声无息、无色无味、无影无踪。我们只能借助某种媒介来认识时间、测量时间。这种媒介可以是自然界的周期性现象，如昼夜交替、四季轮回、物换星移等；也可以是机体内部的一些有节律的生理活动，如一个人的生老病死，还可以是计时工具，如钟表、日历等。

时间的概念是人类描述、比较、认识、归纳事物运动变化过程的先后顺序和持续长短的结果。人类自古就在不断追问和研究时间，试图控制和把握时间。在人类探索和研究的丰硕成果中，与人们日常生活和工作密切相关的方面主要是对时间的划分和记录，以及关于时间的词汇和时间的计量。

二、时间的种类

时间看不见摸不着，儿童需要一定的线索去帮助才能掌握时间。儿童通常将时间与三类事物联系在一起：个人经验、社会活动、文化。因此，对学前儿童来说，有三种类型的时间是他们必须要学习的。

在儿童个人经验中，他拥有自己的过去、现在和将来。过去对儿童而言，就是“我还是小婴儿的时候”，“昨天晚上”也并不真正指刚刚过去的那一天晚上，而是至此刻之前的任何时候。将来可能是“午睡之后”或“我长大之后”。他们并不能理解除他以外的人也有小时候或者还没出生的时候。

儿童很容易理解社会活动时间，因为这种社会活动时间就包含在有组织的教养环境当中。儿童从出生之日起，他们就处在这样的环境当中，他们睡醒后会被舒适地抱起，换尿布，喂奶，他们在这些活动中感受时间的长度和时间顺序。再大一点，他们知道起床之后应该要刷牙，吃完早餐就应该去幼儿园，在幼儿园，午睡起来之后就会有点心吃，不要多久，妈妈就会来接他回家，等等。他们渐渐适应这些作息规律，如果稍有改变，就会让他们感觉不安。

文化时间是在时钟和日历上固定下来的时间。每个人都要学习这类时间，虽然儿童进入具体运算阶段之后才能真正理解这些时间。他们学习有关时间的语言（秒、分钟、天、月）和计时器的名称（钟表、日历）以及计时器上的时间。

三、关于时间的词汇

汉语中有着丰富的时间词汇，时间词汇的使用优越于空间词汇。汉语中的时间词汇大致可以划分为以下几种：

①表示一般性时间，如时、岁、年等。

②表示时间次序，如先、后、以前、以后、同时等。

③表示时间单位，如秒、刻、时、天、周、月、季度、年等。

④表示时间点，如昨天、今天、明天、上午、下午、晚上、去年、今年、明年等。

⑤表示时间段，如一会儿、一天、一年等。

⑥表示动作时态，如正在、已经、马上、就要等。

⑦表示时间关系，如早些时候、很久以前等。

⑧表示特殊日子，如春分、雨水、寒露等节气，端午、中秋、重阳等节日。

第二节　幼儿时间认知发展的特点

时间认知是个体对客观事件的持续性和顺序性的认识，包括个体对事件的时间长短、先后、快慢等变化的认识。幼儿的时间认知有一个从感性直观到抽象概括的认知发展过程，即从最初依赖于与时间无关的具体情景（如早晨起床，晚上看电视等），到依赖位置、距离、速度等与时间因素有关的现象判断，最后掌握和运用抽象的时间词汇，如“过去”，“现在”、“未来”。① 一般来说，儿童对时间的认知主要包括三个方面：时序（时间顺序性）的认知、时距（时间持续性）的认知、时间的表征。

一、幼儿时序认知发展特点

（一）时序认知

时序是客观现象顺序性的反映，即两个事件发生的前后性或同时性。时序依赖于个体对这种周期性运动与变化的观察与体验。例如，幼儿每天都经历早上入园，中午在园进餐、午睡，下午离园回家这些事件，在日复一日的重复中逐渐体验并认识一日之内的三个较大的时间单位，即早上、中午、晚上，认识到早上、中午和晚上的发生顺序。

（二）时序认知特点

①对时间顺序的认知由近及远，由短周期到长周期。

由于幼儿对时间的认知主要来自自身的生活经验，最先认知的是经常出现的具有较高重复性的时间单位，因此呈现出由近及远、由短周期到长周期的发展趋势。幼儿最先认知一日之内三个较大的时间顺序即早上、中午、晚上；其次认识一周之内的时序，然后认识一月之内的时序，最后认识一年之内的季节。对幼儿来讲，循环周期越短，理解和掌握起来就越容易。

幼儿最先掌握的是一日之内的时间顺序，这是因为“一天”是一个从日出（天亮）到日落（天黑）的完整周期，它周而复始地持续着，并且与具体的生活事件相联系，如早晨要“起床”、“穿衣服”；中午要“吃中饭”；晚上则会“看电视、睡觉”。而星期、月、年无法形成关于自然现象规律性的变化周期，也没有较明显

① 林泳海．4．5~7．5 岁儿童时间认知发展的实验研究［J］．心理发展与教育，1996（1）：21.

的时间参照物。从有机体生理过程的节律来看，也是以一天 24 小时为周期来调节生命活动的。这种将时间形式与生活内容相结合的整体的、直接的生活体验使幼儿获得了关于一日时间的深刻印象。

②先认识时序的固定性，再认识时序的相对性。

时序兼具固定性和相对性的特征。时间的相对性是指时间的顺序不是绝对不变的，而是随着时间参照物的变化而变化的。如一天的晚上是在早上之后，但昨天的晚上相对于今天的早上却又成了前项。幼儿对时序相对性的认识较迟。例如，当他们掌握一日之内早晨、中午、晚上之后，会认为晚上出现在早晨之后，不能理解头天晚上出现在第二天早晨之前。方格等人的实验研究表明：4 岁组被试幼儿基本上还不具有时间的相对性概念，6 岁组被试仅有 40%的幼儿能通过测试项目。儿童首先认知时序的固定性，然后才认知时序的相对性，幼儿在 7 岁左右才能理解一日前后延伸时序和时序的相对性。

幼儿时序发展的这种特点主要受思维发展的影响。维奥曼通过实验证明，对时间标记如“第一次”、“首先”、“然后”这些词的理解和使用与儿童年龄有密切关系。对年幼儿童来说，时间标记会阻碍他们顺利完成任务，对年长儿童来说，则会帮助他们顺利完成任务。也就是说，幼儿的思维发展水平会影响他们对抽象时序概念的掌握以及时序相对性的认知。

二、幼儿时距认知发展特点

（一）时距认知

时距也指时间长度，是客观现象持续性的反映，即两个连续事件之间的间隔性或某一事件持续的时间段。幼儿对时距的理解和认知常和他们自身的需要和愿望相联系，他们最早知道的是生活中具体时间间隔的时距，如“从现在到妈妈下班我都要待在幼儿园”。

（二）幼儿时距认知特点

1. 从主观感受和单一维度出发判断对时间长度

幼儿往往从自身的主观感受出发来判断时距，他们所体验到的时间长度往往小于真实的时间长度。如两个小朋友商量轮流玩玩具，其中一个提出“我玩一会儿后给你玩”，刚玩几秒钟后，另一个小朋友就提出“你已经玩了一会儿了，该我玩了”。由此可见，幼儿对时间长度的判断是从主观体验和感受出发的。随着年龄的增长，幼儿开始能够较为准确地判断短时的时距，但此时幼儿往往只能孤立考虑一个维度，如以距离等来判定时间，或以起始时间或终止时间等判定时距。方格等人研究发现，6 岁幼儿已经能够准确判定 4 秒钟。

2. 幼儿对时距的认知受到计数策略的影响

幼儿对时距的认知与他们的计数策略之间有密切的关系。国外有学者考察了儿童在度量事件的时距时，如何自发使用计数策略的情况。研究结果发现，当时距呈现时，伴随着有节奏的声音，在这种情况下，儿童计数策略的使用会增加。7 岁以后，即使没有这种暗示，多数儿童也能自发地使用计数策略。

3. 幼儿对时距的认知受空间概念的影响

皮亚杰（Piaget）认为幼儿常常把移动物体的距离远近与时间长短混同起来，不会考虑物体移动的速度。因此，他们很难将空间关系和时间关系区分开。皮亚杰做过这样的实验，让幼儿开动两只机械蜗牛，当跑得较慢的蜗牛跑了较长的时间而没赶上跑得较快的蜗牛的时候，幼儿看到后不能准确地再现这件事情，他们坚定地认为慢蜗牛先停。也有学者研究发现，当用图片形式来表现事件，要求儿童在一个空间标尺上用空间上的远近代表事件上的早晚来对图片进行排序时，儿童的判断具有一定的准确性。这说明儿童可以借助某种空间标尺来标准时间。[①] 我国心理学家朱曼殊等人的研究表明，“速度”、“位置” 等空间概念，对儿童认识时间有极大影响。[②]

三、幼儿时间表征发展特点

（一）时间表征

时间表征是指外部世界中的物理时间在人的心理上的一致反映，是人的大脑对时间信息的存储、加工和表达方式。[③] 许多研究表明，低龄儿童的时间表征主要来自日常生活，常规活动的定时刺激使他们产生了某种时间模式的印象，并逐步形成该单元的表征。随着年龄的增长，幼儿接触到的时间经验越多，他们的时间模式知识也越来越丰富。

（二）幼儿时间表征特点

①对时间词汇的理解和掌握存在一定的困难。

幼儿对时间词汇的理解与应用与对时序和时距的理解和掌握规律相一致，也呈

---

① Curt Airedale . Assessing children's understanding of time-speed-distance interrelations . In：Iris Levin，Dan Kayaked. Time and Human Cognition. Elsevier Science Publishers，（3）：The Netherlands，1989：219-258.

② 朱曼殊，武进之，等. 儿童对几种时间词句的理解 [J]. 心理学报，1982（3）：295-301.

③ 李伯约，黄希庭. 时间记忆表征研究：继往与开来 [M]. 北京：新华出版社，2006.

现出由近及远、由短周期到长周期的趋势。

在时间单位词句的理解中，儿童首先理解今天、昨天、明天，然后向更小的单位如上午、下午、晚上，上午×时、中午×时、晚上×时和更大的单位如今年、去年、明年逐步发展。

在动作时态词句中，以现在为起点，然后向过去和未来延伸。幼儿最先理解“正在”（3~4岁），接着是“已经”（3~5岁），最后是“就要”（4~6岁）。我国曾经有调查研究发现，幼儿在掌握时间概念上的困难之一表现在：幼儿言语中表示时间的词汇出现得既晚又少。调查发现在70名2~6岁儿童所讲的1313句有修饰语的简单陈述句中，使用的时间词汇仅占22.76%；幼儿在使用时间词汇方面，首先使用的是表示时间顺序和“先”、“后”、“然后”以及表示不确定时间阶段的词汇，如“我小时候”、“有一天”等。

在幼儿的语言中虽然出现一些时间词汇，但是常常出现错误使用，如4岁的豆豆说，“我昨天去动物园了”，其实他去动物园是发生在一个星期之前的事情。由此可见，幼儿虽然能说出时间词汇，但没有真正理解词汇的含义，因此不能正确应用。

②在掌握时间概念的过程中逐渐把时间因素和空间因素分开。

幼儿在理解时间概念时，常常把时间因素和空间因素混淆。因为空间因素相对直观，而时间必须通过各种媒介物才能感知，所以幼儿对时间的认知比空间认知更难。4~5岁幼儿还常常分不清事物的空间关系和时间关系，在估计时间和再现时距时往往根据距离来判断时间，而不考虑速度。[①] 皮亚杰曾经做过实验，把两个娃娃放在起跑线上，发出一个信号后，两个娃娃开始赛跑，结果一个跑得快些，一个慢些。发出一个信号同时停止，问幼儿两个娃娃哪个跑得时间长，结果幼儿回答跑得远的那个跑得时间长。6岁幼儿仍然表现出这种倾向，但开始把事物的时间关系和空间关系区分开。7岁以后基本上能够区分空间和时间关系。

③对时间认识以自身的生活经验作为时间关系的参照物。

幼儿对时间的认识一般是通过日常生活中所接触到的各种周期性的运动作为参照物来进行判断的，往往与自己感兴趣的或具有较强重复性的事件联系在一起，而非依赖标准时间的支持。幼儿获得的相关直接经验越多，印象越深刻，越容易形成时间表象。例如，3岁幼儿所理解的早上就是太阳出来了，或者要去上幼儿园了，抑或妈妈拎包出门去上班了；晚上就是太阳落山了，或者爸爸下班回家了，等等。幼儿就是以日常生活经验为基础，借助周期性的、重复出现的自然现象和社会事件等作为参照物来认识时间的。弗瑞德曼（G. Fridman）在一系列实验中，把幼儿的几个日常生活场景（起床、早餐、晚餐、上床睡觉）分别画在一张图片上，然后让

① 金浩主. 学前儿童数学教育概论［M］. 上海：华东师范大学出版社，2000年，p. 50.

幼儿按顺序排列图片，结果发现，4~5 岁幼儿能够正确表征其日常生活事件的序列，有些幼儿所排序的时间甚至超过了“一天”的时间范围，比如晚餐→上床休息→午餐。因此，弗瑞德曼指出，3 岁幼儿就已经对其常规活动有了基本了解。①

第三节　幼儿时间认知活动指导

一、各年龄段时间教学目标和教学内容

（一）3~4 岁时间教学目标与内容

3~4 岁时间教学的目标和内容主要是集中在时间顺序认识和时间词汇的掌握方面，具体包括引导幼儿结合日常生活事件和自然现象来感知、识别一天中的几个较大的时间单元：早晨、中午、晚上；白天、黑夜；区分这些时间单元发生的先后顺序，并能正确运用这些时间词汇。

（二）4~5 岁时间教学目标与内容

进一步帮助幼儿认识早、中、晚的时间顺序，增加今天、昨天、明天等更大时间单位的内容，增加时间长度的认知。在本阶段，除了进行今天、昨天、明天的时间顺序的教学外，还要让幼儿感知理解时间长度的变化。

具体教育活动目标如下：认识并区分今天、昨天、明天；能运用时间词汇“今天”、“昨天”、“明天”来正确表述事件发生的时间顺序；初步感知时间长度的变化。

（三）5~6 岁时间教学目标与内容

面向 5~6 岁幼儿的时间认知的教学应在巩固幼儿对一日之内和一日延伸时间的理解的基础上，着力促进幼儿对更短周期和更长周期时间的感知和理解，增加认识星期、月、四季、年、时钟和日历的内容。

这一阶段的时间认知教育活动的具体目标如下：初步认识星期、月、四季、年；进一步感知时间长度；认识时钟和日历，感知时钟和日历的用途；初步尝试管

① Friedman, W. J. The development of children's representations of temporal structure . In F . Macar, V. Pouthas, &, W. J. Friedman (Eds), Time, action, and cognition: towards bridging the gap. Dordrecht, Netherlands: Kluwer, 1992: 67-75.

理和安排自己的时间、制订计划并完成计划。

二、幼儿时间认知教学活动指导

（一）时序的教学活动指导

1. 时序教学活动指导一般策略

关于时序的教学可以在小、中、大班进行，时序认识由近及远。不管是哪个年龄班的时序教学，教师都可以按照以下几点来进行：

①在日常生活中对幼儿进行时序教学。

教师应在一日生活的各个环节和各项活动中注意渗透有关时间的认知。如建立良好的生活作息制度，保证在固定时间开展常规性活动，形成稳定的规律性的活动顺序，加强幼儿对时间与具体活动事件的联系，积累具体的时间经验。

教师可以在日常生活的言谈中，帮助幼儿经常性地、正确地运用表示时间的词语。如每天来园后，教师可以问幼儿："你今天早上吃早餐了吗？早上是谁送你来的？"等。教师还可以在一天结束时与幼儿一起回顾一天中的活动流程与内容，如"今天早上几点起床？""今天下午玩了什么游戏？"结合幼儿的具体经验来强化幼儿对时间的理解。通过教师的提醒以及幼儿经常性的回顾与反思，慢慢地能够将时间概念与一日生活紧密联系起来。

场景一

大班星期五离园前

师：孩子们，请拿着我们做的一周记录表和你的小伙伴们说说你这一周都做了哪些事情。我们可以这样说：星期一我去升国旗了，星期二我学了轮滑，星期三我画画了，画了一群在玩游戏的小兔子……

幼儿：……

师：我们还可以这样说：星期五早上我7点钟起床，7点30分吃早餐，8点钟到幼儿园，我奶奶送我来幼儿园的。中午在幼儿园吃中饭，我吃了红萝卜炒肉，喝了排骨冬瓜汤。我还睡了午觉。下午我们玩了"老狼老狼几点钟"的游戏。

师：回去的时候，可以和你的爸爸妈妈一起说说这一周做了哪些事。

场景二

中班吃完早餐之后

教师把孩子们带到一日活动安排公告栏前，问孩子们：

师：今天是星期几，我们要做哪些事情？上午我们需要做哪些事情？下午我们需要做什么？中午呢？

幼：……

师：明天星期几？我们要做哪些事情？上午我们需要做哪些事情？下午我们需要做什么？中午呢？

……

②创设丰富的环境，引导幼儿学习时序。

在整个学前阶段，儿童感知时间都需要有具体的现象和事件作为经验支持。因此，在教学活动中，教师一定要注意创设丰富的环境让幼儿充分感知体现时间的顺序性与周期性的活动和现象，并向幼儿提供具体形象的材料作为支持，如幼儿活动的照片，不同季节的自然景象等，或者设计具体的活动，让幼儿将这些时间概念与特定的活动相联系，从而帮助幼儿结合经验来感知时间顺序。

教师可以在活动区提供以时间为线索的图片，让幼儿观察或者对图片进行分类或排序，通过观察和动手操作来让幼儿主动感知时间的顺序性。例如，在活动区域提供一组小动物在白天与黑夜活动的图片（如小白兔白天在草地上玩耍，晚上睡觉），让幼儿描述图片上画的是什么时间、小动物在做什么，或者教师描述某一时间做某种活动的小动物，让幼儿找出相应的图片并说明为什么判断是白天或晚上。

教师在室内墙面展示出班级中主要活动的情景，如早晨入园老师接待小朋友，上午小朋友们做游戏，中午睡觉，下午爸爸妈妈来接小朋友回家，按照一日生活的时序排列起来，鼓励并引导幼儿谈论图片上的时间与活动，帮助幼儿理解这些活动发生的时间及顺序。

教师可以为幼儿准备一些有关时间的图书。为小班幼儿选择图书时，教师应注意图书中必须配有描绘自然现象或生活事件的图片，能够将抽象的时间概念具体化，以帮助幼儿理解。例如，教师可以与幼儿一起阅读《小白兔的一天》。在阅读故事时，教师重点引导幼儿说说自己在这个时间都做些什么，或者同样的事情都是在什么时间做的，等等。

③在游戏中进行时序教学。

教师可以通过组织丰富多彩的游戏活动，让幼儿体验到昨天、今天和明天的不同。如教师可以和幼儿一起玩“我的水果店”的游戏，让幼儿扮演不同的角色，通过游戏情节的开展，让幼儿在角色扮演中感知昨天、今天、明天，知道等到太阳再次升起时明天就来到了，引导幼儿在角色扮演中运用“今天”、“昨天”、“明天”等词汇。如说“今天的草莓已经卖完了，你明天再来买吧”，让幼儿从自身的角度出发，感知时间顺序的发展变化。

2. 集体教学活动指导策略

①通过各种方式唤醒幼儿已有的相关经验。

教师在活动之初可通过图片、Flash 视频、幻灯片等手段呈现幼儿在特定时间段的具体活动，以唤醒幼儿跟具体教学内容相关的经验。这些教具应具有以下特征：第一，图片、视频、幻灯片等教具上标有具体时间，以便帮助幼儿理解抽象的时间概念。在“昨天、今天和明天”的教学活动中，教师呈现的图片或视频等教具在时间上一定是幼儿刚刚过去的那一天的具体活动，上面标有刚刚过去的那一天的年份、月份和日期，如今天是 2015 年 6 月 21 日，教具图片上的日期则应是 2015 年 6 月 20 日。笔者在观摩幼儿园老师的活动中发现，“昨天、今天和明天”这三个时间概念对幼儿园教师来说，是很难以用准确的语言来向幼儿解释清楚，幼儿也总是把“很久以前”和“昨天”混淆不清。第二，图片、视频所呈现的具体事件一定是幼儿熟悉的或者经历过的。第三，所呈现的具体事件一定要能体现出所代表时间的典型特征。如小班数学活动“白天和黑夜”，教师呈现的事物是“太阳和月亮”；而在认识“早上、中午和晚上”时间时，教师呈现的具体事件则是“太阳刚升起、太阳在头顶、太阳下山\ 月亮出现”。

②引导幼儿初步感知相关的时间概念。

根据教学目标和活动内容，通过具体事件引导幼儿感知具体的时间概念。如中班数学活动“早上、中午和晚上”，教师提问：除了刚刚我们在图片上看到的，你在早上还会做哪些事情？中午呢？晚上呢？教师通过幼儿的回答和描述，可以了解幼儿对这三个时间概念的理解程度。而在“认识四季”活动中，教师则可以根据图片提问“这是什么季节？你是怎么知道的？人们在干什么？”类似的问题，引导幼儿感知四季最明显的特征。教师还可以采取分类的方法引导幼儿感知时间顺序，如教师可以问“这些活动哪些是发生在白天的，哪些是发生在晚上的？”“请你把白天发生的事情放在贴有太阳的框里，把晚上发生的事情贴在贴有月亮的框里。”

③引导幼儿感知相关时间顺序。

在此环节，教师可以采取讲故事、排序等方法来引导幼儿感知事件发生的时间顺序并能用“然后、紧跟着”等词语来进行表达。教师可以将一日生活的各个典型活动做成图片（图 7-1），要求幼儿根据活动发生的时间先后顺序进行排序并描述。教师也可以将故事内容绘制成图片并打乱顺序，请幼儿按照顺序进行重新排列，或者根据故事情节进行表演，等等。

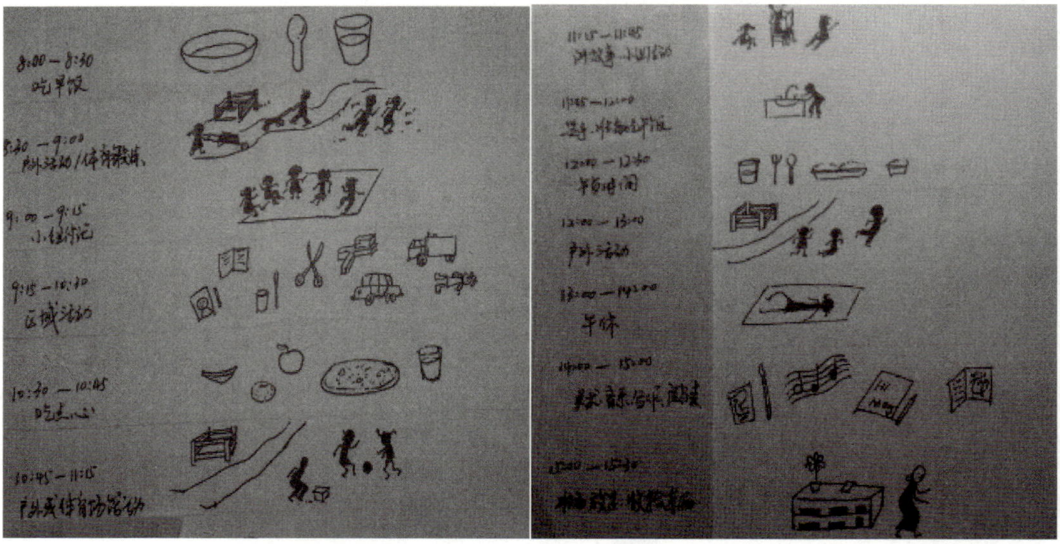

图 7-1　一日生活安排表

④在操作和游戏活动中巩固幼儿对时间顺序的体验。

这一环节是对第三环节的深化。教师具体操作方法上与上一环节可以相同，但教师可以通过变化幼儿操作的材料和游戏内容来达到此目的。

教学活动案例 7-1

认识白天、黑夜（小班）

设计意图：

时间对于小班幼儿来说是一个很抽象、很模糊的概念，幼儿对时间的理解往往与他们所熟悉的事件相联系，因此，帮助幼儿形成时间概念时应充分考虑这一点。小班幼儿自从上幼儿园后，他们的活动范围扩大了，白天在幼儿园生活，晚上在家里生活，一天中家园两地的不同活动为他们感知时间提供了条件。幼儿可以在认识时间、感知时间的存在和流动的过程中，发展一定的时间知觉。

活动目标：

1. 认知目标：借助已有的经验，认识白天和黑夜，知道白天和黑夜的有关现象和特征；

2. 技能目标：通过操作活动培养观察能力，能用简单的语言表述白天和黑夜的特征及人们的活动；

3. 情感态度目标：有兴趣了解有关时间变化的知识，愿意用语言表达交流自己的观察情况。

活动准备：

1. 物质准备：白天、黑夜的背景图；太阳和月亮的标记卡；各种白天和黑夜的特征及人们生活活动的图片、幼儿近日在幼儿园的活动图片等；白天和夜晚典型的用具；

2. 经验准备：幼儿已认识太阳和月亮，在日常生活中观察过白天和黑夜的特征和一天不同时间里人们从事的活动。

活动过程：

一、教师提问导入：你在什么时候会看见太阳？白天还是晚上？什么时候会看见月亮？白天还是晚上？

小结：只有白天才可以看见太阳，晚上才能看见月亮。

【分析】教师通过提问唤醒幼儿已有经验，引导幼儿将事件与具体时间结合起来。

二、教师出示白天和黑夜的背景图并请幼儿操作。

提问：这两张图片中，哪一张是白天，哪一张是黑夜？为什么？

教师出示标记卡并提问：这是什么标记卡？他们分别出现在什么时候？

操作引导语：请你把这两张标记卡分别贴在相应的图片栏里。

小结：白天光线强，很亮，晚上光线弱，很暗。太阳在白天出现，所以贴在白天图片里，月亮在晚上出现，所以贴在黑夜图片里。

【分析】幼儿是在操作中将抽象的时间概念具象化，通过操作活动，将幼儿内隐的时间概念外化，检验幼儿对时间概念的把握。教师的总结是对幼儿经验的提炼，也是提升。既是引导幼儿用规范化语言表述的一种示范，也是对幼儿内隐知识的一种提示。

三、教师出示各种活动图片，进一步引导幼儿区分白天和黑夜的特征。

提问：你在图片上看见了什么？人们在干什么？哪些是白天里的活动？哪些是黑夜里的活动？为什么？

【分析】通过丰富多样的幼儿熟悉的活动，拓展幼儿对白天和黑夜的认识。

四、操作

教师分发各种活动卡片，请幼儿进行连线，并进行示范。

引导语：你们的桌上有很多卡片，请你仔细看一看，哪些是在白天出现的，哪些是在黑夜出现的。白天出现的就用一根线和太阳连起来，晚上出现的就请用一根线与月亮连起来。像老师这样。

1. 教师示范连线。

2. 幼儿操作，教师巡回指导。

五、跳房子游戏

1. 老师在地板上画房子，把代表白天黑夜的图片分别贴到每个格子里面，一个代表白天，一个代表黑夜，依次循环下去，分平均就可以。游戏如图 7-2 所示。

图 7-2　“跳房子”游戏图

2. 游戏玩法：幼儿手拉手围成一个圈，观察一下格子里面有什么，例如：格子里面有代表白天黑夜的背景图。

3. 游戏规则：扔三角片，把三角片丢到哪个格子里面，就跳到哪个格子，并说“我跳到××（白天或黑夜）格子”。双脚跳。

- 活动评析：

本活动把“白天”和“黑夜”的时间概念通过图片和事物帮助幼儿理解白天和黑夜，从而感知时间的变化。这种方式符合小班幼儿的直观思维特点。在活动的第四个环节采用连线的方式强化幼儿对“白天”和“黑夜”的不同，第五个环节通过游戏的方式帮助幼儿明白“白天”和“黑夜”的时间交替现象。本活动设计巧妙，有效地达成了较高的教学效果。

（二）时距的教学活动指导

1. 时距教学活动一般指导策略

①教师应通过丰富多样的活动将时间长度可视化。

视觉可以观察到物体的长度、宽度、体积等，身体运动觉可以感知到物体的重量等，但没有感官可以直接感知时间长度。因此，教师要帮助幼儿感知体验时间长度，就必须将看不见、摸不着的时间长度可视化，将无形的时间长度与有形的活动或事件建立联系。因此，教师集体教学活动内容的选择一定是幼儿熟悉的生活经验。

教师可以将生活、游戏或其他领域的教育活动中渗透时间长度的经验整合到时距教学活动中。例如，让幼儿观察并记录班级中的植物或小动物的生长过程，计算各种变化所需要的时间。如在科学活动中，教师可以鼓励幼儿观察并记录黄豆几天发芽、蚕多久吐丝等。在语言活动中，教师可以引导幼儿在故事中感受时间的长短。如与幼儿一起阅读绘本《让我安静五分钟》，不仅让幼儿学习体会别人的感受，而且书中的许多关于五分钟之间时间的对比，可以丰富幼儿对较短时间长度的认知。

②组织专门的活动来感知时间长度。

教师也可以组织专门的活动来引导幼儿体验时间长度。如教师可以将定时器定在 5 分钟（或其他时间长度），鼓励幼儿尝试在 5 分钟内能做哪些事情，告诉幼儿当铃声响起时必须停下手中的活动。在 5 分钟结束后，可以鼓励幼儿说一说自己在 5 分钟里都做了什么，描述自己对 5 分钟长度的感受。

教师还可以鼓励幼儿在不同长度的时间内尝试同一类型的活动，如在 1 分钟、5 分钟、10 分钟内拍球，比较时间长短与拍球数量的多少。鼓励幼儿尝试在相同时间内完成不同任务，如先在 5 分钟内拍球，再用 5 分钟跳绳，让幼儿在不同的活动中感知同样长度的时间。

③鼓励幼儿提出估时策略，引导幼儿有意识地区分时间长度。

5~6 岁幼儿已开始能用计数、认读客观计时工具等策略来解决时间长度的估计问题。因此，教师可以鼓励幼儿提出策略来估计时间的长度，引导幼儿交流和分享估计策略。例如，在户外活动结束后，让幼儿趴在桌子上安静地休息一分钟，一分钟后抬起头看着教师，听教师讲故事。教师可以在所有幼儿抬起头后，请幼儿讲一讲自己是用什么方法来判断一分钟到了没有，然后再讲故事。

教师还可以组织专门的活动来教给幼儿运用计数、借助计时工具等方法来判断时间长度。如教师可以出示日历，让幼儿数一数一共有多少天，今天是几月几日，这个月还有多少天就过完了，下个月共有多少天，数数离各自的生日还有多少天等，让幼儿在数数的过程中学会看日历，体验借助日历来判断和区分时间长度。此外，教师还可以将计数与有节奏的声音或动作相结合，引导幼儿运用估时策略来判断和区分时距的长短。

④有意识地创设任务情景，锻炼幼儿时间规划与管理能力

教师可以在一日生活中有意识地创设任务情景，引导幼儿感知时间长度，学习在规定时间长度内规划自己的生活和学习，锻炼时间规划与管理的能力。例如，游戏结束时，教师告诉幼儿："请你把玩具收拾好，再过 5 分钟，我们到外面排队做操。" 5 分钟后，教师就请幼儿到外面排队。幼儿在这个过程中就体验了 5 分钟到底有多长。教师还可以组织一些比赛性的活动，如看谁穿衣服穿得快，让幼儿体会做事的快慢，感受时间的长短。幼儿通过自己的活动，能获得对时间长度的真切体验。而教师经常对幼儿提出时间的要求有助于培养幼儿的时间观念。

2. 集体教学活动指导策略

①认识各种计时工具并学会使用方法。

没有单独的感觉器官可以感知时间长度，但人类却发明了各种计时工具来测量时间的长度，如古代的日晷、水漏和沙漏，近代的机械钟和摆钟，现代的石英钟、原子钟以及各种表、计时器等。我们可以通过具体的计时工具来让幼儿感受时间长度。现在使用最频繁的就是计时器以及秒表。有专门的计时器和秒表，还有智能手机自带的计时工具等。教师可以在活动开始之前引导幼儿熟悉一种计时工具及其使用方法，导入活动。

②引导幼儿初步感受时间长度。

"1 分钟" 是基本的时间单位。教师首先可引导幼儿感知 1 分钟的时间长度。然后再感知 5 分钟、10 分钟的长度。教师直接用计时器来计时，让幼儿根据计时器的节奏用数数的办法来感知 1 分钟，知道 1 分钟是 60 秒。

③通过具体活动，教师引导幼儿感受单位时间长度与具体活动的关系。

在此环节，教师的主要目的是让幼儿感知在确定的单位时间内，可以从事不同的活动类型，同一活动类型的活动结果也因人而异，从而初步感受时间公平的相对性。教师在活动中可以发出这样的引导语："孩子们，请你们数一数你们在 1 分钟内拍了多少个球?" "孩子们，你们可以选择自己喜欢的项目，可以是跳绳，也可以是拍球，还可以是拍手、跺脚等，在 1 分钟时间内，数一数，并记录下你活动的个数。记住，时间是 1 分钟。"

④教师引导幼儿学会使用各种符号来表达单位时间内的活动。

孩子可以用记录卡记录下自己和别人在固定单位时间长度内的活动，也可以用语言来描述自己和别人的活动。研究证明，幼儿对时间持续认知处于萌芽且不稳定的阶段，用时间语言来表述活动有一定的困难。因此，教师需要作出相应的示范，如在"1 分钟可以做什么"这个活动中，教师通过这样的引导语进行示范，"这是

一张记录卡，这个符号代表跳绳，这个符号代表拍球，请你把你的小伙伴跳绳的数量或拍球的个数用数字记录在这个表里，如跳绳 5 个，就用记录笔在跳绳这一栏写数字“5”，引导幼儿学会使用记录卡。在需要孩子用语言表述自己的活动时，教师仍然先进行示范，“我在 1 分钟内跳绳 8 个，乐乐在 1 分钟内拍球 10 个”。

教学活动案例 7-2

1 分钟可以做什么（中班）

设计意图：

时间对我们每个人来说，是公平的，也是不公平的。在 1 分钟内，不同的人可以完成不同的任务，可以做的事情的数量也是不一样的。1 分钟，对不同的人来说，感受会不一样，有些人感觉 1 分钟过得很快，有些人感觉过得很慢，有些人觉得 1 分钟毫无意义，但有些人却争分夺秒。如何让幼儿感受到 1 分钟的长度，从幼儿阶段开始学会珍惜时间，养成良好的生活习惯，是本活动设计的初衷。幼儿还不能准确地把握时间，活动中，教师可利用可视的计时器作为工具，弥补这一不足。

活动目标：

1. 认知目标：初步了解什么是时间，感受时间公平的相对性；
2. 技能目标：能用“1 分钟×××做了……”描述自己的活动；
3. 情感态度目标：幼儿能说出自己对时间长度的感受，学会珍惜时间。

活动准备：

1. 物质准备：跳绳若干、皮球若干、活动区域、计时器 2 个、各种颜色记号笔若干、记录卡若干、白胶带；
2. 经验准备：已经了解班上大多数孩子的兴趣爱好。

活动过程：

一、教师引导幼儿认识计时器并示范它的用法。

提问：这是什么？你们知道它可以用来干什么吗？

引导语：计时器可以这样来用，看清楚了吗？

提问：你们谁愿意来试试？（多请几个幼儿尝试）

二、引导幼儿初步体验时间长度。

引导语：请你根据计时器的节奏数一数，数多少下，1 分钟就到了。

提问：你数多少下，1 分钟就到了？（活动中每个孩子的节奏是不一样的，有的快，有的慢，教师需总结确定 1 分钟就是 60 秒）

三、教师引导幼儿发现 1 分钟可以做哪些事情。

1. 教师分组，并明确活动要求。

引导语：这是跳绳和皮球，你们2个人一个小组，你们可以跳绳，也可以拍皮球，但要把跳绳的数量和拍皮球的数量记录下来，待会儿告诉你的小伙伴和老师。时间为1分钟。

2. 教师出示记录卡和彩色记录笔，阐述其作用。

引导语：这是一张记录卡，这个符号代表跳绳，这个符号代表拍球，请你把你的小伙伴跳绳的数量或拍球的个数用数字记录在这个表里，如跳绳5个，就用记录笔在跳绳这一栏写数字5。

3. 教师示范记录卡的使用方法。

引导语：现在请×××小朋友来跳绳，×××小朋友计时1分钟，大家一起数数看，他一分钟能跳多少个？老师来记录。好，×××小朋友1分钟跳了10个，我用红色记号笔在绳子栏写“10”。(活动记录如图7-3所示)

4. 幼儿自由选择活动任务，并作记录。

5. 教师引导幼儿交流自己的结果。

引导语：这是小朋友的记录卡，请你们说说你们的发现，可以这样说：“我在1分钟内跳绳8个”，也可以这样说“×××在1分钟内拍球11个”。老师先说：“乐乐1分钟拍球10个。”

小结：1分钟内，我们可以做很多事情，可以拍球，可以跳绳，还可以做别的事情，但每个人在1分钟内拍球、跳绳的数量是不相同的，有的可以拍20下球，有的只能拍8下球。有的可以跳绳15个，有的只能跳3个。这是为什么呢？

四、教师和孩子们一起在教室走圈并计数，再次引导幼儿探索1分钟内可以做的事情。

1. 慢走并计数。

引导语：这个白胶带画了个圈，待会儿你们和老师一起在这个圈内慢慢走，看看1分钟我们能走几圈。

2. 快走并计数。

引导语：我们一起走快点，这次看看能在1分钟内走几圈。

提问：这是第一次走的圈数，这是第二次走的圈数，为什么不一样呢？

小结：哦，速度快的时候，我们能跑更多的圈！

五、区域活动。

幼儿四人一组进入到自己喜欢的区角玩，两人玩，两人等待，轮流，时间为1分钟。

提问：

1. 你们等待的时间是多长？玩的时间是多长？是一样长的吗？

2. 请你们说说，你们刚刚觉得1分钟时间是长还是短？为什么？

小结：哦，等待的时候觉得1分钟时间很长，玩的时候觉得1分钟时间很短。

【分析】幼儿是凭借主观感受来判断时间长度的，做自己喜欢做的事情时，感觉时间很短。做自己不喜欢的事情时，感觉时间很长。此区域活动中设置让一人玩，让一人等待的环节，就是为了让幼儿说出自己的感受，通过教师的引导，体会到时间长度的稳定性和相对性。

六、活动结束。

结束语：回家之后请记录妈妈一分钟做了哪些事情？爸爸做了哪些事情？

- 活动评析：

时距和时刻对于中班的幼儿来说，是两个极容易混淆的概念。在本活动中，教师首先让幼儿观看操作秒表，来感受时间在不停地变化，然后采用“1 分钟可以做什么”的问题，引导幼儿理解时间的跨度，从而引出时距的概念，在最后环节，通过区域活动，帮助幼儿体会时间长度的稳定性和相对性。整个活动条理清晰，设计灵活。

图 7-3　活动记录卡

(三) 时间表征的教学活动指导

1. 时间表征教学活动指导一般策略

①在观察和操作中认识钟表和日历的结构。

观察和比较是数学学习的重要方法，是幼儿在丰富感知经验的基础上抽象出数学关系的必要途径。教师可以提供不同形状的时钟实物或图片，让幼儿自己观察，然后和幼儿一起讨论钟面上的构成部分及特征，包括钟面上一共有多少数字、数字的排列顺序。教师还可以让幼儿自己转动表针，观察和描述指针的转动和变化规律。然后，教师边用时钟演示讲解分针的转动与时针变化之间的关系，向幼儿说明长针是分针、表示多少分钟，短针是时针、表示多少小时，时针走 1 个数字，意味着时间过了 1 个小时。

教师给幼儿提供不同的日历，让幼儿观察，与幼儿一起讨论日历上都有些什么，都代表了什么意思。通过观察和讨论，让幼儿理解日历显示了一年的时间，哪个数字是表示月份，哪些数字是表示日期，哪些数字是表示星期几；并引导幼儿观察数字的排列规则，让幼儿理解每个月都是从 1 日开始，每 7 天一行，横行是一个星期，竖列表示这几天都是星期几，等等。

教师可以提供材料让幼儿在美工制作和绘画活动中设计和制作自己的钟表和日历，在动手制作和操作的过程中巩固幼儿对钟表和日历的认识。

②在生活和游戏中感知钟表和日历的用途。

首先，教师可以与幼儿一起讨论他们什么时候会用到钟表和日历，调动幼儿已有生活中有关钟表和日历的经验。在回顾和分享的过程中，引导幼儿感知钟表和日历的用途。

其次，教师可以在环境中提供钟表和日历，并在日常生活和游戏中提示幼儿借助钟表和日历来判断时间。例如，教师可以用图片的方式展示幼儿在园一日生活的流程。图片上画有不同的生活片段，配有一个显示时间的钟表图案，如上午 9 点钟做游戏、11 点钟吃午餐，下午 3 点钟午睡起床、4 点钟户外游戏等。这些图片不仅可以提示幼儿一天的生活作息安排，给予幼儿安全的预期，形成规律的生活，而且可以让幼儿感知钟表的用途。再如，教师在活动起止环节，在提示幼儿关注时间时，可以提醒幼儿钟表的状态，如“接下来我们可以玩 30 分钟区域游戏，现在时钟上的长针指到 12，等指到 6 的时候，小朋友们就要收拾玩具了。”教师的提示说明可以通过观察钟表来确定时间，从而帮助幼儿理解钟表的用途。

2. 集体教学活动指导策略

①教师以猜谜语或其他方式引入需认识的时间标尺。

好的导入技能既能切入主题，又能激发幼儿对主题学习的兴趣，收到事半功倍的效果。幼儿需认识的时间标尺主要是时钟和日历，关于两者的谜语很多。教师在活动一开始可以以猜谜语的方式导入，激发幼儿对时间标尺认识的兴趣。此外，还可以以儿歌、音乐等方式导入。

②教师引导幼儿谈论自己见过的时间标尺。

教师引导幼儿谈论自己见过的时间标尺，既可以唤醒幼儿的生活经验，也可以让教师了解幼儿在此内容方面已有的发展水平，确立和调整后面教学的深度。如可以让幼儿谈谈生活中自己是如何来确定时间的。

③教师引导幼儿观察、操作需认识的时间标尺。

此环节有利于幼儿了解时间标尺的结构。对时间标尺的教学，教师最好提供不同类型的实物而不是图片，供幼儿操作和认识，也便于教师演示。如教师可以提供各种不同形状的时钟实物，让幼儿自己观察，然后和幼儿一起讨论钟面上的构成部分及特征，包括钟面上一共有多少数字、数字的排列顺序。教师还可以让幼儿自己转动表针，观察和描述指针的转动和变化规律。然后，教师边用时钟演示讲解分针的转动与时针变化之间的关系，向幼儿说明长针是分针、表示多少分钟，短针是时针、表示多少小时，时针走 1 个数字，意味着时间过了 1 个小时。

④在生活中运用时间标尺。

在生活中运用时间标尺，是为了让幼儿感受时间标尺的用途。来源于幼儿生活并能服务于幼儿生活的教学才能激发幼儿学习兴趣，也才能促进幼儿的发展。如在认识日历活动中，教师可以让幼儿在日历上找到幼儿熟悉的节日，并能用数数和运算的办法确立此节日距离今天还有多少天。

⑤用游戏巩固对时间标尺的认识。

游戏的设置一定要跟内容吻合，也要为教学目标服务。

教学活动案例 7-3

认识时钟（大班）

设计意图：

时间是看不见、摸不着的，具有一定的抽象性。那么如何来记录时间呢？这就会用到生活中常见的时钟。认识时钟的特点和运行规律是生活中必不可少的常识，大班的幼儿已经初步具备了一定的时间观念，可以开始尝试着认读时钟上的时间了。

活动目标：

1. 认知目标：了解时钟的结构及分钟、时钟的运行规律；
2. 技能目标：学会看整点和半点；
3. 情感态度目标：通过游戏，提高幼儿认识钟点的兴趣。

活动准备：

1. 物质准备：手工制作的硬纸片钟（数量视幼儿的人数而定，教师也可以制作一个大的模型钟）；老狼与小羊头饰；实物钟；
2. 经验准备：在日常生活中见到过时钟。

活动过程：

一、教师介绍新朋友。（教师可以直接导入或以谜语的方式导入）

导入语1：今天老师要给小朋友们介绍一位新朋友，这位新朋友会告诉人们什么时候起床，什么时候上学，什么时候回家，什么时候睡觉。请大家猜猜这位新朋友到底是谁呢？

导入语2：会走没有腿，会说没有嘴，它能告诉我们什么时候起床，什么时候睡觉。

二、教师引导幼儿说说见过的钟表。

1. 教师让幼儿听闹钟的响铃，让幼儿判断是什么在响。

2. 教师请幼儿说说家里的钟表是什么形状的，还见过什么样的钟表（有闹钟、手表、挂钟和大座钟）。

三、简单认识钟面（时针和分针）

引导语：今天老师也带来了一个钟，看看它是什么样子（圆形）。请小朋友们仔细观察，看看钟面上有什么（有两个指针和12个数字）。

提问：这两根针有什么不同（长度不同）？它们的名字是什么？钟面上一共有多少个数字（12）？

引导语：它们像小朋友们一样都有自己的名字，长的叫分针，短的叫时针。

四、感知时针和分针的运行规律

引导语：今天，时针和分针要进行跑步比赛，小朋友们来做裁判，看看它们谁跑得快。现在它们都站在数字12的起点上了。首先请小朋友们猜猜它俩谁会赢？好，比赛就要开始了，预备——开始！（教师操作钟表）

提问：谁跑得快？（分针）分钟和时钟赛跑的时候，它们之间有个秘密（教师反复操作）。小裁判们，你们发现这个秘密了吗？

总结：分针走一圈，时针走一格，这就是1小时。

五、认识整点。

1. 教师操作，引导幼儿认识整点时间。

（教师把时针拨到1，分针指向12）提问：现在几点？（变化时针位置，反复操作，反复提问）

师小结：当分针正好指着12，时针指向哪个数字，就表示几点。

2. 幼儿操作，拨出整点时间。

幼儿练习拨7点、8点、9点、10点……12点，并相互查看。

教师指导并提出注意事项：拨钟的时候，一定要按照顺时针方向拨。

六、游戏“老狼，老狼几点了”。

1. 向幼儿说明游戏规则：老师或一位小朋友扮演老狼，请其他小朋友扮演小羊。老狼在前面问“小羊，小羊几点了？”老狼就双手拿着一个钟，然后拨一个时间，小羊一起说几点了。如果老狼拨到6点，那就表示老狼要吃小羊了。

2. 请几名幼儿和老师先示范一次。

七、教师引导幼儿小结：时钟是用来干什么的？时钟上有什么？它们的秘密是什么？

- 活动评析：

时钟作为时间的标尺之一，是记录每一天的不同时刻，是当今人们生活中不可缺少的工具。本活动首先帮助幼儿认识时钟的构造和特点，然后在动手操作中感受分针和时针的运行规律，最后在游戏中认识整点。对时钟的认识要融入到一日生活中，让幼儿真实感受时钟的作用和现实时间的确定性和客观性，时间不可以人为地改变。

教学活动案例 7–4

认识日历（大班）

设计意图：

日历是日常生活中的一个时间标尺，它可以记录每一天、每一周、每一月、每一年的时间变化。对于大班的幼儿，已经能够明白昨天、今天、明天的概念了，需要更加确定地说明某一天，所以在教学活动中，帮助幼儿认识日历，认读日历是不可缺少的内容。

活动目标：

1. 认知目标：知道日历的用途，并初步学会看日历；

2. 技能目标：能用语言表述“我的生日是×月×日，星期×，我还有×天过生日了。”

3. 情感态度目标：体会日历在生活中的用途。

活动准备：

1. 物质准备：幼儿每人从家中带来一份小日历，一份大日历；

2. 经验准备：掌握时间顺序，知道事件发生有先后顺序，会用表示时间顺序的词。

活动过程：

一、教师指导儿童看日历。

提问：

1. 这是什么？（日历）

2. 日历是做什么用的？

3. 日历上大的数字表示什么？小的数字表示什么？

4. 日历上面的一、二、三、四、五、六、日代表什么？

二、儿童操作活动

1. 发现年和月的秘密

引导语：小朋友和老师一起数一数，一年之中有几个月？

2. 在日历上寻找“今天”并用红笔把它圈上。

提问：今天是几月几日？(在日历上找到“今天”并用红笔把它圈上)

3. 在日历上寻找自己的生日并告诉小伙伴。

(1) 寻找生日

引导语：请小朋友在日历上找到“自己的生日”并用红笔把它圈上。

用点数的方法，数一数到自己的生日还有多少天？

(2) 说说我的生日

引导语：小朋友们，你找到自己的生日了吗？请你像这样说，“星期×，我还有×天过生日了，我就长大一岁了。”

三、寻找不同的日历

引导语：请你在家里找一找，在网上找一找，或者去书店找一找，你还能发现不同类型的日历吗？它们和我们今天看到了日历一样吗？有哪些不一样？

- 活动评析：

常用的日历可以显示一年中的每一天，还有星期和月份，在人们生活中作用很大。本活动中教师首先帮助幼儿认识日历的结构，然后根据“圈出今天”和“我的生日是×月×日”两个问题帮助幼儿学会看日历，最后学习了一个时间的跨度“我还有几天过生日”。活动环节层层递进深入，设计巧妙合理。

第四节　幼儿时间认知发展评价

一、幼儿时间认知发展评价内容

儿童时间认知发展评价内容包括“能判断哪些时间单位，能说出哪些时间词汇，是否理解这些词汇，如何利用日历、钟表、阅读连环画”等。各年龄段幼儿时间发展评价内容及评价指标见表7-1。

表 7-1 **幼儿时间发展评价表**

年龄班级	评价内容	评价指标	
3~4 岁	1. 区分白天和黑夜 2. 区分早、中、晚 3. 使用时间词汇 4. 了解这些时间发生的先后顺序	结果指标	1. 能把具体的事件与相应的时间相联系； 2. 正确使用时间词汇； 3. 使用时间词汇的频率； 4. 能说出早、中、晚的先后顺序； 5. 做事情是否更有顺序性
		过程指标	1. 什么情景下使用时间词汇； 2. 采取何种策略区分时间单位； 3. 采取何种策略区分时间顺序；
4~5 岁	1. 区分今天、昨天和明天等时间单位 2. 使用时间词汇 3. 时间长度	结果指标	1. 正确运用时间词汇描述事件和时间； 2. 时间词汇使用频率； 3. 感知 1 分钟、5 分钟的长度
		过程指标	1. 什么情景下使用时间词汇； 2. 采取何种策略区分时间单位； 3. 采取何种策略区分时间顺序； 4. 采取何种策略区分时间长度
5~6 岁	1. 认识星期、月、四季、年等时间单位 2. 认识时钟和日历 3. 管理时间 4. 时间长度 5. 使用时间词汇	结果指标	1. 能说出长周期时间单位名称及其顺序，知道它们之间的大小关系； 2. 认识整点和半点，能区分较小的时间单位； 3. 能说出日历的基本结构，能借助日历判断时间单位关系； 4. 能在规定的时间内做完或结束某项活动，如能在 5 分钟时间内收好玩具
		过程指标	1. 什么情景下使用时间词汇； 2. 采取何种策略区分时间单位； 3. 如何运用日历等时间标尺； 4. 采取何种策略区分时间长度

二、幼儿时间认知发展评价方法及案例分析

评价的目的是诊断和改进，教育者可以采取观察和访谈的方法来评价幼儿关于

时间认知发展能力。

（一）自然观察

教师可以在一日生活、游戏和教学中对幼儿进行自然观察。

【案例 1】 垚垚（男，3 岁半）在中午自由活动时间跑过来惊喜地对老师说："刘老师，快来看呀，我的喇叭花开了，我早上来的时候还没有开花呢，现在开得可漂亮了……"

【分析】 该幼儿已经知道"中午"要晚于"早上"出现，已经能够准确把握一日之内的"早上"和"中午"这两个时间发生的先后顺序。

【案例 2】 星期一上午，宇宇（男，4 岁）对小朋友说："昨天妈妈带我去极地海洋世界玩了……"另外一个小朋友听到说："你骗人，昨天我们一起在江滩玩游戏呢！"宇宇委屈得哭了。

【分析】 在这个案例中，宇宇在谈话中虽然用到了"昨天"这个时间词汇，但是从同伴的反应可以得知他没能准确地描述与妈妈一起去海洋世界的时间，对"昨天"的理解和时间感知仍需提高。

【案例 3】 周周（男，5 岁）："赵老师，你昨天说今天要带我们玩一个新游戏的，什么时候玩呢？"

老师："我昨天说的是明天带小朋友们一起玩新游戏。"

周周："昨天说的明天不就是今天吗？"

老师："呵呵，你说得很对。昨天说的明天就是今天。等小朋友都吃完饭后，老师就教大家，你耐心等一等吧！"

周周听到过会儿就可以玩新游戏，高兴地离开了。

【分析】 在此案例中，周周能清楚地理解昨天、今天、明天之间的转换关系，正确地判断教师应该是哪天来教小朋友玩新游戏。

【案例 4】 在"一分钟能做什么"活动结束后（中班），王老师让幼儿去喝水，每个幼儿在不到 1 分钟的时间内很快就喝完水，很快就坐到座位上。王老师和张老师开心地笑了。

【分析】 从这个环节可以看出，幼儿已经意识到 1 分钟的时间长度是很短的，并且意识到时间是很珍贵的。

【案例 5】 今天轮到东东（男，5 岁）做值日生。午饭时，东东吃得非常快，吃完后来到整理桌，开始收拾小朋友的碗筷。俊俊吃饭速度比较慢，东东耐心地站在那里等待。一会儿，俊俊吃完了，把碗筷放到了东东面前的桌子上。东东对俊俊说："你吃得真慢，长针指到 9 的时候，我就吃完了，长针走到 11 了你才吃完。"

【分析】 在这个片段中，东东虽然没有说出长针指到 9 或 11 时是几点，但是他已经能够利用钟表来判断和比较时间的长度，能够理解长针到 9 比到 11 吃得快，用的时间短。

【案例 6】浩浩（男，5 岁 9 个月）来到班级的日历前，指着数字 17 说："老师，17 号是我的生日，那天，我想请小朋友和我一起吃生日蛋糕，可以吗？"

老师："可以啊，不过，你的生日是 9 月 17 号吗？"

浩浩："不是啊，我的生日是 10 月 17 号。哦，我没有看到上面写的是 9 月，唉，还要过很久才能吃生日蛋糕呢！"

【分析】此案例说明浩浩已经理解日历上的数字的意义，已经能够认读日历并能借助日历较准确地判断日期和时间长度。他说还要等很久才能吃蛋糕，说明他能根据日历上显示的日期判断离自己的生日还有多久。

（二）访谈

个别访谈能以更直接的方式找到具体信息。教师对幼儿进行访谈，必须创设一定的情境，或图片或故事或视频或在一个具体的活动之后。访谈不仅可以了解幼儿对时间认知发展结果，还能了解幼儿掌握某个时间知识，完成某个任务的策略、方式。

例 1：教师出示一日生活安排图示，指引幼儿："请按照先后顺序进行排列，为什么要这么排列？

例 2：在"1 分钟能干什么"活动中，教师问幼儿"1 分钟到了吗？你是怎么知道的？"

例 3：在玩"警察抓小偷"游戏时，教师要求警察要执勤巡逻 2 分钟，然后才能去做其他事情。在这个游戏中，教师就会对扮演警察的幼儿提问："2 分钟到了吗？你怎么知道的？"

教师还可以在活动中有意识地设计任务情境来观察幼儿对钟表和日历的认读与利用情况，进而判断幼儿能否认读钟表和日历来确定时间。例如，教师可以从招贴画上剪下一个月的日历，在日历上清楚地标明每一天，在每一天的格子中贴上标记来注明特殊时刻、事件或天气等，如生日蛋糕的图片、郊游时看到的事物，或用雨伞表示雨天、用太阳表示晴天等。

然后，教师可以与幼儿一起讨论一些关于日期、星期与日期、周与月的关系问题，如"这个月，小朋友在哪天过生日？现在离过生日还有多少天？""10 月 10 日老师要带小朋友们去秋游，那天是星期几？""一周中来幼儿园的第一天是星期几，这个月有几个星期一、星期二……"通过这些问题的讨论，可以观察幼儿能否认读日历，能否借助日历判断日期、星期，是否理解周与月的关系，等等。

拓展阅读

1. [美] 罗莎琳德·查尔斯沃斯. 3~8岁儿童数学经验 [M]. 第五版. 潘月娟, 译. 北京: 人民教育出版社, 2007.

2. 李季湄, 冯晓霞.《3—6岁儿童学习与发展指南》解读 [M]. 北京: 人民教育出版社, 2013.

4. 幼儿数学启蒙教育. 幼儿早教, http://www.360kan.com/ct/Pk4obp7jLoOuCz.html.

5. 蓝猫幼儿学数学, http://v.ku6.com/playlist/inde×_2103752.html.

6. [韩] 林娴贞. 怪物王国的难题 (从小爱数学绘本系列) [M]. 长沙: 湖南少年儿童出版社, 2011, 3.

7. [韩] 辛慧恩. 时间的故事 [M]. 长春: 长春出版社, 2009.

8. [韩] 金岁实. 我的一天 [M]. 长春: 长春出版社, 2009.

9. 杨海燕. 4~6岁儿童未来时间认知教学的实验研究 [D]. 长春: 东北师范大学, 2004.

10. 方格, 方富熹. 4.5~7.5岁儿童对年龄认知发展的实验研究 [J]. 心理学报, 1991.

11. 张俊. 给幼儿园教师的101条建议. 数学教育 [M]. 南京: 南京师范大学出版社, 2007.

复习与思考

一、名词解释:

1. 时间认知
2. 时序认知
3. 时距认知
4. 时间表征

二、简答题:

1. 时间特征。
2. 幼儿时间认知发展特点。
3. 3~4岁幼儿时间认知的教育目标。
4. 4~5岁幼儿时间认知的教育目标。
5. 5~6岁幼儿时间认知的教育目标。

三、论述题：

1. 试述如何指导幼儿认知时间顺序。

2. 试述如何指导幼儿感知时间长度。

3. 试述如何指导大班幼儿认读钟表和日历。

四、实践探索学习活动：

1. 选择小班、中班、大班幼儿各一名，在日常生活和游戏中观察他们的表现并记录下来，评价他们对时间顺序的认识水平，为每名幼儿撰写发展评价报告。

2. 选择3名中班幼儿，评价其对时间长度的认识能力，针对每名幼儿的实际需要设计一项教育活动。

3. 选择3名大班幼儿，评价其对钟表和日历的认识情况，针对每名幼儿的实际需要设计一项教育活动。

第八章　幼儿模式认知发展与活动指导

本章导读

乍一看，大自然好像是杂乱无章的，可事实上，这里藏着很多规律。鸟的歌声有反复的音节，月亮也是按照既定的顺序变幻模样，一年四季春夏秋冬不会混乱，动物的花纹，花瓣的数目，雨声、蜗牛和向日葵的螺旋也同样有规律可循。你发现你身边的这些规律了吗？这些规律，你知道它的数学名字是什么吗？别急，跟着来！

教学目标

情感态度目标：体会到生活中万事万物是有规律的，乐意探索身边的模式；

知识目标：了解模式的基本知识，理解各年龄阶段幼儿模式认知发展的特点，掌握指导各年龄阶段幼儿模式认知活动的方法和要求；

技能目标：会组织科学合理的模式活动并用合适的方法评价幼儿模式发展。

精讲分析

《3—6 岁儿童学习与发展指南》指出，教师应“引导幼儿观察发现按照一定规律排列的事物”等，这些都涉及数学模式的认知。什么是模式？模式有哪些特点和类型？不同年龄阶段幼儿模式认知的发展特点，教师如何指导幼儿的模式认知活动，如何评价幼儿模式认知发展等问题是本章将要解决的几个重要问题。在本章学习过程中，幼师生应重点了解各年龄阶段幼儿模式认知发展的特点，掌握指导和评价幼儿模式发展活动的方法和技巧。学习者可根据编者提供的案例和自身搜集的案例，尝试组织教学活动，在教育实践中不断分析、反思和总结教学经验。

第一节　模式基本知识

一、模式的概念

模式所包含的内容很广泛，数学中的排序、分类、统计，日常生活中的重复出现的事物等都和模式有关，白天—黑夜昼夜交替、春夏秋冬四季轮回、印刷品上重复出现的图案或者花纹、数学中的自然数列等都包含模式关系。但模式本身是一个看不见摸不着的抽象概念，反映的是客观事物和现象之间本质的、稳定的、重复出现的关系。关于模式的概念一般认为，模式是按照一定顺序重复出现的、有规律的事物或现象，由一些有结构的单元构成，例如，有规则的图案、花纹、动作、声音、数字等，都可以构成一定的模式，重复的部分即是模式单元。

二、模式的特点

根据模式的含义我们知道数字、图形、声音等只要它们是重复出现的，都可以构成模式，因此模式既可以是视觉上的，如窗帘上按照一定规律重复出现的图案，按照“红黄蓝——红黄蓝”排列的珠子等，也可以是听觉上的，如鼓点的节奏“咚—咚咚—咚咚咚—咚—咚咚—咚咚咚”，还可以是动作方面的，如“走跑跳——走跑跳”的系列动作。从以上这些例子中我们可以总结出模式的一般特点。

（一）重复性

重复性是模式的首要特点，任何模式都是由一定的单元结构按照同一规律循环出现的，如走路时双腿的交替前进、按照“圆形—方形—三角形……圆形—方形—三角形”珠子排列串好的手链等，都是重复出现的模式。

（二）可预测性

由于模式具有重复性，我们可以通过概括模式单元之间的关系获得模式规则，以此推测模式的发展趋势，因此模式具有可预测性。如自然数列“1、4、7、10、13、16……”，我们可以根据前面数字加 3 等于后面的数字这一规律来推测省略号中的数字；在“1 张桌子 1 把椅子——1 张桌子 1 把椅子——1 张桌子 1 把椅子”的模式中，“1 张桌子 1 把椅子”是该模式的单元结构，据此可以推测接下来的排列也是“1 张桌子 1 把椅子”。

（三）单元完整性

所谓单元完整性指模式是以基本单元为单位出现的。在模式序列“早上中午晚上——早上中午晚上……”中，“早上中午晚上”即是构成模式的基本单元；模式序列“1 个苹果 1 个香蕉——1 个苹果 2 个香蕉——1 个苹果 3 个香蕉——”中“1 个苹果 N 个香蕉”即是此模式序列的基本单元；模式序列“掌声鼓声呐喊声——掌声鼓声呐喊声……”中“掌声鼓声呐喊声”即是基本单元……由此可见，模式序列的单元即是模式中的重复部分，模式正是由这些不断重复的单元结构所构成的。

（四）无限性

模式是按照同一规则，以同样的方式无限发展下去的，即模式具有无限性。如模式“刀叉盘子——刀叉盘子——刀叉盘子……”中，按照“刀叉盘子”的组合无限增加；图形模式“□△——□□△△——□□□△△△……”按照“□△”依次递增的规律无限增加。

总体来看，模式的这四个基本特点是相互联系、相互补充而存在的。模式的重复性决定了其预测性，每一个模式都是由一些完整的基本单元循环出现而构成的，这又决定了模式的无限性。教师组织教学活动时多是利用模式的这些特性，挖掘周围资源和课程的教育性，帮助幼儿获得模式概念，发展数学认知。

三、模式的类型

模式的类型多种多样，不同的研究者依据不同的标准对模式进行了划分。如根据模式单元结构的不同把模式分为重复模式（由重复的单元构成的模式）和发展模式（按照某一规律发展变化的模式）两种类型，也有学者根据模式要素的不同表现形式将其分为符号模式（由图案、数字、图形等符号元素构成的模式）和实物模式（具体实物或动作、声音等实体构成的模式，如桌椅组合模式）两种类型。其中较有代表性的是史密斯（Smith，1996）依据模式单元之间规则的复杂程度把模式分为重复模式、递增模式、关系模式。

（一）重复模式

重复模式即是指基本单元完全相同，重复出现的模式序列。如数字模式“1、3、5、7——1、3、5、7——1、3、5、7……”，图形模式“△◎——△◎——△◎……”，符号模式“FY——FY——FY……”，自然现象模式“春夏秋冬——春夏秋冬——春夏秋冬……”等均为重复模式。

（二）递增模式

递增模式是指模式的基本单元完整，按照一定的模式规则逐步增加或增大。如数字模式“1、3、5、7、9、11……”即是按照依次增加 2 的规则组成的模式，图形模式“△◎——△◎◎——△◎◎◎……”则是在保持元素“△”不变的情况下依次增加一个“◎”，类似符号模式如“AB——ABB——ABBB……”。数学模式的有关概念和认知是中小学阶段数学教育中代数和函数知识的基础，对幼儿以后的数学学习至关重要。

递增模式比重复模式更为复杂，需要幼儿理解和总结模式的递增规律，找出其中的逻辑关系。由于幼儿处于直觉行动思维阶段，需要通过动手操作才能理解事物的关系，因此，理解递增模式对幼儿来说是有一定难度的，需要教师投放合适的材料，适时加以引导，帮助幼儿理解和总结相应的模式规则。

（三）关系模式

关系模式比递增模式更为复杂，是指两个模式序列键的连带式的固定关系，如函数关系模式“$Y=X+6$”，在这一模式中每一个“Y”的值都有唯一一个“X”值与其对应，“Y”和“X”之间的关系固定不变，即每一个“Y”值都等于相应的“$X+6$”值。相对于前两种模式类型，关系模式对幼儿信息加工能力的要求更高，一般需要抽象逻辑思维的参与才能理解，在幼儿园数学教育中应用较少，但在平时教学活动组织的过程中教师要注意引导幼儿初步认识这种模式，为幼儿将来的学习提供基本经验。

四、模式能力结构

模式能力包含的内容很广泛，具体来说“主要包括模式的识别、复制、扩展、创造、比较、转换、描述和交流等”①。对幼儿来说，需要具备一定的模式识别、

① 史亚娟. 论模式能力及其对儿童数学认知能力发展的影响［J］. 学前教育研究，2003（7-8）：13.

复制、扩展、创造与交流能力，能够将模式运用于日常生活情景的能力。

（一）模式识别能力

模式识别能力即能够辨别模式的基本单元和单元的组成要素，认识到模式的变化规律，是模式能力的基础，也是幼儿较早掌握的能力之一。如模式序列“△◎——△◎——△◎……”，幼儿能够识别出模式的基本单元，并且知道是按照AB—AB—AB的结构排列的。

（二）模式复制能力

模式复制能力是在识别能力的基础上发展起来的，指幼儿能够根据模式的变化规律创造出具有相同结构的模式的能力。如幼儿在识别模式序列“△◎——△◎——△◎……”之后，按照AB—AB—AB的结构排列出模式序列“苹果梨子——苹果梨子——苹果梨子……”

（三）模式扩展能力

模式扩展能力是幼儿在识别模式序列的基础上对后续的模式单元要素进行预测并继续扩展模式序列的能力。但“模式扩展并不只限于把模式看作一个简单序列，去预测下一个元素或单元是什么，更重要的是分析模式的整体结构及其中的规律性联系，从而对模式在任何时间、空间中的发展、变化进行预测。”① 如幼儿在识别模式序列“△◎——△◎——△◎……”的基础上能够认识到下一个模式单元是什么，并在遇到类似的模式时能够识别并扩展。这使得幼儿的逻辑思维能力得到锻炼和提升。

（四）模式创造能力

模式创造能力是指幼儿在明确模式基本单元及单元要素之后，自行设计和创造新模式的能力。要求幼儿对所要创造的模式有较为清晰的计划和设想，这有利于发展幼儿的创造性思维。

（五）模式比较能力

模式比较能力是指幼儿在识别模式的基础上，能够分析不同模式序列结构的异同，把握模式内在的逻辑关系和模式结构的本质要素的能力。如通过对实物模式“苹果西瓜荔枝——苹果西瓜荔枝——苹果西瓜荔枝……”与符号模式“□△◎——□△◎——□△◎……”的比较分析，幼儿能够发现尽管这两个模式的表现

---

① 史亚娟．论模式能力及其对儿童数学认知能力发展的影响［J］．学前教育研究，2003（7-8）：14.

形式不同，但都可以用“ABC——ABC——ABC……”的形式来概括，两者结构相同只是表现形式不同。“获得这一认识是儿童代数学习的先导。用不同的材料或符号再造某一模式，也就是用不同的表现形式表征同一模式，这就是模式转换。能够进行模式转换，就意味着儿童对模式的本质和内涵有了准确的理解。”①

（六）模式描述能力

模式描述能力是指使用语言、文字、字母、数字、动作或其他符号对模式结构及其所包含的规律性联系进行表述和概括的能力。由于幼儿对文字、数字的掌握程度较低，因而运用文字、数字、字母表达的能力较弱，但很多幼儿能够利用语言或手势动作对模式进行概括和表述。如幼儿能够用手势和语言描述“苹果葡萄——苹果葡萄——苹果葡萄……”的模式结构。幼儿模式描述能力的发展对其以后学习数学概念和抽象的数学符号系统有重要作用。

（七）模式应用能力

模式应用能力是指幼儿将习得的模式知识应用到实际生活情境中的能力。表现为幼儿能够在日常生活和游戏中识别简单的模式，能够描述出模式的单元结构，并在此基础上能够复制出相同的模式类型，尝试扩展模式和创造出新的模式结构，以及应用模式的有关知识来解决实际问题。

第二节　幼儿模式认知的发展特点

模式认知能力是幼儿数学能力的重要组成部分，有助于幼儿理解数学的知识结构，发现数学的奥妙，从而对数学学习产生兴趣，为其以后学习抽象的数学知识奠定基础。已有研究表明，在生活中幼儿能够自发地认知和感受模式，如对“开门——妈妈进来——喂宝宝”、热衷于重复性的游戏动作、喜欢歌词重复的儿歌等，但这些认识只是粗浅的经验，和真正意义上的模式还存在一定的差距。幼儿的模式认知能力发展具有什么特点呢？

一、幼儿的模式认知能力随年龄的增长而不断提升

皮亚杰认为，人生来就具有感知模式的能力，能够抽取周围环境中物体的相似

---

① 夏娟，刘婷，郭力平. 美国早期学习标准数学领域之模式子领域的内容分析及启示［J］. 幼儿教育（教育科学），2010（7-8）：4，87.

之处，把他们知觉为一个整体。研究表明，幼儿的模式认知能力有一个逐步发展的过程，随着年龄的增长其模式认知能力不断提升。3 岁之前的幼儿基本没有模式的概念，也不能够进行模式识别；3 岁左右的幼儿已经具备初步的模式认知能力；而 4 岁以后随着幼儿数概念和抽象逻辑思维能力的不断发展，儿童的模式认知能力有了更明显、更快速的发展；6 岁以后基本能够掌握模式的概念。需要说明的是，很多 3 岁左右的幼儿在进行模式活动时更多的是以自己的主要喜好和自身体验作为判断模式的依据，如向 3 岁左右的幼儿展示模式序列“苹果桃子——苹果桃子……”，但有些幼儿却完全按照自身的喜好来复制模式，排列成“桃子苹果——桃子苹果……”，理由是：“我爱吃桃子，所以桃子要排在前面。”

二、幼儿的模式认知能力发展在年龄上表现出不平衡性

幼儿模式认知能力发展过程中并非完全随年龄的增长一步步提升的，而是呈现出两个快速发展期，一是在幼儿 4~5 岁时模式复制和扩展能力发展迅速；二是 5~6 岁的幼儿能够认知更多的模式结构，其模式创造和模式应用能力发展较快。①

三、对不同类型模式的认知存在一定的顺序性

在幼儿早期模式认知能力发展过程中，对不同类型模式的认知具有明显的顺序性。一般来说，儿童往往更容易识别重复性模式，如“白天黑夜——白天黑夜——白天黑夜……”、“开门关门——开门关门——开门关门……”等简单的模式序列。在幼儿生活中接触较多的是这类具有重复性特征的模式，且重复性模式只需要进行简单的思维加工即可，对思维能力要求较低，幼儿认知这类模式较容易。对于递增模式的认知则存在一定的困难，往往容易把递增模式误认为重复模式，这是因为递增模式对幼儿的概括推理能力要求较高，而幼儿的抽象逻辑思维能力尚处在萌芽阶段，直觉行动思维占据主导地位，难以从本质上把握一组事物的规律性特征并进行进一步的预测和推断，因而难以理解递增模式。对于更为复杂的关系模式的掌握，幼儿就更难完成了。

另外，幼儿的思维具有直观形象性，容易理解以实物、声音、动作等为表现形式的模式，而对于以抽象的符号或数字、字母等为表现形式的模式认知起来则比较困难。

---

① 潘月娟. 幼儿数学教育与活动指导. 北京：高等教育出版社，2013 年，p. 273.

四、幼儿模式能力结构的发展表现出顺序性

研究表明，幼儿模式能力发展的顺序表现为：模式识别→模式复制→模式扩展→模式创造→模式比较与转换→模式描述与交流。① 这是一个由易到难的过程，幼儿最初能够识别模式的基本单元和单元要素，之后随着幼儿思维的发展和数学分类、推理能力的习得，逐步发展其他模式能力。在幼儿模式能力发展的过程中，把模式知识应用到实际生活情境中的能力也在不断增强。

第三节　幼儿模式教学活动指导

一、各年龄阶段的教学目标与内容

史亚娟、庞丽娟等人对3~5岁儿童的模式认知能力做过一项调查研究，结果表明："3~5岁儿童的模式认知能力已经得到初步的发展。4~5岁儿童模式认知能力显著高于3~4岁儿童，并且儿童的模式复制和模式扩展能力表现出不同的水平和特点。3~5岁儿童的模式复制能力高于模式扩展能力，并且模式复制能力的发展早于模式扩展能力。3~4岁儿童的模式扩展能力还是相当低的，但是经过4~5岁的快速发展期后，儿童的模式复制水平与模式扩展水平趋于接近。"② 这充分说明对3~5岁儿童的模式认知能力的教学活动要考虑到幼儿的年龄差异，根据不同年龄阶段幼儿思维发展的特点，设定不同的教学目标，安排有针对性的教学内容。

（一）3~4岁幼儿模式教学活动的教学目标与内容

这一年龄段是幼儿模式认知能力发展的萌芽阶段，开始认识到生活中常见的重复模式，且幼儿更为关注模式的表面特征，如颜色、图案、形状等，模式复制能力也仅限于结构简单的重复模式，因此在设定教学活动的目标和内容时应集中在引导幼儿能够识别重复模式和复制简单的模式方面。

具体教学目标与内容如下：引导幼儿观察生活环境中存在的模式序列，引导幼儿观察生活中的模式现象，培养幼儿对模式认知的兴趣，指导幼儿识别并理解

① 黄瑾. 学前儿童模式认知的发展与教育活动设计［J］. 幼儿教育，2012（3）：34.

② 史亚娟，庞丽娟，陶沙，陈瑶. 3~5岁儿童的模式认知能力发展的研究［J］. 心理发展与教育，2003（4）：51.

"AB—AB"、"AA—BB"、"AAB—AAB"等结构简单的重复模式，在此基础上鼓励和引导幼儿复制模式序列。

（二）4~5岁幼儿模式教学活动的教学目标与内容

研究表明：4~5岁是幼儿模式认知迅速发展的时期，随着幼儿思维的发展，其模式复制、扩展、创造能力有了一定的提升，教学目标和内容主要集中在扩展重复模式和结构简单的递增模式方面。具体包括：引导幼儿观察生活中常见的重复和递增模式，在区域活动时能够用串珠、积木等联系模式扩展任务，引导幼儿理解符号模式，鼓励幼儿自己动手操作创造新的模式序列等。

（三）5~6岁幼儿模式教学活动的教学目标与内容

5~6岁幼儿模式认知能力的发展有了更进一步的发展，能够识别相对复杂的重复模式和递增模式，模式复制和扩展能力也有较大提高，并能够进行初步的模式推理和准确预测，模式创造能力也有进一步的发展。因此，这一年龄阶段幼儿模式教学活动的目标与内容更加全面和丰富，具体包括：引导幼儿理解更为复杂的重复模式和递增模式，引导幼儿创造出更多新的模式结构，鼓励幼儿对模式进行表述和相互交流，鼓励幼儿尝试总结模式的规律，并指导其将所习得的模式知识应用到实际生活场景中去。

二、模式认知教学活动指导

模式的类型和表现形式多样，模式认知的教学活动也可以通过多种途径实现，能够渗透融合在幼儿的一日生活、课程、游戏之中。因而对幼儿模式认知教学活动的指导需要教师灵活多变，在多种活动中帮助幼儿发展模式认知能力。

（一）集体教学活动指导策略

1. 重复模式指导策略

首先，选择适合不同年龄段幼儿发展水平的教学内容。集体教学活动是幼儿园活动的主要部分，是发展幼儿模式认知能力的主要途径。在组织集体教学活动时，要考虑到幼儿的年龄特点，选择合适的活动组织形式和活动内容。组织小班教学活动时，可选择"AB——AB"或"AA——BB"等结构简单的重复模式作为教学内容。如在组织律动活动时，让幼儿跟随教师做简单的重复动作"拍手——拍肩"、转动"左三圈——右三圈"等；在歌唱活动中选择歌词重复，容易识别的儿歌等；组织中班教学活动时则可以选择"ABC——ABC"或"AABB——AABB"等结构相对复杂的重复模式。此外，由于小班和中班幼儿思维发展水平较低，以直接行动思维为主，容易理解和识别看得到摸得着的事物，而理解数字、语言、符号则存在一定的困难，因此要选择幼儿生活中常见的、能够直接感知和操作的教学内容，如串珠子、搭建积木、分发碗筷等，让幼儿在实际操作中学习。

在组织大班模式教学活动时，可选择基本单元更为复杂的重复模式，如“AB-CD——ABCD”的模式序列。此外，要引导幼儿观察生活中的模式序列，寻找周围环境中按照一定规律排列的事物。如马路上的红绿灯是红、绿、黄的组合，公园里的石凳是一个桌子和四个凳子的组合，小朋友的床上都有一个枕头和一套被子，每个班里都有一台电视和一架钢琴，积木是按照形状来摆放的，等等。同时，大班幼儿的语言表达和思维都有了较好的发展，教师还要引导幼儿用恰当的方式解释模式的规律，对模式进行表述和交流。此外，教师需要给幼儿留有想象和发挥自己创造能力的空间，鼓励幼儿在识别和理解模式的基础上创造新的模式序列。

其次，选择合适的指导方式。在模式活动中，常用的指导方式包括示范、提升、暗示等，教师要根据幼儿在模式活动中的实际表现和发展水平来选择合适的指导方式。对于小班幼儿来讲，教师可多示范并加以言语引导，以直观的形式向幼儿呈现模式概念。如教师可以准备一些水果或者水果图片，先拿出一个芒果，然后拿出一个木瓜，这两种水果按照“芒果木瓜”的顺序排好，让幼儿观察水果的排放顺序，并请幼儿模仿给剩下的水果排序，最终形成“芒果木瓜——芒果木瓜——芒果木瓜”的模式序列。中班幼儿对颜色和图形有了一定的认识，教师可采用图片的方式向幼儿呈现重复模式序列，如图 8-1 所示，请幼儿把下面三个不同颜色的图片，

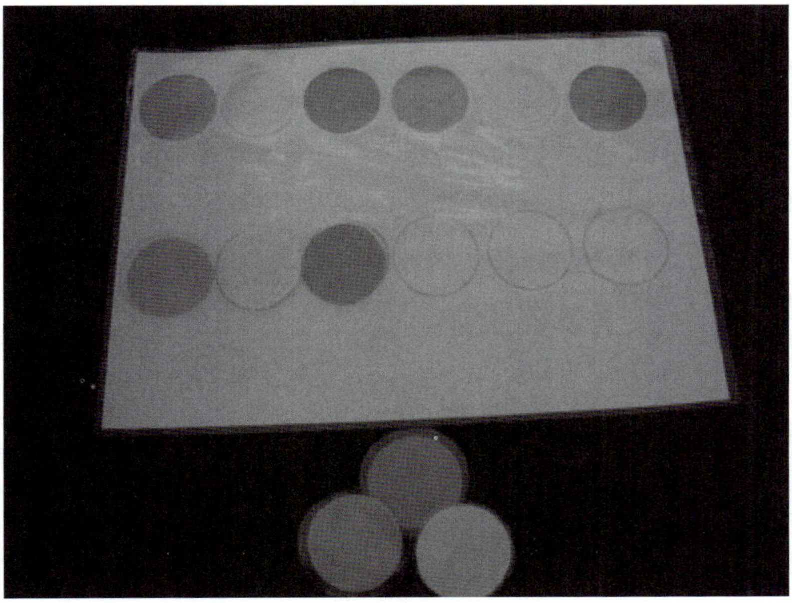

图 8-1　重复模式序列范例

按照前面的样式贴在纸板上。大班的幼儿对符号、颜色等的认知有了进一步的发展，教师可以在实物展示的同时，多使用言语提示，引导幼儿认识较为复杂的重复模式，并引导幼儿在识别模式结构的基础上，重新组成新的模式序列，以此锻炼幼儿的模式复制和扩展能力。

2. 递增模式指导策略

由于小班幼儿能够掌握的模式仅限于结构简单的重复模式，对递增模式的理解存在一定困难，因此这里主要介绍教师如何指导中班和大班幼儿的递增模式活动。

中班幼儿对模式已经不陌生了，他们能够掌握复杂的重复模式，并在已有模式经验的基础上能够识别简单的递增模式，如“A——AA——AAA”、“AB——AABB”结构的递增模式。有研究发现，4~5岁幼儿已经具备了一定的模式能力，但其模式能力的表现受不同任务操作材料的影响较大，往往是利用事物的某些外部特征如颜色、形状等来判断模式结构的，对有关颜色和生活实物模式的认知较好。① 组织集体教学活动时，教师应采取多种指导方式，如在引导幼儿识别递增模式时，教师可利用黑白棋子作为教具。首先教师示范“黑棋白棋——黑棋黑棋白棋白棋——黑棋黑棋黑棋白棋白棋白棋”，引导幼儿观察黑棋和白棋的数量，然后让幼儿尝试排列接下来的部分。在这一过程中，教师要及时观察幼儿的行为表现，当幼儿出现认知困难时，及时给予提示或暗示。4岁左右幼儿的模式认知有了阶段性的发展，因此，在引导幼儿模式识别的同时还要关注幼儿模式扩展、复制和模式创造能力的培养。教师要能够提供一些模式范例和模式材料，让幼儿根据自己的喜好选择不同的模式材料创造新的模式序列，在幼儿创造模式序列的过程中给予一定的引导和提示。

大班幼儿对稍微复杂的递增模式有了一定的认知能力，教师在组织幼儿认识递增模式时要关注幼儿对模式规律的概括和表述能力。在呈现一定的递增模式后，要留给幼儿一定的时间和操作空间供幼儿思考，引导幼儿观察模式的结构，看模式单元是如何递增的，从中总结出一般性规律，尝试创造新的模式，并鼓励幼儿之间相互讨论交流，发展幼儿的模式表述能力。

3. 关系模式指导策略

关系模式较为复杂，对幼儿思维能力发展要求较高，总体来看，小班和中班幼儿理解关系模式较为困难，大班幼儿尚能理解较为简单的关系模式。关系模式的集体教学活动组织起来较有难度，通常是渗透在幼儿的日常生活之中的，只要求幼儿有初步的感性经验即可，对关系模式的规则可不做要求。如姓名、性别、年龄，作为一种关系模式，幼儿能够根据这些特征认识不同的小朋友就达到要求了。

---

① 杨峥峥. 4~5岁儿童模式与排序能力发展的研究：城市与农村儿童的比较［D］. 上海：华东师范大学，2007年，p. 41.

（二）其他活动指导策略

除集体教学活动外，区域活动、幼儿在园的一日生活、周围环境等都存在大量的教育资源和教育契机，教师要善于观察和发掘这些蕴含着模式关系的教育资源，对幼儿进行随机教育。

1. 注意区域材料投放的多样性和适切性

区域活动是幼儿游戏和学习的另一重要方式，区域材料的投放直接影响区域游戏的开展。由于区域材料多是较为直观和形象的物品，对幼儿模式能力的发展有重要影响。在投放区域材料时要注意选择能够引起有模式学习的物品，如雪花插板、积木、珠子、卡片等，让幼儿能够自己排列组合。

在投放区域材料时要考虑到材料与幼儿年龄的适切性，小班幼儿的注意范围较窄，同一时间段内能够关注到的元素较少，因此在小班幼儿活动的区域要投放具有单一特征的材料。如颜色一致而形状不同或形状不同但颜色一致的材料，颜色不同的串珠或球类、形状相同的卡片等，使幼儿能够理解模式的基本单元，学习简单的模式复制和扩展等。在中班和大班则可以提供相对丰富和复杂的材料，让幼儿能够自由地使用材料复制、扩展和创造模式序列。

幼儿处于直觉行动思维的阶段，只有通过亲身体验、动手操作才能更能吸引幼儿。区域活动给幼儿提供了动手操作和探索的机会，是发展幼儿模式认知能力的重要途径。在区域活动中可以利用串珠活动，鼓励幼儿运用不同大小、颜色的珠子创造不同的模式；利用表演区的乐器演奏出不同的节奏，让幼儿感知模式；利用益智区棋类游戏的黑白棋或跳棋引导幼儿进行模式的识别、扩展、创造，鼓励幼儿相互交流等；还可以利用数字卡片或模型引导幼儿复制或创造数字模式序列。

合理的材料投放是幼儿模式学习的前提条件，教师适时适当地引导则能够使材料的利用更加适当。如对于模式认知发展水平较低的幼儿，教师可以通过语言提示或者榜样示范及同伴合作等方式来指导幼儿的模式学习活动。有的幼儿看到积木时只是乱搭一气，很少考虑到积木的特性，教师可以提示幼儿看看积木的颜色，引导幼儿把颜色相同的放到一起，或者选择颜色不同的积木按照一定的顺序放到一起，如教师先让幼儿拿一块红色的积木，然后再拿一块绿色的，接着拿黄色的，三种颜色的积木放到一起。如此循环往复，组建“红绿黄——红绿黄——红绿黄……”的模式序列，让幼儿按照相同的程序模仿，逐步扩展。在引导幼儿合理使用区域材料之外，教师还应组织幼儿探索、相互交流、概括序列中的规律，让幼儿真正理解模式，并能够把模式应用到生活场景中去。

2. 在环境中渗透对幼儿模式能力的培养

幼儿是完整发展的人，在一日生活的各个环节和各领域的活动中，都可以渗透对幼儿模式能力的培养。五大领域丰富的教育内容和灵活多变的组织形式能够提供更直观形象的感知模式的机会，使幼儿更好地识别、转换、扩展及创造模式。如艺术领域的音乐节奏与律动、绘画中的颜色搭配、涂色活动、手工制作活动等；语言领域中有规律的诗歌、故事、绘本中重复的情节；健康领域中的重复动作等，通过合理组织这些活动，能够为幼儿提供模式学习的多种机会，还有利于幼儿创造能力的发展。

幼儿的一日生活、幼儿园的环境创设也为幼儿感知、体验模式提供了丰富的机会。如在园一日生活流程的不断循环、重复；用餐时桌椅、碗筷餐具的摆放等；在幼儿园的环境创设方面，可以利用楼梯间、墙面等空间设置颜色丰富的模式序列；在户外种植有序排列的花草树木等，幼儿在充满模式关系的环境中积累模式经验。

3. 利用多媒体辅助幼儿感知模式关系

多媒体技术已经广泛应用于幼儿园的各项工作中，为直观形象的教学提供了便利。幼儿模式教学也可以借助多媒体技术给幼儿带来直观的视觉和听觉体验，展示各种实物模式、符号模式，同时还可以形象地展示模式基本单元及模式规律，是教师指导幼儿模式认知活动的很有价值的辅助工具。

教学活动案例 8-1

请你接着往下排
——感知图形的模式排序（小班）

设计意图：

在生活中经常会看到有规则排列的事物，幼儿对身边的环境充满着好奇，不经意间获得了排序的经验，对间隔模式有了初步的感受。本活动通过“男孩女孩排排坐”，帮助小朋友发现模式的奇妙，并能够自己进行间隔模式排列。

活动目标：

1. 认知目标：初步感知图形排序的规律，并根据图形的排列规律分别进行 AB 和 ABC 间隔模式的排列；

2. 技能目标：能大胆按模式进行操作，有良好的操作习惯；

3. 情感态度目标：积极参与图形排序活动，愿意大胆表述排序的规律。

活动准备：

1. 物质准备：图形故事课件、大图形卡片（三角形、圆形、正方形），幼儿用小图形卡片（三角形、圆形、正方形）和不同操作纸条数量若干，课前小椅子摆成半圆形，有规律地在椅子靠背上贴上红花和黄花；

2. 经验准备：认识常见的几何图形。

活动过程：

一、幼儿的进入活动室后，请女孩子坐贴有红花的椅子，男孩子坐贴有黄花的椅子。

引导幼儿观察：仔细看看你旁边的小朋友，你发现了什么？

(小朋友们是一个男孩一个女孩一个男孩一个女孩……有规律地间隔围坐的)

二、播放课件，通过图形王国的故事导入活动，初步感知图形 AB 排序的规律。

提问：图形王国中有哪些图形？(三角形、圆形、正方形)

它们之间发生了什么事情？后来是怎样解决这个问题的？(排队)

这些图形是怎样排队的？课件演示图形排序规律。

除了这种排法，还可以怎样排？请个别幼儿用大图形卡片在黑板上自由展示不同的图形排序方法。

小结：我们帮图形排队，一个正方形一个圆形，一个正方形一个圆形排队或一个三角形一个正方形，一个三角形一个正方形这样有规律地重复交替排队叫排序。

三、幼儿动手操作，尝试图形 AB 间隔模式的排序。

1. 图形王国的国王邀请小朋友们去城堡参加联欢会，“呜……”火车开来了！火车司机伯伯说，要有火车票才能上车。看，这是一张怎样的火车票？

教师出示火车票，引导幼儿观察，票中图形是怎么排的。如三角形、圆形、三角形、圆形……教师按这一规律在票上继续排图片。

2. 自制火车票：提供不同层次的操作材料让幼儿自由选择，请幼儿按图形 AB 间隔模式的排序制作火车票。

3. 作品展示：将幼儿作品粘贴在火车上，并说出自己票中图形的排列规律。

四、学习按图形 ABC 间隔模式进行排序，探索多种方法交替重复地排序。

“呜！轰隆隆、轰隆隆……火车到站了！图形城堡到啦！咦？图形城堡的大门为什么没开？引导幼儿说出需要有门票才能进入。

出示门票，观察门票和火车票有什么不一样？引导幼儿说出门票上的图形是按什么规律进行排序的。

幼儿按自己的意愿制作门票。可按图形形状相同、颜色不同；颜色相同、图形形状不同；颜色图形形状都不同等各种方法排序。

相互交流：请与好朋友说一说自己是按哪种规律进行排序的。

五、幼儿将制作的门票投入验票机中验票。城堡大门打开，小朋友们进入城堡和国王一起表演歌舞，结束活动。

- 活动评析：

数学规律来源于生活。本活动采用幼儿最熟悉“男孩女孩排排坐”导入活动，帮助幼儿切身体会什么是间隔模式，在幼儿对模式具有了一定的概念后，在情景故事中，排列图形来亲自感受间隔模式，这不仅锻炼了幼儿的动手操作能力，而且培养了幼儿的逻辑思维。本活动具有一定的难度，建议放到小班下学期进行。

教学活动案例 8-2

蜈蚣叔叔的袜子（中班）

设计意图：

幼儿的世界是五彩缤纷的，各种颜色都能直接带给幼儿对美的欣赏和感受，有规律的颜色排列更是幼儿喜欢玩的游戏。本活动利用了蜈蚣叔叔有多只脚，可以给它穿上不同颜色的袜子，在游戏中来培养幼儿的有规则的排序能力。

活动目标：

1. 认知目标：知道多种排序的方法，感知排序的重复性；

2. 技能目标：能在观察、分析、讨论、推理中感知两种颜色“袜子”的不同排列规律，并迁移至三种颜色“袜子”的多种排列规律；

3. 情感态度目标：感受绘本中蜈蚣叔叔穿袜子的特别和有趣，体验帮助他人的快乐。

活动准备：

1. 物质准备：《蜈蚣叔叔的袜子》课件、幼儿操作卡人手一份、黄、红、蓝颜色袜子若干；

2. 经验准备：认识并区分红、黄、蓝色。

活动过程：

一、小脚运动，导入活动。

师：我听说你们都是能干的孩子，小耳朵也很厉害，那我们来玩“我说你做”的游戏，好吗？

师：你们每一个人都有几只脚啊？有一位朋友长着许多的脚，它是谁呢？

二、欣赏绘本 PPT，观察、分析和有规律地进行两种颜色“袜子”的操作。

1. 播放画面 1：蜈蚣叔叔是个有名的帅哥，你觉得它哪里帅？（引导幼儿发现“红蓝红蓝”的规律）

2. 播放画面 2、3：蜈蚣叔叔怎么了？

3. 播放画面 4：蜈蚣叔叔想穿红、黄两种颜色的袜子，你会帮它有规律地穿吗？（引导幼儿交流、讨论两种颜色多种不同的排列规律）

4. 幼儿尝试两种颜色“袜子”的操作。

总结：两种颜色的袜子，有规律的穿法还有很多种呢。

三、幼儿尝试将三种颜色的袜子有规律地排序。

1. 提出问题，引导幼儿交流。

师：蜈蚣叔叔得到你们的帮助，它的心情好多了，三种颜色的袜子怎么穿呢？

你能想到和别人不一样的穿法吗？和你的好朋友说一说。

2. 幼儿操作三种颜色的袜子有规律地排序。

总结：你们真棒，发现了三种颜色的袜子这么多种不同规律的穿法，可是还有很多方法哦，以后我们再试一试。

四、迁移经验：蜈蚣叔叔的鞋子。

师：你们帮蜈蚣叔叔穿上了这么有规律的袜子，它想呀，请你们帮它有规律地穿上这三种鞋子，它好去参加舞会呢，好吗？

• 活动评析：

幼儿对数学的兴趣往往源于对材料的兴趣，红色、蓝色、黄色的袜子色彩鲜明、易拿易放，是幼儿喜欢的材料。本活动通过游戏情境让幼儿去感受排序的乐趣，达到了教学活动目标。活动过程中教师不断地引导幼儿自己去观察、去发现排序的规律，然后又鼓励幼儿加以运用，自己解决问题。

教学活动案例 8-3

按规律排序（大班）

设计意图：

大班的孩子已经具备了初步的复合排序的能力，把不同形状、不同颜色的事物按照一定的顺序进行整理摆放，是大班幼儿数学教育中不可缺少的部分，也是《指南》精神的体现。

活动目标：

1. 认知目标：了解基本的排序规律；

2. 技能目标：能按不同形状、不同颜色的排列规律进行排序；

3. 情感态度目标：幼儿在操作活动中体验排序活动的乐趣。

活动准备：

1. 物质准备：课件，图形娃娃若干，小花朵，长圆形红色、蓝色、黄色图卡；

2. 经验准备：具有基本的排序能力。

活动过程：

一、组织幼儿拍铃鼓游戏，引出活动主题

师：小朋友们，请你们听听老师是按什么方法拍铃鼓的？

二、引导幼儿发现拍鼓中的秘密，并用图示记录其中的规律

师：老师这儿有一些图形娃娃，请你想一想怎样用图形娃娃来表示我们刚才拍鼓的规律？

1. 大声——小声——大声——小声——

2. 大声——小声——小声——大声——小声——小声——

三、播放本课课件："给颜色排队"

1. 教师引导幼儿观看课件同时出示红色图卡和黄色图卡。

师：红色娃娃和黄色娃娃要去参加颜色王国的晚会，它们排着队要出发啦！(教师边说边把图卡按红—黄—红—黄的顺序排列)

2. 引导幼儿说一说红色和黄色排队的规律，红色的后面应该是什么颜色？

3. 师：蓝色也要和红色、黄色一起去，它们要重新排队了

师：按红—黄—蓝—红—黄—蓝的顺序排队。请幼儿找出规律排序并说说蓝色后面应该怎么排？

4. 师小结：这种按照一定规律把物体排队的方法就叫做排序。刚才我们都是根据物体大小、颜色不同按一定的规律排序。我们还可以根据物体的长短、粗细、高矮等不同进行排序呢！

5. 再次播放课件

(1) 引导幼儿观察并说说排序的规律是什么？

(2) 观看课件图片，引导幼儿完成课件练习。

四、幼儿操作活动"串项链"

发给幼儿若干小花朵和长圆形，按一定规律串项链。

五、结束部分

小朋友们，我们串好项链一起去参加颜色王国的晚会，好吗？

● 活动评析：

排序是幼儿数学教育中一项重要内容，大班阶段的幼儿的排序能力开始从材料单一排序向材料多样性排序过渡，从 AB 模式排序向 ABC 模式排序过渡。本活动中首先进行了 AB 模式排序，然后插入 C，引导幼儿再次发现新的序列规律。本活动的延伸活动多样化。

第四节　幼儿模式发展评价

一、幼儿模式发展评价内容

对幼儿模式发展的评价主要围绕"模式识别、模式复制、模式扩展、模式创造"等内容进行，现将各年龄段幼儿模式发展评价内容见表 8-1。

表 8-1　　**幼儿模式发展评价表**

年龄班级	评价内容	评价指标	
3~4 岁	1. 模式识别 2. 模式复制	结果指标	1. 能够识别“AB—AB，AA—BB”模式； 2. 能够复制“AB—AB，AA—BB”模式
		过程指标	1. 幼儿模式复制和识别的策略； 2. 幼儿模式识别和复制的影响因素； 3. 是否乐意进行模式活动； 4. 幼儿进行模式识别的场景； 5. 是否需要提示和帮助
4~5 岁	1. 模式识别 2. 模式复制 3. 模式扩展 4. 模式创造	结果指标	1. 能够识别和复制复杂的重复模式； 2. 能够识别和复制递增模式； 3. 能够扩展重复模式序列和递增模式序列； 4. 尝试创造简单模式
		过程指标	1. 用何种材料进行模式扩展； 2. 是否愿意进行模式创造活动； 3. 何种材料的模式序列最易识别和复制、扩展； 4. 何种场景下幼儿模式能力最好； 5. 是否需要提示和帮助； 6. 模式复制和扩展的策略
5~6 岁	1. 递增模式扩展 2. 模式结构创造 3. 模式知识运用 4. 扩展模式策略 5. 模式规律发现	结果指标	1. 能够扩展更为复杂的递增模式； 2. 能够独立创造出更多的模式结构； 3. 能用模式语言描述和概括创造模式的过程，总结模式规律； 4. 能识别和发现生活中的模式； 5. 能将模式知识运用到生活中
		过程指标	1. 采用何种策略完成模式扩展； 2. 在何种场景下运用模式知识

二、幼儿模式发展评价方法及案例分析

对幼儿模式发展评价，主要采用自然观察和情境观察等方法进行。

（一）自然观察

自然观察即教师在日常教学和生活中，对幼儿表现出的语言、行为、动作等进行观察和记录，以此来反映幼儿模式发展的水平。幼儿平时的行为表现，只要教师留心观察，就会发现幼儿模式认知能力的发展情况。

【案例 1】娃娃家里，西西（男 3 岁）负责收拾厨房，赵老师说："请给每个人分一只碗、一个勺子、一双筷子。"西西按照老师的要求摆放着，只见他一只碗里放一个勺子，然后再放一双筷子，依次摆放了两份，摆放到第三份的时候，勺子没有了，摆放第四份的时候，筷子也没有了。赵老师问："我这里还有一些勺子和筷子，你还需要吗？"西西说："不需要了，我已经摆放好了。"赵老师又问道："每个人都有碗、勺子、筷子吗？这里缺少的怎么办？"西西说："赵老师，没有关系的，没有勺子也可以吃饭的……"

【分析】由上述案例可看出，3 岁的西西尚未意识到"碗—勺子—筷子"是一个完整的模式单元，其模式识别能力发展水平很低。虽然西西能够完整地扩展两个模式单元（完整而正确的摆放两份餐具），但是很难说他有模式意识，有可能只是依据平时的生活经验来摆放的。因而在以后的教学活动中教师应注重西西模式识别和模式复制能力的提升。

【案例 2】思思（女，4 岁）和晨晨（女，4 岁）在手工区用彩色石子串手链。手工区里放置着一条尚未完工的手链，是按照"粉石紫石—粉石粉石紫石紫石"串制的。

思思看到这条未完工的手链，就按照这条手链的样子也串了同样的石子，串完以后，思思发现还不能围成一圈，该怎么往下接着串呢？思思稍微思考了一会儿，反复数了数石子后，就在后面继续串："粉石粉石粉石紫石紫石紫石—粉石粉石粉石粉石紫石紫石紫石紫石……"，然后就串成了一条彩色的手链。

晨晨也看到了未完工的手链，但是她还是从盒子里拿出自己喜欢的蓝色和绿色石子开始串。最后，她把手链串成了"蓝石蓝石蓝石……绿石绿石绿石……"

【分析】从案例可以看出思思和晨晨的模式认知发展水平是存在很大差异的。思思看到未完工的手链能够主动思考，并识别了手链的模式结构，即"AB—AABB……"，在此基础上对模式进行了扩展，最终完成了串手链的工作，其模式认知能力发展较高。而晨晨更多的是从自己的偏好出发，没有考虑已有的模式结构，其模式识别能力发展水平较低，但是晨晨最终根据自身喜好串出了新的模式结构的手链，说明晨晨的模式创造能力发展较好。

【案例 3】甜甜（女，5 岁）和豆豆（女，5 岁）在做粘贴画。

甜甜："我觉得应该往上面贴 5 个苹果。"

豆豆："我觉得是 4 个。"

甜甜："前面有 4 个树枝，我们贴了 4 个，这上面有 5 个树枝，我们当然要贴 5 个了。"

豆豆："那后面岂不是要贴 6 个苹果?"

甜甜："那当然了，你看它们是一个一个增多的。"

【分析】从上面的案例可以看出，甜甜能够清晰地识别出递增模式序列，能够继续扩展模式，并且能够清晰地表达出模式的发展规律，而豆豆将递增模式错认为重复模式，但是在甜甜的解释下，也能够理解递增模式发展的规律。此外，甜甜和豆豆都能够清晰地表达和交流自己的观点，两个人的模式交流能力发展都较好。①

（二）情境观察

在日常生活和游戏中创设问题情境，观察幼儿能够识别、复制、扩展、创造哪种类型和结构的模式。

例 1：教师与幼儿一起玩雪花片，教师按照"ABC—ABC—ABC"排列，请幼儿说一说教师是怎么插雪花片的? 教师变换模式为"ABC—ABBC—ABBBC"，请幼儿按照前面的规则继续插下去，并问为什么要这样插? 这样教师可以了解幼儿重复、递增模式识别能力、复制能力以及运用语言描述模式的能力。

例 2：教师提供一个画框的模板，请幼儿按照模板设计画框。这个活动的目的在于观察幼儿模式识别和复制能力。

例 3：教师出示一个按照一定规律排列的图案的手袋，并给每个幼儿一个没有图案的手袋，请幼儿为手袋设计漂亮的图案。要求是要有图案，并且图案的排列要有规律。此活动可以培养幼儿模式识别能力和创造能力。

例 4：教师一边做动作，一边说"转圈、跺脚、踮脚，转圈、跺脚、踮脚……"并对幼儿说，请你们像老师这样做。此活动观察幼儿重复模式识别和复制能力。

例 5：教师讲述故事："星期一毛毛虫吃一个苹果，星期二吃了二个梨。""请问，星期三，毛毛虫会吃几个什么样的水果呢?"在绘本阅读中考查幼儿对递增模式识别和复制、扩展能力。

拓展阅读

1. ［韩］车宝锦. 乱七八糟的魔女之城［M］. 长春：长春出版社，2009.
2. ［韩］尹如琳. 燕子，你还记得吗?［M］. 长春：长春出版社，2009.

① 案例均选自潘月娟. 幼儿数学教育与活动指导［M］. 北京：高等教育出版社，2013.

复习与思考

一、名词解释：

1. 模式
2. 模式能力结构
3. 重复模式
4. 递增模式
5. 模式复制能力
6. 模式扩展能力

二、简答题：

1. 模式的特征
2. 幼儿模式发展特点
3. 模式教育目标和内容
4. 幼儿模式评价内容

三、论述题：

1. 试述重复模式指导策略。
2. 试述递增模式指导策略。
3. 关系模式指导策略。

四、实践探索学习活动：

1. 请为某幼儿园小班的孩子，设计一项模式认知教育活动。

2. 选择3名中班幼儿，评价其对模式的认识能力，针对每名幼儿的实际需要设计一项教育活动。

3. 观察记录幼儿园大班某一幼儿的模式发展能力。

第九章　其他活动中的数学教育

本章导读

“仔细听，能听到声音吧。
叽咕叽咕，人们说话的声音，
嘀嘀，小汽车的警笛声，
窗外下雨，
哗哗，下雨的声音，
呼呼，风的声音。
等一下，这是什么声音？
让耳朵痒痒，在头脑里回旋，
在心里跳舞，
这个声音就是音乐的旋律。
人们唱歌，但是歌声和说话声不一样，
乐器的声音和警笛或者雨声不一样，
音乐和其他声音不一样，音乐是很特别的声音。
来，我们一起唱个歌吧，能找到音乐里特别的东西。”①
你发现音乐里很特别的东西了吗？和数学教育有关吗？

教学目标

情感态度目标：树立整合的幼儿数学教育观，意识到数学教育可以与其他活动有机融合，体验数学教育的整合性，敢于尝试整合数学教育；

① ［韩］马仲物，朴贤珠．很特别的音乐故事［M］．长春：长春出版社，2009年，p. 1-6.

知识目标：掌握绘本、音乐、社会活动、游戏与数学教育的融合策略；
技能目标：能组织各种数学整合教育活动，设置数学区角。

精讲分析

幼儿数学教育全美数学教师协会建议，为了使儿童在数学领域的发展契合早期学习标准，教师需要将数学与其他课程领域进行结合。《3—6岁儿童学习与发展指南》也要求："在体育、音乐、舞蹈活动中，引导幼儿感受空间方位和运动方向。""和幼儿一起发现美的事物的特征，感受和欣赏美。如让幼儿倾听和分辨各种声响，引导幼儿用自己的方式来表达他对音色、强弱、快慢的感受。"《纲要》和《指南》一脉相承，都要求幼儿教育要生活化，游戏化。在数学教育中，如何实现数学教育的生活化和游戏化；如何利用绘本、音乐材料让幼儿掌握数学概念，体验数学关系；如何设置数学区角，在区角中达成数学教育目标，这些就是本章要学习的重点。在教学过程中，教师将采用讲授法、案例分析法、实践法等方法，引导学生达成目标。幼师生也要在文学、音乐、舞蹈、美术等学科的学习过程中留心观察、探索它们中蕴含的数学知识、关系，思考并积极尝试如何将这些元素与数学教育结合起来。

第一节 绘本与数学教育

一、绘本的数学教育价值

国内外的研究显示，图画书对促进幼儿数学学习，提升幼儿的数学能力，培养幼儿数学意识是卓有成效的。[①] Hong（1996）进行了一项实验研究，实验结果显示，实验组的幼儿更喜欢在数学区角中活动，展现出更多完成数学任务的意愿，并

① 茅懋．图画书及其运用于数学的研究［D］．上海：华东师范大学，2014年，p. 10.

愿意在数学区角中花更多的时间。[1] 因为故事在叙事情境中为儿童提供了问题及问题解决方案，而情境与现实生活具有相似性，从而帮助幼儿将数学问题迁移到现实世界中。

（一）创设数学教育情境

中国的幼儿教师是创设情境的高手，但教师创设情境的能力毕竟有限，有时候会显得牵强，而绘本故事就是一种自然的、具象的情境。数学核心经验自然融合于故事情境中。依托于故事背景，幼儿能够在故事所营造出的一种具象的情境中感知数学核心经验，理解数学核心经验。

绘本为数学教育创设的情境包括问题情境、游戏情境及操作情境。

1. 问题情境

数学教育的核心在于培养幼儿提出问题、理解问题、解决问题的能力。布鲁纳(J. S. Burner)[2] 主张创设问题情境，启发幼儿的数学思维。绘本通过情节的矛盾冲突，创设出丰富的问题情境，教师可直接提取故事情节中的矛盾冲突，将其转化为相应的问题，或者在故事发展的脉络中挖掘相应的问题情境。如绘本《公主来了》的故事就给活动确立了一个贯穿始终的问题，即如何为公主殿下挑选最大的床、镜子与地毯？教师以此为契机，创设了一系列的问题：用什么办法可以知道这些床哪一张最大？哪块镜子最大？哪张地毯最大？村长想了什么办法？以此来引导幼儿对情节中用垫子为媒介比较床大小进行思考，进而深入探讨如何通过垫子来进行间接比较，垫子的数量与床大小间的关系，等等。

2. 游戏情境

游戏情境能避免以往数学学习过程的乏味与枯燥，让数学活动“活”起来，使幼儿在愉悦的状态中探索数学的奥秘，为数学活动增添趣味性。图画书如同一个完整的剧本，人物、背景、起因、经过、结果样样具备，蕴涵着丰富的游戏情境。在活动“姜饼人 B”中，教师深入剖析图画书中的内容，抓住故事情节中人物越来越多的现象，提炼成具体的数学活动目标。在活动中加入角色扮演的游戏，让幼儿在表演的过程中体验人物数量上的变化。

3. 操作情境

幼儿是在操作中学习数学概念。皮亚杰曾明确指出思维与动作间密不可分的联系，他认为，思维是从动作开始的，切断了思维和动作之间的联系，思维就得不到

① Hong, H. Effects of mathematics learning through children’s literature on math achievement and dispositional outcomes [J]. Early Childhood Research Quarterly, 1996: 477-494.

② 布鲁纳（J. S. Burner），毕业于英国哈佛大学，曾主持该校的认知研究中心，专业研究认知学习。并在 1960 年出版的《教学过程》一书中提出了著名的“认知结构学习理论”。

发展。幼儿能在亲自摆弄、操作、探索实物或教师提供的操作材料的过程中，充分调动自身学习的主动性，提高探索问题的能力与思维。在操作中，幼儿能在动作的帮助下积累一定的数理逻辑经验，在此基础上建立对数理逻辑的理性认识。如活动“公主来了”，教师根据故事中包含间接测量的情节，为幼儿创设了相应的操作环节。幼儿通过亲自比较两块地毯的大小，将之前听故事过程中积累的间接比较方法外化，在动手的过程中将思维与动作相互结合，巩固间接比较的核心经验。

（二）建构数学教育桥梁

数学核心经验具有高度的抽象性与逻辑性，图画书以其具体、生动形象的图画与情节内容，为幼儿的数学认知架起了一座桥梁。儿童心理学认为儿童具有视觉集中现象：凡是活动的东西、响亮的或色彩鲜艳的东西，以及人脸等刺激物更能引起儿童的注视。图画书中色彩鲜明的画面更易吸引幼儿的关注，将数学核心经验以一种图画的形式进行传达，也更易被幼儿接受。同时，布鲁纳认为儿童的认知发展以“再现表象”为模式，遵循着三个表征阶段，从动作表征到形象表征进而发展到符号表征。即为一个由具象转为抽象的过程。图画的传达具有具象性，故事的情节也是一种具象的体现，将抽象的数学核心经验融入形象的画面与故事情节中，从而使数学核心经验以一种具象的方式得以呈现，为幼儿的数学认知与抽象的数学核心经验架起一座桥梁。

二、利用绘本进行数学教育的策略

就数学教育领域而言，我们可以将绘本分成数学绘本和非数学绘本。数学绘本是一个以数学内容为主题情节展开的故事书，此种绘本数学经验比较明显。非数学绘本的数学经验比较隐蔽。但不管是数学绘本还是非数学绘本，其数学教育价值具有隐蔽性，不会自然而然地发生，需要教育者对其进行挖掘。绘本的数学教育价值的实现，需要教育者在两个环节做好准备，一是设计环节，一是实施环节。

（一）活动设计策略

①阅读绘本，发掘绘本所蕴涵的相关数学经验。

利用绘本进行数学教育，首要的一步就是阅读绘本，发现绘本中所蕴涵的主要数学经验和相关数学经验，以确立可以开展哪些内容的数学活动。核心经验是当今早期数学教学和学习中最新的研究和实践成果。美国埃里克森儿童发展研究院将幼儿园数学核心经验分为四个部分：集合与模式、数概念与运算、图形与空间以及比较与测量。每个内容领域细分为具体的项目（第二层级）与下属的核心经验（第三层级）（表 9-1）。

表 9-1 **数学核心经验层级示意表①**

内容领域	项目	具体数学核心经验
集合与模式	集合与分类	属性
		分类的多样性
		集合比较
		函数
	模式与规律	模式
		模式的多样性
		模式能力的发展
数概念与运算	数数	数数的基本原则
		数数的基本形式
	数字用途	基数
		序数
		命名数
		参照数
	数运算	分解与组合
		数量变化
		均分
图形与空间	位置与方向	数学与方位
		方位语言
	图形	图形与周围世界
		图形特征
		图形分解与组合
		图形变换
	视觉图像与空间推理	视觉图像
		视角与图形
		对称
比较与测量	比较	直接比较和间接比较
		确立属性特征
		属性特征排序
		量的守恒

① 节选自茅懋. 图画书及其运用于数学的研究［D］. 上海：华东师范大学，2014 年，p. 19，稍作改动。

续表

内容领域	项目	具体数学核心经验
比较与测量	测量	测量属性特征 测量原则
		测量工具选择
		测量单位的关系
	估算	测量和估算
		估算参考标准

②明确主要数学核心经验，确立教学目标。

在阅读绘本，尤其是专门的数学绘本的过程中，可以发现，一个绘本所蕴涵的数学核心经验往往不止一个，尤其在数学绘本当中，而一个具体的教学活动只能让幼儿掌握一个核心经验，因此，对主要数学核心经验的提炼就成为活动设计过程中一个非常重要的环节。主要数学核心经验是一种与绘本中故事发展的主线息息相关的核心经验。在提炼出主要的核心经验之后，根据核心经验的主要特点、儿童发展特点以及发展水平，确立教学活动的目标。如绘本《9只小猫呼呼呼》包含的数学核心经验有“数概念与运算、集合与模式、图形与空间”等，但主要核心经验是“数概念与运算”当中的“减法”，因此，本次的教学活动目标可以确立为“理解减法的含义，知道在哪些情况下应该运用减法来解决问题；能根据具体情境建立与运算符号的对应关系。”

③设计绘本处理策略。

利用绘本开展数学教学活动，还需对绘本进行处理。就目前研究来看，对绘本的处理方式有两种。

第一种方式，利用绘本故事导入活动。故事是孩子们所喜爱的一种形式，教师利用绘本故事来导入，有利于引出目标所导向的数学核心经验，激发孩子学习兴趣。教师在讲述完故事后，利用提问或总结的方式引出并拓展学习内容。

活　动

大班数学活动“母鸡萝丝去散步”的部分文本设计

“母鸡萝丝去散步”活动过程：

一、讲述绘本，了解动作的空间移动方位。

1. 教师讲述完绘本，并提问：母鸡萝丝经过了哪些地方？它是怎么经过这些地方的？

2. 讨论：什么是“绕”、“钻”、“跃”，从哪里经过这个地方？

小结：萝丝在散步时走过了院子，绕过了池塘，跃过干草堆，经过了磨坊，穿过了篱笆，钻过蜜蜂房，最后回到了家里。

二、创设相应情境。

和幼儿一起用活动室材料搭建一个简单的障碍路线。

提问：这些材料分别可以代表院子里的什么东西？

小结：桌子是蜜蜂房、圆形的地毯是池塘、垫子是院子。

三、游戏：模仿并设计萝丝散步的路线

1. 教师指定一条散步路线，请个别幼儿，按照路线去“散步”。

2. 请幼儿自己按照设想的路线去“散步”，请其他幼儿描述路线。

3. 请幼儿设计一条“散步”路线，并请其他幼儿按照路线“散步”。

第二种方式，数学活动随着绘本情节发展渐行渐近。在这种方式中，教师需把握绘本与数学活动结合的关键点，在此关键点设计相对应的操作活动或游戏，设计提问，引导幼儿在活动中既理解绘本的内容，又掌握数学核心经验。这种方式充分利用绘本创设的情境开展教学，能让幼儿在故事创设的情境中始终保持高度注意。如在活动“爷爷一定有办法”中，教师从故事的发展脉络中寻找到与活动环节可融合的关键内容，设计一系列的操作活动，将操作活动与故事的情节发展紧密结合，在层层递进活动中，让幼儿感受部分与整体的关系，知道在整体不变的情况下，剪去部分越少，留下的部分越多。

活　动

大班数学活动“爷爷一定有办法”的部分文本设计①

“爷爷一定有办法”活动过程：

一、教师讲述故事导入活动。

约瑟有一个爷爷，他的爷爷是一个非常聪明、能干的爷爷。他可以用一块普普通通的布料为约瑟缝一条神奇的毯子，这条神奇的毯子又舒服，又保暖，还可以把噩梦通通赶走。爷爷还可以把毯子变成外套。

过渡语，提问：你想不想像爷爷那样也把毯子变成外套？（这是教师找到的第一个能将绘本与数学活动结合的关键点，在此处，教师将带领幼儿从绘本中跳出

① 此文本根据应彩云老师讲座《绘本阅读，在情境中成长》整理而成。括号里内容为编者自己的点评。

来，唤醒幼儿生活经验，进行操作。）

二、教师引导幼儿操作，将毯子变成外套。

教师提供手工纸和剪刀，引导幼儿尝试将毯子变成外套。

提问：怎样才能把毯子变成外套？

过渡语：爷爷又把外套变成了背心。（这又是绘本与数学活动的一个关键结合点，在此处，教师利用绘本创设的情境，将幼儿的生活、绘本与数学核心经验完美结合。）

三、教师引导幼儿将外套变成背心。

引导语：请把外套变成一件能穿很久的背心。

提问：什么样的背心才可以穿很久？

四、教师引导幼儿将背心变成心仪物。（教师利用故事发展情节，层层推进活动。）

提问：爷爷又将背心变成了什么？你想将背心变成什么？

引导语：请你将背心变成你想要的东西。剪去越少越好。

五、幼儿将心仪物变成纽扣。

引导语：爷爷最后将手帕变成了纽扣，请你将你想要的东西变成纽扣，剪去越少越好。

评价：此活动过程的五个环节都没有脱离绘本的情境。操作活动随着故事情节的展开而进行，毯子变外套，外套变背心，背心变成心仪物，心仪物变纽扣，这些物件都是故事中出现的物件，它们在数学活动中出现顺序也与故事情节发展一致。其中，我们可以发现，绘本与活动结合的关键点有5处。

④根据绘本准备相应的操作材料。

数学是对关系的一种研究，而关系是抽象的，幼儿需要借助具体形象的物体以及操作活动来理解抽象的关系。因此，利用绘本来进行数学教育，教师同样需要为幼儿提供操作材料，与一般活动不一样的地方就在于教师提供的操作材料，除了需要考虑教学目标，还需要根据绘本的故事情节而选择材料。如在“公主来了”活动中，教师目标之一是“了解间接测量的方法”。那么，根据故事需要，教师需要为幼儿提供可以进行测量的“大小不同的床的模拟物、镜子模拟物或者镜子实物；不同大小、形状的垫子、地毯；记号笔、纸”。同时，教师还需要考虑这些类型的材料数量是否能保证每个幼儿都能进行操作。

（二）活动实施策略

①教师用准确的数学语言引导幼儿明确数学核心经验。

教师语言是教学思想的外化体现，清晰明确的数学语言能有效帮助幼儿关注活动中的核心经验，激发幼儿的数学思维，搭建核心经验的理解平台。通过数学语言，教师能引导幼儿关注活动指向的数学核心经验。一个绘本蕴含的教育价值是多元化的，幼儿受自身生活经验和兴趣以及其他各方面的影响，对绘本的关注点呈现出多样化的状态，如何在一个活动中让幼儿关注到本次活动目标指向的核心数学经验，教师的引导必不可少。教师在活动过程中的引导一般可通过提问来实现。如绘本《9只小猫呼呼呼》指向的主要核心经验是“9以内的减法”，研究表明，幼儿对于“拿走”，“还剩下”类型的减法情境容易掌握，对“比较中多几块，少几块”、“整体和部分”也用减法的情境不够了解，长此以往，就会窄化减法的涵义。因此，教师将活动目标定位为“理解减法的含义，知道在哪些情况下应该运用减法来解决问题；能根据具体情境建立与运算符号的对应关系。”在活动中，教师在讲述绘本故事的时候，讲到“9只小猫呼呼呼”时提问，“一共有几只小猫？它们在干什么？用什么样的数字来表达？（写数字9）”，讲到“一只小猫醒了，跑掉了”时提问，“有几只小猫醒了？（写数字1）几只小猫跑掉了？还剩几只小猫在睡觉？跑掉了可以用什么符号来表示？”（在9和1之间添加减号‘-’。）然后列算式“9-1=8”，再次强调跑掉了的可以用减号来表示，还剩多少可以用减法来计算。“哦，小猫跑掉了可以用符号‘-’来表示，这是什么号？减号”。教师再接着问“睡觉的猫有几只？跑掉的猫有几只？睡觉的猫比跑掉的猫多几只……你是怎么知道的？”通过这样的提问，引导幼儿拓展减法运用情境，并用减法运算来解决问题。

②合理呈现绘本画面帮助幼儿掌握数学核心经验。

合理呈现绘本画面策略包括呈现能有效突出数学核心经验的画面以及这些画面呈现的顺序。绘本图文并茂，共同向读者传递信息，幼儿受到识字数量以及文字理解水平的限制，从图画中获得的信息远远大于从文字中获得信息数量，绘本主要是通过图画向幼儿传递数学核心经验。基于此，活动中画面的选择就显得尤为重要。所选择的画面要能够让幼儿通过画面的视觉传达，在观察中逐步感知其中所包含的数学核心经验。教师在实施活动过程中，有目的地选取核心经验指向性明确的画面，能帮助幼儿有效习得相关数学核心经验。以“9只小猫呼呼呼”为例，活动目标为“理解减法的含义，知道在哪些情况下应该运用减法来解决问题；能根据具体情境建立与运算符号的对应关系”。教师通过呈现以下画面，让幼儿在对“跑掉的猫和睡觉的猫的数量的比较以及跑掉了多少只，还剩多少只猫”的问题中，感受减法的含义，建立具体情境与运算符合的关系。

画面的呈现顺序也会影响幼儿对核心数学经验的掌握。教师根据具体活动的需要，对画面呈现的方式进行调整，以此使图画书中的图画以一种更为契合活动与核心经验的形式传递画面信息。

第二节　音乐与数学教育

在人类文明的浩瀚星空里，音乐和数学是两颗最耀眼的星星。在许多人看来，数学和音乐似乎是相距甚远的两门学科。数学具有高度理性的特征，以其严谨性和抽象性成为近现代自然科学研究的基础工具，被誉为自然科学的皇冠；而音乐则具有高度感性的特征，适合于人耳对于和声、节奏和曲式的感知，是最具普及性和多义性的艺术形式。看似两个毫不相关的领域，其实它们之间的关系甚为密切，有时竟难分彼此。正如爱因斯坦所说："我们这个世界可以由音乐的音符组成，亦可以由数学公式组成。"鉴于此，我们不妨来探讨它们二者之间的关系。

一、音乐与数学

（一）数学家与音乐的不解之缘

当今，数学和音乐的相互接近与融合是一种发展趋势。人类文化的发展史上，许多赫赫有名的数学家皆具有很好的音乐修为，与音乐有不解之缘。音乐的和声原理的发现，最早应该归功于古希腊数学家毕达哥拉斯（Pythagoras）和他的追随者。他们信奉万物皆数，认为对几何形式和数字关系的沉思能达到精神上的解脱。他们认为，音乐的和谐是由高低长短轻重不同的音调，按照一定的数量比例组成，由此形成了音乐和声。他们还试图提出一个声调对比关系的数学公式：八度音、五度音、四度音与基本音调之比分别为 1∶2，2∶3 和 3∶4 等。他们的发现，是人们最早用数学方法研究音乐美的实践与创始。

以"我思故我在"闻名于世的笛卡儿（Rene Descartes，1596—1650）不但是一位哲学家、数学家，还是一名音乐家。笛卡儿把他在数学中的联想延伸到音乐中，成为了一位训练有素的音乐家。他著有音乐理论论文《音乐简编》和《音乐概要》。前一篇是与艾萨克·贝克曼（Isaac Beckman，1588—1637）合作而成，其中包含数学、天文、几何光学等内容，后一篇具有方法论价值。笛卡儿自觉地将音乐和坐标系完美地结合在一起。以上两位数学家与音乐的情缘，只是数学与音乐结缘的历史长河中的一斑，但也足以说明二者的密切联系。

（二）音乐的本质是数学

从上可以推测，音乐与数学之间有着不可思议的天然联系，且这种联系所达到的亲密程度，是其他种类的艺术与科学的关系不可企及的。数学家们把"数"看作是万物的本源体，认为世界上的一切事物都是由一定的数及其相互关系构成的，并表现出了数的和谐性。莱布尼兹说：“音乐是心灵的算术练习”。他们认为，音乐的和谐是由于数的原因才得以实现，没有了数，也就失去了音乐艺术的存在价值。人们普遍喜爱的美的比例——黄金分割，也是音乐美的关键。由此可见，数学就是音乐的本质。

二、数学教育与音乐教育融合的必然

音乐与数学不可分割的血缘关系，使它们一直被联系在一起。数学家研究音乐，音乐家们也在探索数学的奥秘。人们越来越多地思考音乐教育与数学教育的完美融合。

（一）幼儿园教育课程整合的要求

数学与音乐教育的融合，也是幼儿园教育整合的要求。《幼儿园教育指导纲要》指出：“学习科学的过程应该是幼儿主动探索的过程。教师要让幼儿运用感官、亲自动手、动脑去发现问题、解决问题。鼓励幼儿之间的合作，并积极参与幼儿的探索活动。”“幼儿的科学活动应密切联系幼儿的实际生活，教师应充分利用幼儿身边的事物与现象作为科学探索的对象。”这就明确在进行数学教育时，要引导幼儿用眼睛观察、用耳朵倾听，用小手操作……音乐是听觉的艺术，因此音乐的融入是不可缺少的内容之一。幼儿的实际生活中总是充满着各种各样的声音艺术，在引导幼儿进行数学活动时，教师须用心融合音乐因素，让音乐与数学巧妙结合，以适合幼儿的生活实际。

另外，《3—6 岁幼儿学习与发展指南》中也指出：“提供具有重复性旋律和词语的音乐、儿歌和故事，或利用环境中有序排列的图案，如按颜色间隔排列的瓷砖、按形状间隔排列的珠帘等，鼓励幼儿发现和感受其中的规律美。”“丰富幼儿空间方位识别的经验，引导幼儿运用空间方位经验解决问题……在体育、音乐、舞蹈活动中，引导幼儿感受空间方位和运动方向。”“和幼儿一起发现美的事物的特征，感受和欣赏美。如让幼儿倾听和分辨各种声响，引导幼儿用自己的方式来表达他对音色、强弱、快慢的感受。”从上述指导性的论述中可知，音乐中包含有数学，音乐的强弱、快慢，高低也是幼儿的数学问题；数学中包含音乐，有规律的数的排列、按一定规则间隔的颜色、形状等也是音乐节奏或节拍的反复体现。因此，音乐教育和数学教育很多时候是一体的，不可分割的。在教学中，教师可以让幼儿认识排列，发现其中的规律美；在音乐中让幼儿感受空间美；引导幼儿倾听各种声响，发现其中的强弱、快慢的美，等等，这些都是要求音乐教育与数学教育有机融合，以适应并促进幼儿良好发展。

（二）幼儿心理发展的需要

张雪门曾说：“幼稚生对于自然界和人事界，没有分明的界限；他看宇宙的一切的一切，都是整个儿的。”① 这说明幼儿对世界的认识是不分科的，整合性的，有数学的地方，也有孩子的音乐。在幼儿那里，他们从来不会把数学和音乐截然分开。陈鹤琴要求“以大自然和大社会作主要教材”，“各科混合或互相关联”来培养“完整儿童”。幼儿园中数学教育与音乐教育的融合是符合幼儿发展需要的。

三、幼儿园音乐教育与数学教育结合策略

幼儿园的音乐教育活动包括歌唱、韵律活动、打击乐演奏和音乐欣赏四个方面，幼儿园数学教育的内容第一章已经阐述，在此不再赘述。在幼儿园中，如何以“数学为内容，音乐为形式”，将音乐与数学教育结合，在音乐活动中让幼儿体验数学关系。下面笔者将以具体案例进行阐述。

（一）将音乐元素融入数学活动中

音乐的元素有很多，节奏、音高、音阶、歌词、乐段、乐句、舞蹈等都属于此范畴。这些音乐元素中包含着很多的数学关系，如音乐与乐段、乐句之间就体现了整体与部分的关系。《苹果》的歌词中就包含了“1 和许多”的关系。歌曲《大皮球》中就包含了“轻—低”、“重—高”的对应关系以及“轻重、高低”的等量关系。《十个小矮人》歌词中就体现了数的实际意义及数的顺序关系。②

教学活动案例 9-1

按群数数（大班）

设计意图：

数数是日常生活中常用的技能，而对于有一定数概念的大班孩子有必要探索、学习群数的方法，选择自己喜欢的群数方法来解决生活中数数问题。本活动尝试结合音乐对答的轻松方式引导幼儿快乐学习群数，并引导幼儿在操作中探索群数的方法，找出自己喜欢的群数方法，以便应用于生活。

① 张雪门. 张雪门幼儿教育文集（上卷）. 北京：北京少年儿童出版社，1994 年，p. 341-342.
② 张俊. 给幼儿园教师的 101 条建议. 数学教育. 南京：南京师范大学出版社，2007：179.

活动目标：

1. 认知目标：让幼儿在“做做”、“玩玩”中学习将物体以 2、5 和 10 为单位进行按群数数；

2. 技能目标：学会选用合适的群数方法解决生活中的数数问题；

3. 情感态度目标：培养幼儿记数的兴趣。

活动准备：

1. 物质准备：幼儿手指摩画图、操作盘、香竹签、笔、蚕豆、记录纸、粉笔、操作验证分类纸；

2. 经验准备：10 以内的数量能准确计数。

活动过程：

一、以问好、对歌等方式巩固已有经验快乐引入活动主题。

1. 引导幼儿齐声数出双数、数到数字 10 时齐声向客人老师问好。

2. 教师以唱问的形式引导幼儿说出双手手指的数量

师唱问：“伸出你的左手、左手，多少?”（让幼儿说出指头数量）

师接着唱问：“伸出你的右手、右手，多少?”幼儿伸出右手并回答数量。

合唱：“我们都有一双手，一双勤劳的手。”师问：“几个?”（说出双手的总数），幼儿回答双手手指数量。

【分析】活动一开始就用“对歌”的形式，让幼儿进入一种轻松的音乐氛围，引起幼儿的学习兴趣，激发了孩子们的热情，快乐引入活动主题。且用手指对歌《我们有双勤劳的双手》这种反复的音乐歌唱的方式引入活动，既有音乐旋律的美感，同时数的有规律出现和音乐的有规律反复，正体现了音乐与数学的完美融合。

二、通过动脑数手指摩画图中手指的数量引导幼儿学习按群数数的方法。

1. 探索用什么方法能较快数出图中许多双手指的数量。(2 个 2 个、5 个 5 个，或 10 个 10 个地数)

2. 根据以上步骤群数出现唱数不连贯的现象探索如何能很顺口有规律地群数。

师总结：2 个 2 个数可以借用数偶数的方法，5 个 5 个数中有 5、10、5、10 交替数的规律，且数十的数量是逐一递增的。10 个 10 个数可以借用一个一个数的方法。

3. 以《合拢放开》音乐手指游戏来加深幼儿对群数经验的认识。

幼儿边表演边数数答题：

(1) 复习 10 个 10 个地数。幼儿用 10 指齐演并答题：“合拢放开、合拢放开、小手拍一拍，合拢放开、合拢放开，小手放腿上。”（每一乐句尾教师有节奏地插问“多少”，幼儿成功答题后接着唱下一乐句，如：10、20、30……）

(2) 复习 5 个 5 个地数。乐句“爬呀、爬呀、爬呀、爬呀、爬到头顶上”依然用同样的问答形式引导幼儿5个5个地数数。

(3) 复习2个2个地数。"这是眼睛、这是鼻子、这是小耳朵"用同样方法引导幼儿2个2个地数出五官的总数。

小结：要数出物体的多少，除了1个1个地数，还可以2个2个、5个5个地数、10个10个地数，这几种都是又快又好的数数方法。

【分析】音乐与数学的关系，并不需要老师向孩子们一一详解，只要在活动中能够把音乐与数学完美结合，孩子们能够从中感受到其中的联系。此案例中老师用"合拢放开、合拢放开、小手拍一拍，合拢放开、合拢放开，小手放腿上"（每一乐句尾教师有节奏地插问"多少"），和"爬呀、爬呀、爬呀、爬呀、爬到头顶上"这样的乐句和旋律来引导孩子们5个5个地数，10个10个地数，2个2个地数，正是体现了音乐的和谐原理。诚如毕达哥拉斯（Pythagoras）提出了"美是和谐"的观点，幼儿在这种有规律的、有节奏的活动中，既体会到音乐的美，又能找到数的规律。

三、幼儿喜欢运用群数方法进行数数，并记录。

1. 师出示操作材料，提出问题引导幼儿思考：你准备选用什么样的群数方法解决问题？

2. 了解分组操作的方法、要求。

3. 分组活动：幼儿选用按群数数的方法解决生活中的问题。

(1) 数香竹签；(2) 数豆。

四、交流活动。

1. 引导比较、验证操作结果。

幼儿将记录结果按群数的方式分类粘贴，（即2个2个数的记录纸粘贴在一起），引导幼儿与同伴的操作结果进行比较，验证操作结果。

2. 引导幼儿交流操作经验。

【分析】整个活动以音乐问答的形式巩固原有知识经验，打破传统的数字卡片复习的方式，给人一种赏心悦目的感觉。这种方式更适合孩子的学习特点，特别对那些对学习数学有抵制情绪的幼儿来说更加有效，它以音乐的美把孩子轻松地带到活动中来，让数学学习与音乐韵律合二为一。

- 活动评析：

这是音乐教育和数学教育的完美结合，在音乐的氛围中体会数学的乐趣，在数数的过程中感受音乐的节奏美。活动的开始以"对歌"的形式开始数数，激发了幼儿的兴趣，然后又把数字融入到自编的歌唱活动中，帮助幼儿了解数字群数的规律和音乐节奏的和谐。本活动充分体现了音乐和数学的合二为一。

（二）在音乐活动中体验数学关系

音乐材料中有些数学关系是显性的，有些是隐性的，教师应充分利用音乐材料中的显性数学关系，深入挖掘音乐材料中的隐性数学关系，借助音乐游戏、律动等各种音乐表现形式，将其有机地融入到音乐教育中，化抽象的数学关系为具体的活动内容，引导幼儿生动、活泼地体验数学关系，实现音乐教育与数学教育的有机融合。

教学活动案例 9–2

音乐活动：母鸡孵蛋（小班）

设计意图：

歌曲《母鸡孵蛋》共四段，旋律重复，歌词有趣。歌曲传递了母鸡孵蛋时与蛋宝宝、小鸡之间的暖暖爱意，非常适合小班幼儿欣赏和学唱。

活动共分四个环节。首先，教师引导幼儿观看母鸡孵蛋的视频。接着，教师借助教具示范演唱。然后，教师创设母鸡孵蛋的游戏情境，引导幼儿在角色扮演中演唱歌曲。最后，教师顺应幼儿喜欢变化的心理，让幼儿自由想象鸡蛋的数量，尝试替换歌词进行演唱，体验改编的乐趣，满足自主表达、表现的愿望。

【分析】教师在设计思路中，就体现了音乐与数学相融合的目标。歌曲的四段，教师根据幼儿的年龄发展特点，让他们自己根据图片和段落的不同，来设计数字的不同。数字与图片、乐段巧妙融合。

活动目标：

1. 认知目标：乐意演唱歌曲，在唱唱数数中感知数量关系；
2. 技能目标：乐意用说、唱的方式表现对歌词内容的想象和改编；
3. 情感态度目标：欣赏歌曲，感受歌曲的趣味性。

活动准备：

1. 物质准备：母鸡、小鸡图卡，母鸡孵蛋的配乐视频，歌曲录音带，录音机，不同大小的塑料地垫若干块；
2. 经验准备：会倾听音乐，说出一些数字。

活动过程：

一、律动“小鸡捉虫”

1. 交待活动内容

师：今天老师想邀请你们一起玩扮演小鸡、母鸡的游戏。我们先扮演小鸡到草地上去散步、捉虫吧。

2. 引导幼儿讨论：我是一只怎样的小鸡？

（1）教师表现小鸡的一个造型，告诉幼儿："我是一只爱美的小鸡。"

（2）教师根据幼儿的性别、衣着、表情、动作猜测幼儿所扮演的是怎样的小鸡。

（3）请幼儿说说自己是一只怎样的小鸡。

3. 和幼儿合着律动音乐的节拍，表现小鸡散步、捉虫的情景。

二、观看母鸡孵蛋的视频，激活已有经验并丰富其感性认识

1. 了解幼儿关于母鸡孵蛋的已有经验。

2. 引导幼儿观看视频，了解母鸡孵蛋的过程。

三、感受歌曲的趣味性，感知歌词中的数量关系

1. 请幼儿欣赏歌曲第一遍。

2. 请幼儿欣赏歌曲第二遍。

师：母鸡孵出了几个蛋？

【分析】教师的这一问题看似封闭，其实答案是开放的。歌曲每一段中母鸡孵蛋的个数不同，所以幼儿会有"一个""两个""三个""四个"等多种回答。教师通过这一提问引导幼儿把关注点落在数量的变化上。教师针对小班幼儿的数学能力水平，只要孩子能在快乐的氛围中说出一些数字即可。让幼儿在快乐的旋律中自主创造数字的变化。

3. 边演唱歌曲边出示小鸡图卡，引导幼儿感知歌词中的数量关系。

师：母鸡每次孵的蛋一样多吗？

师：第一次几个？第二次几个？第三次几个？第四次几个？哪次最多？

（教师引导幼儿逐一点数小鸡图卡。）

师：第一次孵出1个蛋，第二次孵出2个蛋，1个多还是2个多？2个比1个多几个？

师：第二次孵出2个蛋，第三次孵出3个蛋，2个多还是3个多？3个比2个多几个？

师：第三次孵出3个蛋，第四次孵出4个蛋，3个多还是4个多？4个比3个多几个？

【分析】教师按阶梯状摆放的小鸡图卡，清晰地呈现了歌曲中鸡蛋数量逐次递增的关系，把抽象的数量关系直观形象化了。教师的问题设计围绕手口一致点数后，说出总数，比较多少，感知多1、少1的关系等数学概念，由浅入深，使幼儿的思维能力得到了提升。

4. 扮演母鸡在"鸡窝"里边孵蛋边演唱歌曲。引导幼儿跟唱。

四、扮演角色，演唱歌曲

1. 邀请个别幼儿和教师一起扮演母鸡，表现母鸡孵蛋的情景，引导幼儿边做动作边演唱。

师：谁愿意扮演母鸡在我的鸡窝里孵蛋呀？让我们做一只会唱歌、会孵蛋、会数蛋的母鸡吧。

2. 请全体幼儿扮演母鸡，自主选择塑料地垫当作鸡窝进行表演和唱歌。

3. 请幼儿交换“鸡窝”进行表演和唱歌。

五、尝试替换歌词并演唱

1. 拓展幼儿对数量关系的认识。

师：母鸡最后一次孵了 4 个蛋，要是再多孵一个蛋，那就变成几个呢？（教师根据幼儿的回答出示相应数量的小鸡图卡，下同）母鸡孵出 5 个蛋，比 5 个多一个会是几个呢？母鸡孵出 6 个蛋，比 6 个多一个是几个呢……

2. 引导幼儿学唱经过改编的最后一个乐句。如“孵出 5 个蛋”“孵出 6 个蛋”等。

3. 鼓励幼儿大胆表达自己对于孵蛋数量的想象，尝试演唱替换后的乐句。

师：母鸡孵的蛋越来越多了。如果你是母鸡，你想孵出几个蛋？我们来唱一唱。

【分析】教师通过提问，给了幼儿想象的空间，通常幼儿想象的数量都比较大，如一百个、一千个、一万个……他们喜欢通过大的数量来显示自己的强大。这个环节进一步激发了幼儿参与活动的主动性和积极性，满足了幼儿的好奇心和表现欲。

- 活动评析：

本活动把抽象的数量关系的学习融入音乐游戏中，符合小班幼儿的身心发展特点。在“母鸡下蛋”的音乐背景下，教师把重点落在了“蛋的数量上”，幼儿开始说数字，然后教师引导“数量的多少”，帮助幼儿体会数量关系的概念。在活动的结尾教师鼓励幼儿大胆说出自己的数字，发挥幼儿的主观能动性。

第三节　社会与数学教育

2001 年颁布的《幼儿园教育指导纲要》（试行），正式提出将“社会”作为幼儿园教育的五大内容领域之一，并明确了“社会”范畴的教育目标以及指导要点。社会领域课程是以培养幼儿的社会情感、态度、价值观与行为品质，促进幼儿社会交往能力发展为目的，是幼儿园课程的有机组成部分。2012 年，《3—6 岁儿童学习与发展指南》中指出幼儿园社会教育主要是发展幼儿的人际交往与社会适应。在幼儿社会教育的过程中，蕴涵着哪些数学教育的契机，数学的学习又为幼儿的社会教育提供哪些帮助，这是本节要探讨的内容。

一、数学与社会

（一）数学来源于社会

数学产生于人类的实际需要，在社会发展中不断完善。数学是一切社会科学的基础，是人类认识社会的工具。数学是社会国际化的工具，用规定的社会语言符号来表示，达到社会通用的效果。数学是一种思维工具，是人类分析问题和解决问题的思想工具。数学来源于现实社会，又随着社会的发展不断地发挥其特有的优势和作用。

幼儿生活的周围环境充满了数、量、形的有关知识和内容，利用日常生活进行数学教育，可以使幼儿在既轻松又自然的情况下获得简单的数学知识，引发对数学的兴趣。《3—6 岁儿童学习与发展指南》中指出：“引导幼儿感知和体会生活中很多地方都用到数，关注周围与自己生活密切相关的数的信息，体会数可以代表不同的意义。”如“和幼儿一起寻找发现生活中用数字做标识的事物”、“引导幼儿了解和感受数用在不同的地方，表示意义不一样的事物”、“鼓励幼儿尝试使用数的信息进行一些简单的推理”。从《指南》指导性的论述中得知，社会生活包含着数学，空间的形成、人与人之间的交往、生活问题的解决，都离不开数学，数学教育与社会生活是不可分开的，也是人类交往的需要。如果数学教育离开社会生活，它将失去其应有的价值作用。

（二）社会需要数学

数学是研究现实世界的空间形式和数量关系的科学。人的全部生活实践（衣、食、住、行）几乎都离不开数学，数学是人们从事一切社会实践活动的必要基础知识和工具。

《纲要》提出幼儿园数学教育的要求是培养幼儿学习用简单的数学方法解决社会生活某些简单的问题，让幼儿用数学的观点和方法来认识周围事物，创设生活中的问题情景，让幼儿用数学知识来解决问题，达到社会交往的需要。例如：大班的幼儿已经开始学写数字，幼儿学习统计家里或幼儿园物品的数量，这样既练习了数字、学会计数，在具体的生活情境中理解练习了较抽象的统计，又能解决社会生活中的某些问题。

二、社会教育与数学教育相辅相成

（一）社会教育为数学教育提供学习情境

幼儿园社会教育内容的选择主要是以社会为依据，社会现实是选择幼儿园领域课程内容的基础。幼儿通过现实生活及其表象来增进社会认知、发展社会情感、完善社会行为。社会生活现实是幼儿园学科知识选择的重要依据。

幼儿生活的周围环境中，各类知识是相互联系，相互渗透的。而数学在人们的社会实践活动中表现为空间形式和数量关系。数学植根于现实社会的土壤，反映现实世界的规律，并为解决现实生活中的具体问题服务。《3—6 岁儿童学习与发展指南》强调让幼儿“发现生活中许多问题都可以用数学的方法来解决”。社会教育为数学教育提供方向指引，数学教育为社会教育丰富经验支持。

结合幼儿数学学习的特点，以数学的起源为出发点，向幼儿开展数学教育的内容选择应贴近幼儿的现实生活。一是教育内容应与幼儿生活密切联系，是幼儿生活所必需的，而非抽象的数学知识。二是教育的实施应渗透在日常生活中，而且是为了解决幼儿生活中的实际问题或类似真实情境的问题。

莱夫和温格提出认知与学习的情境性能提供有意义的学习，基于情境的学习才是有意义的学习。幼儿园的数学教育活动就要不断地为孩子创设情境，在情境学习中真正理解数学概念的含义。在教育实践中，创设情境的方式有：一是通过一日生活的环节将数学学习与生活的真实情境相结合。如排队时谁在前面，谁在后面；吃饭时，请小朋友左手扶碗，右手拿勺等，这些都可以帮助幼儿在自身的各种日常生活中学习辨别方位。二是在集体教育活动中注意生活情境的创设。如在“超市购物”主题的系列活动中，认识 10 元以内的钱币，了解钱币与货物之间的等价交换；运用有关加减组成的数学经验，解决超市购物中的实际问题。三是在活动区中创设情境性的学习机会。如创设“银行”的模拟生活情境，儿童练习点数物体，用自己的方式表征数量以及学习实物与数点的一一对应。幼儿的数学学习，是在生活中的问题解决的过程中不断获得感性的经验，把抽象的数学知识不断具体化。

（二）数学教育为社会教育提供操作交往机会

幼儿主要的思维方式是以具体形象思维为主，因此幼儿园的数学教育建立在幼儿充分操作的基础上。“操作式学习”被普遍认为是幼儿学习数学的主要方式，教师应为幼儿提供丰富的材料和环境，以促进幼儿对数概念的建构。在教师预设好的环境下，幼儿产生了交往、交流的需求，在活动中互动，发展幼儿的社会性。如大班数学活动“小猴请客”，通过不同动物的角色扮演，幼儿既学会了数的加减运算，在请客的过程中学会礼貌用语，学会正确与人交往的方法，丰富了数学教育在发展幼儿情感、知识、能力、人格等方面的价值。

三、幼儿园社会活动与数学活动融合的策略

（一）社会主题活动与数学教育活动的整合

现今，幼儿园教育以主题活动为基本线索，在数学教育活动中使主题活动能与数学学习活动结合，依据幼儿学习数学与发展的年龄特点及发展水平确定教育内容。如大班主题活动“祖国各地的特产”，既可以开展多角度分类的数学教育，也可以开展旨在感受祖国物产丰富的社会活动。

（二）社会教育活动情景学习与数学教育活动的结合

认知与学习的情景性理论已成为一种能提供有意义学习，并促进知识向真实生活情景转化的重要学习理论。① 所强调的是教育过程中个体从学习者到实践参与者的转换，数学是一种抽象的知识，幼儿只有在具体情景中学习与运用才能真正理解。在社会教育活动中，为幼儿预设活动的情景，渗透数学教育活动。如小班社会活动“我的爸爸妈妈”，可以设计为爸爸妈妈整理衣物的情境，引导幼儿对爸爸妈妈的衣物进行分类，以发展其相应的数学能力。

（三）数学教育活动与社会教育活动的融合

社会领域的学习与发展，其实质在于促进儿童社会化，逐渐形成良好的社会性与个性品质。鲁戈夫认为，同伴地位的相似性有时能使他们起到成人不能起到的作用，同伴的合作性学习，更能促进幼儿知识、技能的掌握。在数学教育活动中可以预设幼儿合作才能完成的任务，可采用小组合作的形式，在操作中获得对数学知识的认知，又发展了与同伴的互动、交流及协作。如大班数学活动“地铁线路图”，通过幼儿自己收集的资料，共同合作完成地铁线路图的设计，并能理解地铁线路图上虚线、实线代表的意义，分类统计经过虚线、实线站台的数量，在合作的基础上共同完成，达到了数学教育活动与社会教育活动的有效融合。

---

① ［美］J. 莱夫，E. 温格. 情景学习：合法的边缘性参与［M］. 王文静，译. 上海：华东师范大学出版社，2004.

四、幼儿园数学教育与社会教育相结合的案例及分析

（一）数学教育中渗透社会教育

教学活动案例 9-3

我给妈妈过生日（大班）

设计思路：

在大班孩子的日常生活中，大多数时候都是妈妈给孩子过生日，本次活动我们以换位的角色，让孩子去帮妈妈过生日，不仅让孩子体验爱妈妈的情感，同时也让孩子在操作的过程中感知许多物体可以分成相等的两份或四份。

活动目标：

1. 情感态度目标：能运用等分知识解决实际问题；

2. 认知目标：感知许多物体可以分成相等的两份或四份，知道整体大于部分，部分小于整体；

3. 情感态度目标：学会分享，体验爱妈妈的情感。

活动准备：

1. 物质准备：音乐《生日快乐》，活动室布置成生日会餐的场景；蛋糕，正方形、长方形、圆形的饼干或山楂片，塑料刀片，橡皮泥等；

2. 经验准备：认识基本的几何图形。

活动过程：

一、播放 PPT 图片，创设“我给妈妈过生日”情境

1. 师：今天是妈妈的生日，家里来了很多客人。我们买回来许多食品，想邀请小朋友们一起参加。只是我们买的有些食物可能不够，需要把这些食物分成相等的两份或四份，然后大家一起分享。你们说怎么办？

【分析】分享食物的过程中启发幼儿思考如何去分解食物，幼儿学会分享，既是社会性的发展，也是在现实中学会用数学解决生活问题。

2. 出示蛋糕及正方形、圆形、长方形的饼干、山楂片等食物，引导幼儿观察食物的形状。迁移圆形、正方形、长方形的二等分和四等分的方法，幼儿思考讨论，当实物不能对折时，该用什么方法对实物进行等分（用目测或手势比划）？

【分析】用生活情境中的物品引导幼儿学会用数学方法去解决问题，既为社会生活服务，也培养幼儿的逻辑思维能力。

二、动手操作

1. 分组为幼儿提供圆形、正方形、长方形的饼干、山楂片等食物和塑料小刀，让幼儿讨论并尝试食物的分法，并进行等分食物。问：用什么方法进行二等分或四等分？最后评价，哪组分得又快又好？

【分析】在合作的基础上尝试解决生活实际问题，既达到了幼儿与同伴的交流，又学会了数学等分的方法。

2. 比一比。等分后的食物比原来大还是小。帮助幼儿学会观察，理解整体大于部分，部分小于整体。

3. 尝一尝。在《生日快乐》的音乐声中，把等分后的食物分给幼儿品尝。（感受分享的快乐）

【分析】感受与同伴分享后的乐趣，在学会用数学方法解决问题的过程中发展了幼儿的社会情感。

- 活动评析：

本活动的知识目标主要是将整体进行等分分割。在幼儿喜欢并熟悉的生日聚会上，体验分割蛋糕的乐趣，不仅促进了幼儿的动手操作能力，而且有助于幼儿理解部分与整体的关系，紧紧围绕目标展开活动。在每一个环节，幼儿都会感受到分享的快乐，以及对妈妈浓浓的爱。在数学教育活动中无时无刻不在渗透着社会教育的内容。

（二）社会活动渗透数学教育

教学活动案例 9-4

我的家（吴佳瑛）（中班）①

设计思路：

活动源于中班主题“我爱我家”。我们班孩子最近开展的“全家福”、“说说我的家”、“妈妈的爱好”等活动，使孩子们对家有一定的了解和感受，但他们的经验很零散，比较关注自己的、细小的事件，所以我想通过这次活动让幼儿在经验的交流和积累中体验到家的温馨，家人共享的快乐，让孩子在情感和认知上对家有初步的感受。

---

① 资料来源于上海学前教育网（有改动），http://www.age06.com/Age06.Web/Detail.aspx? InfoGuid=9d57d230-cb38-4091-86b3-29afd17ba8e1

从孩子需要的角度看，突出回归生活的特点，这也是二期课改中新教材所倡导和追求的。生活中，我们每天需要从一个地方到另一个地方，也经常需要按特定的规则寻找某个场所，这个规则就是从大方向确定小方向。如果能帮幼儿提升这些生活中常见的情景，对其思维方式和今后的发展成长都是有积极意义的（如他再遇到类似问题如何解决）。

【分析】设计者让幼儿从经验交流中体验家的温暖，提升幼儿在情感和认识上对家的感受，回归生活，用数学知识解决生活问题。

活动目标：

1. 认知目标：对家有初步的认识，了解“找家”的顺序；
2. 技能目标：尝试在集体面前大胆交流自己“找家”的经验；
3. 情感态度目标：感受家的温馨，体验家人间相互关怀的快乐。

活动准备：

1. 物质准备：音乐、照片、录像、包装好的礼物、剪刀等；
2. 经验准备：部分幼儿有去过老师的家的经验。

活动过程：

一、激发兴趣

1. 出示字“家”或背景音乐《我的家》，讨论：什么是家？

小结：家是有门有窗的房子，是我们住的地方，是我们感到舒适、安全的地方。

2. 家里都有些什么？这些东西都放在哪里？家里有谁？

【分析】通过提问讨论萌发幼儿对家的情感，为后面的活动做铺垫。

二、经验交流

1. 在你家里，你觉得谁最能干？
2. 你家里，发生过什么高兴的事？
3. 你觉得你的家还有什么不满意或不够好的地方？

【分析】从对家的整体感受到对细节的关注，让孩子在自然的交流中初步回忆、感受家的舒适、温馨，体验亲人在一起的快乐。孩子也是家庭中的一员，了解家庭，参与家庭生活能更好地激发家庭成员之间的情感。把他们联系起来进行能促使幼儿现有经验与新的经验的整合，引导他们自然地关注生活，关注身边的人。

4.（观看照片回忆整个寻找的过程）谁记得我家是住在哪里的？（出示地址）要去我家先要找到什么？我们是从哪里出发的？乘哪一辆呢？乘了几站？我们要下车了，看看我们到了什么地方？找到路后接着该找什么？弄堂找到了，再找什么？

5.（观看录像发现房间里的秘密）这是我家的什么地方？

根据幼儿观察的情况，和他们讨论房间里的一些设施和物品。

6. 观察猜测不同的房间，引出礼物；想想礼物盒里装的是什么？

【分析】找家的过程中，既包含了对距离、数字等数概念的知识，也包含了乘车、做客等现实生活中的常识，还要与情感的体验、亲情的交流联系在一起。这样的整合能最大限度地促进幼儿的发展和知识技能的获得。

三、操作延伸

1. 幼儿分组拆礼物，想想为什么要送这个？对收礼物者表达自己的想法。

小结并引出大家的家。

2. 小结：(用儿歌帮幼儿小结)

【分析】新的经验的拓展，能促使幼儿生成新的问题，引发更广泛的思考。

- 活动评析：

数学和人们的生活息息相关。"家"是人生活中最重要的地方，每一个幼儿都对"家"有一定程度的认识。本活动选择这样的主题，十分切合幼儿的生活。在体验"家"的温暖，家人的关爱的同时，学会认识自己的家，并且能够找到自己的家，依据一定的顺序和大小方向的认识，能够准确地找到自己家的位置。这是在社会教育中渗透了数学教育的内容。

第四节　游戏与数学教育

《幼儿园工作规程》明确指出："游戏是对幼儿进行全面发展教育的重要形式。"《指南》也强调"要珍视游戏和生活的独特价值，创设丰富的教育环境"促进幼儿学习。游戏是幼儿最喜爱的活动，也是数学教育的有力手段。对于抽象的数学知识，传统的教学方法会使幼儿感到枯燥和乏味。幼儿在游戏中学习数学，提高了幼儿对数学学习的积极性，在愉悦的情绪中，轻松、自然、饶有兴趣地学习，能取得最佳的教育效果。在数学教育中运用游戏，在各类游戏中渗透数学教育。

一、游戏在幼儿数学教育中的特殊功能

①游戏可以促进幼儿思维能力的发展。

在幼儿数学教育活动中有很多的内容是可以通过游戏来完成的，游戏中幼儿的自主性得到充分的发挥，在这一过程中多方位、多角度地去思考数学问题，加快对数学思维的反应速度，进而促进幼儿思维能力的发展。如让幼儿根据物体的某一特征（颜色、大小、形状或者其他的特征）进行多种角度的分类、排序活动，用不同的方法使两排数量相差 1 的物体变成一样多，10 以内的加减法运算等。

②游戏可以促进幼儿分析与综合能力的发展。

在游戏中，当幼儿碰到问题时，往往会积极想办法解决问题，加速思维能力的发展，而分析与综合是思维的基本过程。如在游戏中引导幼儿利用积木进行点数、加减、比较数量大小等。在玩橡皮泥和剪纸的过程中学习等分、整合等。

③游戏可以增强幼儿对数学学习的兴趣。

游戏是幼儿主要的活动，在游戏中探索、摆弄，能满足幼儿的好奇心与探究欲，获得自我认同感。将数学知识融入各类游戏中，一方面能让幼儿在游戏中发现数学、感受数学；另一方面，还能让幼儿在运用数学方法解决游戏中某一问题的过程中理解数学。游戏使枯燥的数学变得具有趣味性。

二、数学教育中运用游戏

游戏是幼儿数学教育的途径，也是数学教学的方法。幼儿数学教学中的教学游戏主要有以下几种：

（1）情节性的数学教学游戏

此类游戏是通过游戏的情节，完成所要学习的数学知识、技能。如在认识“1”和“许多”的“兔妈妈的菜地”活动中，兔妈妈在地里种下南瓜和胡萝卜，在帮兔妈妈收获的时候从而理解“1”和“许多”。

（2）操作性的数学教学游戏

此类游戏是幼儿通过操作玩具或实物材料，并按照游戏规则进行的一种游戏。如瓶盖宝宝回家，玩具分类等，如图 9-1 所示。

图 9-1 玩具分类及一一对应

（3）运用各种感官的数学教学游戏

此类游戏主要强调用各种感官进行数学学习，发展幼儿对数、形的感知能力。如“奇妙的口袋”活动中，让幼儿通过触摸感知各种几何形体；“击鼓说数”、“听声音数糖”运用听觉感知数量。

（4）口头数学教学游戏

用口头语言进行的游戏。如报数游戏（如 7 的组成：“我报 3”“我报 4”……），“相反游戏”（长短、大小、轻重等）。

（5）竞赛性数学教学游戏

此类游戏增加竞赛性质于数学游戏之中。如按数取物，以小组竞赛游戏的形式来进行，进而增强知识的巩固、发展思维的敏捷性，如图 9-2 所示的“假面具”游戏。

（6）数学智力游戏

此类游戏以发展智力为主要任务的运用数学知识进行的游戏，如图 9-3 所示的“涂黑色”游戏。

图 9-2　“假面具”游戏

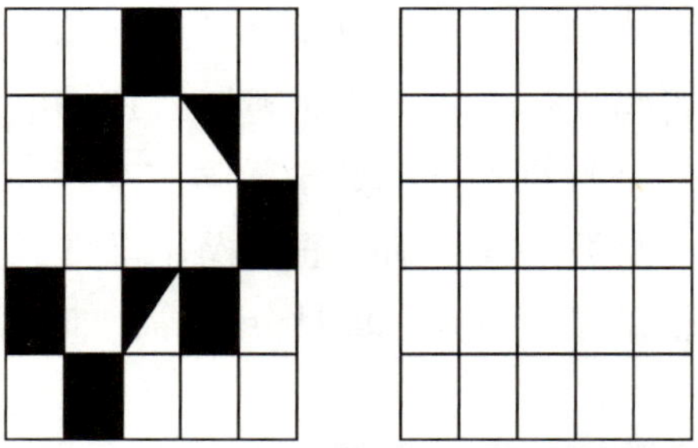

图 9-3　“涂黑色”游戏

三、各类游戏中渗透数学教育

（一）材料（玩具）操作的数学游戏

常用的数学游戏材料，如套玩具（套塔、套娃、套碗等），圆点卡片，数字棋，各类拼接棒，扑克牌，骰子等，这些都是数学游戏的良好材料，在游戏操作的过程中，获得数、形、数列等方面的知识经验。成人要为幼儿创设游戏的物质条件，引导幼儿去操作。

游　戏

骰子游戏

游戏目的：练习 10 以内数的组成和加减。

材料准备：硬纸板做的骰子若干，每个骰子的六个面分别画上 1~6 的圆点。

游戏玩法：数的组成。两人一组，取骰子 1 个、数字卡片一组。事先商定数字，一人掷骰子，另一人要说出一个数，并且要与骰子朝上的一面的数合起来是商定数字。如凑 6，骰子面是 2，另一个人要立即说出 4。正确改为掷骰者，错误仍为凑数者。(另可做加减游戏)

【分析】该游戏在对材料的操作中掌握数的组成，直观、具体。

（二）建构游戏中的数学教育

建构游戏是数学教育的有力手段。幼儿运用建构材料，如积木、雪花片、橡皮泥、数字棒等再现现实生活中的各种形体。以积木为例来说明建构游戏对幼儿数学教育的作用，如图 9-4 所示。①

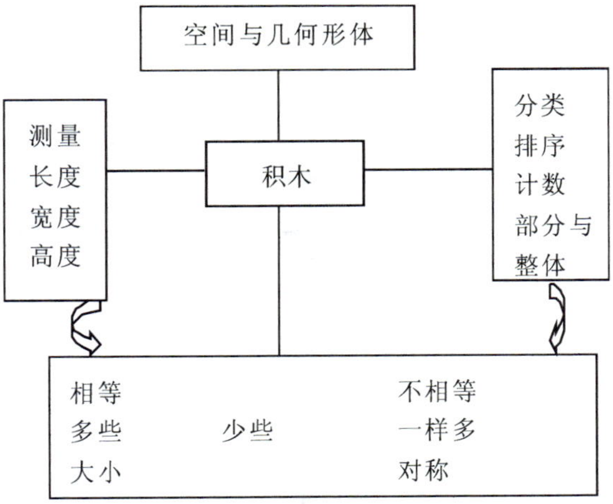

图 9-4　积木游戏与数学教育

图 9-4 直观地展示了积木建构游戏涉及的数学教育的内容，有空间、几何形

① 林嘉绥，李丹玲．学前儿童数学教育．北京：北京师范大学出版社，1994 年，p. 58.

体、测量、分类、排序、比较等。当然，游戏教育意义的发生，不是自然而然的，需要教师充满智慧的干预和引导。

活　动

搭建积木

在某园大班建构区，蔡老师准备利用幼儿搭建积木的时机来巩固幼儿对几何体的认识，同时引导幼儿讨论几何体之间的关系。看到老师也参与到搭积木的游戏中来，幼儿都表现出极高的热情。

蔡老师先对幼儿的建构意向和分工作了了解，而后她自告奋勇地向“小负责人”申请当材料保管员。她向“小工人们”保证一定会及时为他们提供积木，但一定要说明需要什么形状的积木以及积木的数量，幼儿对此没有异议，“工程”算是开工了。

幼儿今天要建一座大桥。一会儿搭桥墩的幼儿首先向蔡老师喊起来：“我们要6根柱子！”那边搭桥头堡的幼儿也向蔡老师喊起来：“快拿10个方块来！”但是蔡老师今天变得很“弱智”，似乎总“听不懂”幼儿的要求，她不时地反问幼儿：“是什么形状的柱子?”“是正方体的方块还是长方体的方块?”幼儿只得改口了：“6个圆柱体”，“是长方体的方块”。(蔡老师就这样实现了巩固对几何体认识的目的)

“工程”继续进行着。这时，幼儿需要的材料出现了短缺，搭引桥和搭大桥公园的两组幼儿都提出还需要许多长方体，但是长方体早被搭桥头堡的幼儿用完了。蔡老师把难题抛了出来：“你们规定的材料不够了，现在给你们一些其他材料，长三角，窗户、手枪、面包、小三角等，看能不能拼成你们需要的长方体。”一句话启发了幼儿，他们三三两两聚在一起研究起来（此时幼儿已经不知不觉转入对数学问题的探讨，他们只有解决这一问题，才能继续他们的“建筑”工作，因此幼儿解决问题的动力是很强烈的)。经过一番尝试，各组幼儿用“零碎”材料拼成的长方体被“发明”了出来。蔡老师鼓励他们相互介绍他们是如何旋转积木的，又是如何拼合的（再次巧妙地实现了引导幼儿探讨形与体之间关系的目的)。材料不够的问题终于解决，大桥终于完工了。①

(三) 角色游戏中的数学教育

角色游戏是幼儿扮演角色，通过模仿、想象、创造性地反映现实生活的一种游

① 张俊. 给幼儿园教师的101条建议. 数学教育［M］. 南京：南京师范大学出版社，2007年，p. 18-19.

戏。在各种主题的角色游戏中都不同程度地运用了数学知识和技能，从而提高了幼儿在生活中运用了数学知识和技能的能力。

游　戏

娃娃家（请幼儿布置娃娃家的摆设）①

1. 请幼儿将3张桌子，配上3把椅子，按从左到右，从矮到高的顺序排列。

2. 在桌子上出示分好的3个果盘，3把匙子，3个饭碗，请幼儿从左到右，按从小到大的顺序进行排列。

3. 出示3个娃娃，请从左到右、从矮到高排到椅子上。

4. 娃娃吃饱了想睡觉了。请为娃娃准备3张床，按从左到右、从矮到高排序，并在床上准备3床被子，按从小到大的顺序放到床上。

【分析】在游戏操作的过程中掌握分类、配对，排列顺序。

（四）自然物质材料游戏中的数学教育

自然物质材料游戏，如沙、水、石头等游戏是幼儿喜欢的游戏类型，在这些游戏中幼儿不仅感受到自然物质材料的性质，同时在游戏操作中，利用模子、杯、筐等材料，学会了量的比较和计数等。在造型过程中巩固空间与几何形体知识。

游　戏

石子分类

游戏目的：学习分类、计数，比较大小、轻重、数的多少。

游戏准备：事先准备好的石头若干，篮筐若干。

游戏玩法：

1. 让幼儿按大小、颜色分类。

2. 将分好的石子放在不同颜色的篮筐里，让幼儿数，数完后做计算游戏。例如，哪一篮多？哪一篮少？多的比少的多多少？

3. 再次分类，以石头的轻重进行计数分类。

---

① 万湘桂，李建亚. 多元智能活动开放课程——教师指导用书（数学-操作）[M]. 北京：农村读物出版社，2010.

【分析】利用自然物质材料的游戏，既发展幼儿的感知能力，同时在游戏中自然而然地学习数学。

（五）体育游戏中的数学教育

体育游戏也可作为数学教育的手段。在体育游戏中，儿童可计数动作的次数（如青蛙跳几次、跳皮筋中的数数等）。

教学活动案例 9-5

中班规则游戏：玩骰子（比多少）

活动一：动物跳跳跳

游戏目的：模仿动物跳，发展双脚弹跳能力。

游戏准备：自制大骰子若干。

游戏玩法：四人一组，掷骰子，骰子点数下标明如“青蛙跳 5 次”、“袋鼠跳 6 次”等。从起点出发，以 15 米为终点，最先达到终点者为胜。

【分析】在体育游戏的过程中，掌握数概念的含义。

活动二①：比多少

设计意图：

该活动教师安排在中班上期，此时的孩子刚从小班升上来，以往的游戏活动往往是以自我为中心的个体游戏为主。教师将目测数群结合到游戏中，以骰子这个常见的游戏材料和孩子们一起游戏。通过一次次的游戏，孩子们巩固了目测数群的经验，同时也体验到和同伴一起游戏的快乐。

活动目标：

1. 认知目标：了解数群的基本知识；

2. 技能目标：运用已有的目测 6 以内数量的经验，学习目测数群；

2. 情感态度目标：在游戏中理解并愿意执行规则，体验与朋友一起游戏的快乐。

活动准备：

1. 物质准备：大号点子骰子两个，红色、蓝色小号点子骰子 16 个（8 个红色，8 个黄色）；幼儿两人合作游戏材料（地毯、记分牌等）；PPT 课件。

---

① 资料来源于上海学前教育网（有改动），http://www.age06.com/Age06.Web/Detail.aspx? InfoGuid=9d57d230-cb38-4091-86b3-29afd17ba8e1.

2. 经验准备：幼儿已有一定的目测 6 以内数群的经验。

活动过程：

一、认识骰子。

师：出示骰子，提问：你们看看这是什么？你们在哪里看到过或者玩过骰子呢？

今天我也带来了许多骰子，每一面上都有点子，不同数量的点子代表不同的数字。（教师展示一面）你们看这里有几个点，代表数字几？

【分析】回忆日常生活中经验，引发幼儿游戏的兴趣。

二、和老师一起玩游戏。

1. 比多少：

师：好，看来大家都很熟悉骰子和它上面的数字了，接下来我们就要来玩一个竞赛游戏了。

玩法：两队依次轮流请队员上来甩骰子，骰子落在大垫子上后，看骰子上面的数字，比一比哪个队甩出的数字大，哪个队就得一分。（教师出示大雪花片），这个花片我们用它来记分数，可不是搭积木。

规则：a. 爱护骰子，轻轻地扔，不能扔到垫子外面，否则重来。骰子落到哪里都不再动它。

b. 大家一起数“1、2、3”数到 3，两人一起扔骰子。

c. 骰子落地后，立即看上面的点子是多少，很快地说出“几比几多”。

d. 扔出的数字多的一方队员可以取一片花片，为自己队加一分。

2. 第二次玩：教师根据第一次玩的实际情况，对幼儿提出需要注意的地方。

（让幼儿在游戏中发现甩出数字相同的情况如何计分的问题，启发幼儿自己完善游戏规则。如果幼儿没有发现最后则由老师提出。）

3. 教师和一位小朋友玩游戏（示范）：

其实刚才的游戏不仅可以和好多朋友一起玩，我们还可以找朋友一对一地玩，两个人也能玩一玩，比一比的，你们想试试吗？

教师请小朋友一起回忆重复游戏的规则，强调在玩的过程中两个伙伴都要遵守规则。

两个人都要说“谁比谁大”，然后扔出大的数字的小朋友可以拿一片花片，表示记一分。

4. 幼儿自由结伴游戏：

师：（再次强调规则）两个人玩怎样比输赢呢？怎样记分数呢？我有时间限制的，我说“时间到”你们的游戏也就结束了。到时候我们看看谁赢了。

游戏过程中教师对幼儿进行个别化的指导（指导重点：孩子们玩的时候对规则的理解和执行，指导个别孩子对数字的认识和比较。）

三、总结游戏，创新玩法。

1. 今天我们用骰子玩了好几次游戏，其实骰子除了这些玩法，还有很多很多的玩法。(展示 PPT)

2. 你们知道骰子有几个面吗？(我们大家一起数一数，教师注意使用规范的语言和数学概念。先从骰子的前面数起，别忘了数上面和下面……)

3. 请你们想一想骰子还有其他哪些玩法？(分组讨论展示)

总结：今天我们用骰子玩了有趣的竞赛游戏，以后我们还可以自己做骰子，玩更好玩的游戏。

- 活动评析：

大多数孩子都见过骰子，父母打麻将时都会用骰子，幼儿园里数学区都投放了此种材料。骰子是作为规则游戏的规则尺度出现的，教师利用幼儿这一熟悉的材料作为游戏材料，又利用游戏中赋予骰子的价值开展竞赛活动，具有生活性。在教学过程中，教师首先让幼儿认识骰子，唤醒其已有的生活经验，然后和孩子们一起玩游戏，和个别幼儿玩游戏，让幼儿集体自由选择玩伴玩游戏，层层递进，既面向全体又兼顾个体，在愉快的游戏中，让幼儿既习得了数群知识，又巩固了社会规则。

四、游戏中进行数学教育的指导策略

（一）挖掘与设计有价值的数学游戏

数学游戏就是将数学问题在游戏中体现出来，使人们在做游戏的同时能够潜移默化地学到数学知识、数学思想和数学方法。数学游戏具有挑战性的特点，特别是带有竞争性的博弈数学游戏，能激发幼儿极大的兴趣，并进行持续性地练习和应用，不断与材料相互作用。教师要从幼儿的角度出发，设计与创新更多有趣的、有挑战性的、有价值的数学游戏，如数学棋类游戏、扑克牌游戏等，让幼儿运用数学方法解决游戏中的问题，真正理解数学，巩固数学方法，领悟数学的价值，体验成功的乐趣，培养幼儿对数学的兴趣。作为幼儿教师，需要在幼儿的生活经验中不断去发掘游戏，从幼儿的实际出发，真正为幼儿设计有教育意义的游戏。

（二）在问题解决中推进游戏的开展

数学游戏既是游戏又是数学问题，面对同样的问题，不同的幼儿由于存储的知识经验、思维发展的水平、速度与学习风格的差异，呈现出来的应对策略有所不同。在指导的过程中，遵循幼儿年龄特点和个别差异的原则，有针对性地进行引导。需要教师及时地介入，认真观察与捕捉能引发大部分幼儿关注、感兴趣和亟待解决的共性问题，采取适宜的支持策略，帮助幼儿获得问题解决的信心和方法，推进数学游戏的开展。首先，观察了解幼儿游戏中具有共性的问题，设置某一情形，让幼儿通过尝试、比较进一步了解玩法。然后，引发同伴间的学习，引导幼儿关注同伴的游戏技巧。提出启发性的问题，如“为什么他总是赢呢?”“他用了什么方法?”鼓励幼儿组合，进行对抗游戏。最后，为不同水平层次的幼儿提供适宜的材料，在材料的提供上充分考虑幼儿的层次需要。

拓展阅读

1.《从小爱数学》绘本系列［M］. 长沙：湖南少年儿童出版社，2011.

2.［韩］马仲物. 很特别的音乐故事［M］. 夏艳，译. 长春：长春出版社，2009.

3. 张俊. 给幼儿园教师的101条建议. 数学教育［M］. 南京：南京师范大学出版社，2007.

复习与思考

一、简答题：

1. 绘本的教育价值有哪些?
2. 音乐中有哪些数学元素?
3. 社会活动中蕴涵哪些数学活动元素?

二、论述题：

1. 如何利用绘本开展数学认知活动?
2. 如何利用音乐开展数学认知活动?
3. 如何在社会活动中开展数学认知活动?

三、实践探索学习活动：

1. 设计并实施绘本数学活动。
2. 设计并实施音乐数学活动。
3. 设计并实施社会数学活动。
4. 设计数学区角。

参考文献

［1］金浩. 幼儿数学教育概论［M］. 上海：华东师范大学出版社，2000.

［2］课程教材研究所著. 数学文化［M］. 北京：人民教育出版社，2003.

［3］［美］J. 莱夫，E. 温格. 情景学习：合法的边缘性参与［M］. 王文静，译. 上海：华东师范大学出版社，2004.

［4］李季湄，冯晓霞.《3—6 岁儿童学习与发展指南》解读［M］. 北京：人民教育出版社，2013.

［5］李伯约，黄希庭. 时间记忆表征研究：继往与开来［M］. 北京：新华出版社，2006.

［6］［美］罗莎琳德·查尔斯沃思. 3—8 岁儿童数学经验［M］. 潘月娟，译. 北京：人民教育出版社，2007.

［7］黄瑾. 幼儿园数学教育与活动设计［M］. 北京：高等教育出版社，2010.

［8］潘月娟. 幼儿数学教育与活动指导［M］. 北京：高等教育出版社，2013.

［9］万湘桂，李建亚. 多元智能活动开放课程——教师指导用书（数学—操作）［M］. 北京：农村读物出版社，2010.

［10］［日］远山君. 数学与生活［M］. 北京：人民邮电出版社，2014.

［11］张慧和，张俊. 幼儿园数学教育［M］. 北京：人民教育出版社，2004.

［12］张更立. 幼儿园数学教育活动设计与指导［M］. 合肥：安徽大学出版社，2014.

［13］张俊. 给幼儿教师的 101 条建议. 数学教育［M］. 南京：南京师范大学出版社，2007.

［14］张雪门. 张雪门幼儿教育文集（上卷）［M］. 北京：北京少年儿童出版社，1994.

［15］周欣. 儿童数概念早期发展［M］. 上海：华东师范大学出版社，2004.

［16］邹兆芳. 幼儿数学新编［M］. 上海：三联书店出版社，1996.

图书在版编目(CIP)数据

幼儿数学教育与活动指导/周端云,段志勇主编．—武汉:武汉大学出版社,2015.9
应用型学前教育专业系列教材/蔡迎旗主编
ISBN 978-7-307-16925-8

Ⅰ.幼…　Ⅱ.①周…　②段…　Ⅲ.学前教育—数学教学—高等职业教育—教材　Ⅳ.G613.4

中国版本图书馆 CIP 数据核字(2015)第 227499 号

责任编辑:鲍　玲　　责任校对:李孟潇　　版式设计:韩闻锦

出版发行:**武汉大学出版社**　(430072　武昌　珞珈山)
(电子邮件:cbs22@whu.edu.cn 网址:www.wdp.com.cn)
印刷:湖北金海印务有限公司
开本:787×1092　1/16　印张:17　字数:339 千字　插页:1
版次:2015 年 9 月第 1 版　　2015 年 9 月第 1 次印刷
ISBN 978-7-307-16925-8　　定价:36.00 元

版权所有,不得翻印;凡购买我社的图书,如有质量问题,请与当地图书销售部门联系调换。